TRAININGSLEHRE

Sporttheorie für die Schule

4. überarbeitete Auflage

Karl Friedmann

promos verlag

Publikationen
Versandbuchhandel

Verfasser:
Dr. Karl Friedmann
79194 Gundelfingen, Burgstraße 6

Publikationen Versandbuchhandel
Stettenstraße 3, 72805 Lichtenstein
Telefon 0 71 29 . 93 86 493, Telefax 0 71 29 . 93 86 495
www.promosverlag.de

ISBN 978-3-88502-034-9

MIX
Papier aus verantwortungsvollen Quellen
FSC® C081866

Druck: RICHARD CONZELMANN GRAFIK + DRUCK E.K., Albstadt-Tailfingen
Grafik + Satz: CDR GRAPHIC DESIGN, Stuttgart | www.cdrgraphic.com

Vorwort

Die Inhalte dieses Schulbuches orientieren sich an den Vorgaben der Kultusministerkonferenz (KMK) und den Bildungsplänen der Länder. Der Unterricht in der Kursstufe soll „fachbezogen, fachübergreifend und fächerverbindend angelegt“ sein. Er führt „exemplarisch in wissenschaftliche Fragestellungen, Kategorien und Methoden“ ein und vermittelt somit „wissenschaftspropädeutische Bildung“. Durch „fachliches Grundlagenwissen“ soll die „Voraussetzung für das Erschließen von Zusammenhängen“ geschaffen werden. (Beschluss der KMK vom Dezember 2016)

Der im Leistungs- und Grundkursfach Sport (Kern- und Pflichtfach Sport in B.-W.) zeitlich enge Rahmen für die Vermittlung der Sporttheorie und die zentralen Prüfungsaufgaben im Abitur erfordern ein klares und übersichtliches Konzept der Trainingslehre.

Mit der konsequenten Orientierung an biologischen Fakten konnte unter den gegebenen Bedingungen ein schlüssiges Konzept entwickelt werden:
Die konditionellen Fähigkeiten sind durchgängig entsprechend ihren leistungsbestimmenden biologischen Faktoren differenziert (siehe Abb. A1 S. 134), Wechselwirkungen zwischen den einzelnen konditionellen Fähigkeiten werden anhand gemeinsamer leistungsbestimmender Faktoren deutlich. Die Strukturierung der Trainingsmethoden erfolgte ebenfalls auf der Grundlage leistungsbestimmender Faktoren (Trainingswirkungen).

Für die Darstellung einer übersichtlichen und verständlichen Trainingslehre waren im Wesentlichen drei Probleme zu lösen:

1. Aus der terminologischen Vielfalt der Trainingswissenschaft ein schülergerechtes und möglichst widerspruchsfreies Konzept zu entwickeln.

2. Das teilweise komplizierte biologische Hintergrundwissen zu vereinfachen, sodass es auch für Nichtbiologen anwendbar ist. Zum besseren Verständnis sind einige Sachverhalte im Anhang genauer erläutert.

3. Aus den umfangreichen wissenschaftlichen Forschungsergebnissen und Fakten wesentliche Teile auszuwählen und einzuarbeiten.

Ich möchte allen Kolleginnen und Kollegen, die meine Arbeit durch konstruktive Kritik und Anregungen unterstützt haben, herzlich danken.

Nicht zuletzt möchte ich auch Christel Hille, die mir bei der Erstellung der Neuauflage in vielen Bereichen hilfreich zur Seite stand, herzlich danken.

2018 — Dr. Karl Friedmann

INHALT

ALLGEMEINE GESETZMÄSSIGKEITEN DES TRAININGS

Training als Anpassungsvorgang (Adaptation)

Das erste Training im Fitnessstudio, der erste Skitag im Winterurlaub oder das Volleyballtraining nach längerer Verletzungspause können ausgeprägten Muskelkater verursachen. Ist die Muskulatur nicht auf die entsprechenden Belastungen vorbereitet und liegen die Kraftanforderungen über der aktuell vorhandenen Leistungsfähigkeit der Muskulatur, kommt es zu kleinen Faserrissen, die in der Folge Muskelschmerzen verursachen (Muskelkater). Nach einigen Trainingseinheiten/Skitagen treten diese Symptome trotz gleicher Belastung nicht mehr auf. Die Muskulatur hat sich den Belastungsanforderungen angepasst. Auch andere Systeme unseres Körpers passen sich Belastungen an. So kann nach einer längeren Pause im Gerätturnen die erste Reckstunde sehr schnell beendet sein, wenn die empfindliche Haut der Hände den Belastungen nicht gewachsen ist. Hat man die Unterrichtseinheit mit einiger Vorsicht unverletzt überstanden, lassen sich Hornhautverdickungen und Schwielenbildung feststellen. Die Haut der Handfläche hat sich angepasst und kann den Belastungen wesentlich besser standhalten. Nach einigen Wochen ohne Reckturnen sind die Anpassungen wieder verschwunden.

Die Fähigkeit zur Anpassung ist ein Grundphänomen aller Lebewesen. Deshalb ist es möglich, durch Training (Belastung des Körpers) funktionelle Anpassungen auszulösen.

Den Anpassungsvorgängen liegen allgemeine Gesetzmäßigkeiten zugrunde, die bei der Gestaltung eines effektiven Trainingsprogramms beachtet werden müssen.

1. QUALITÄTSGESETZ (Physiologisches Gesetz)

Spezifische Reize bewirken spezifische Anpassungsreaktionen.

Anpassung hat nur dann einen Sinn, wenn der Körper durch seine Anpassungsreaktionen in die Lage versetzt wird, den jeweiligen spezifischen Anforderungen besser gewachsen zu sein. Wilhelm Roux[1] hat dies schon 1881 als Physiologisches Gesetz folgendermaßen formuliert:

„Die stärkere Funktion ändert die qualitative Beschaffenheit der Organe, indem sie die spezifische Leistungsfähigkeit derselben erhöht.“

Durch Reckturnen werden Schwielen an den Handflächen gebildet, durch kurze Belastungen mit hoher Intensität wird die Kraft und durch längere Belastungen mit geringerer Intensität die Ausdauer verbessert. Um seine Sprunghöhe am Netz zu verbessern, absolviert z.B. ein Volleyballspieler Sprungserien mit reaktiven Sprüngen (siehe S.98), zur Vorbereitung auf einen Marathon sollte man im Training auch einige Male länger als zwei Stunden am Stück laufen. Wie diese Beispiele zeigen, wird die spezifische Anpassung durch die Art des Reizes bestimmt. Selbst bei gleichen Erbanlagen können die Anpassungen sehr verschieden sein (Abb. 1). BSP => nächste Seite

[1] Wilhem Roux: Deutscher Anatom und Embryologe (1850 – 1924).

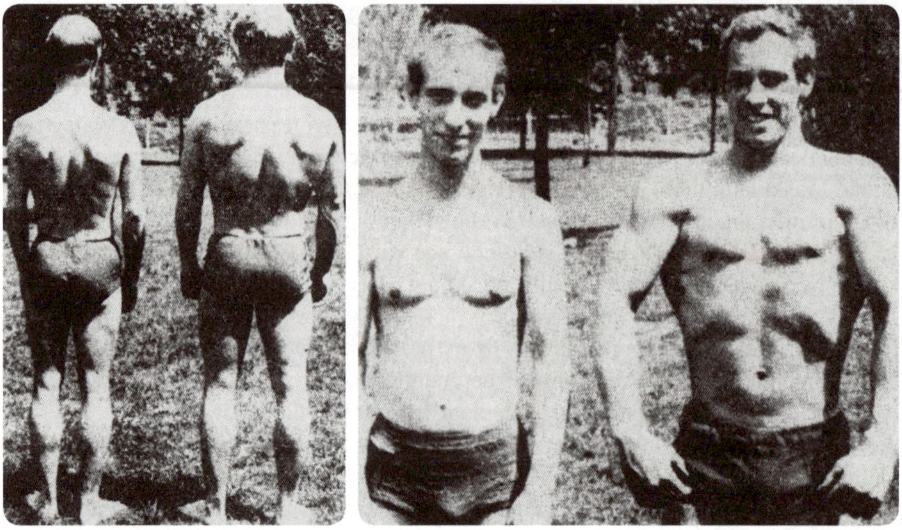

***Abb. 1:** Spezifische Trainingswirkungen bei eineiigen Zwillingen; linke Person Ausdauertraining, rechte Person Krafttraining.*

2. HOMÖOSTASE und MODELL der SUPERKOMPENSATION

Zwischen Belastungsanforderungen und dem Leistungsniveau des Körpers besteht ein dynamisches Gleichgewicht (Hömöostase). Durch Belastungsreize ausgelöste Anpassungsprozesse verbessern das Leistungsniveau über das Ausgangsniveau hinaus (Superkompensation).

Wird die Homöostase durch einen Reiz gestört, versucht der Körper, ein der veränderten Situation angepasstes Gleichgewicht herzustellen (siehe Abb. 2). Die nach der Ermüdung einsetzenden Wiederherstellungs- und Anpassungsprozesse zielen darauf ab, die Funktion der belasteten Teilsysteme so zu verbessern, dass sie einer gleichartigen Belastung in Zukunft besser gewachsen sind. Dies wird erreicht, indem nach der Wiederherstellung eine Anpassung über das Ausgangsniveau hinaus stattfindet (Superkompensation).

Anpassungsprozesse in der Superkompensationsphase sind die Grundlage für Funktions- und Leistungssteigerungen.

Ist die Pause bis zum nächsten Belastungsreiz zu lang, bildet sich aufgrund der Homöostase das Leistungsniveau wieder zurück: Negative Anpassung. Geht man längere Zeit nicht mehr ins Fitnessstudio, zum Skilaufen oder ins Volleyballtraining oder muss ein Bein wegen Verletzung ruhig gestellt werden, nimmt die Funktionsfähigkeit der Muskeln schnell ab. Ebenso bilden sich ohne Reckturnen oder vergleichbare Belastungsreize für die Handflächen die Schwielen zurück.

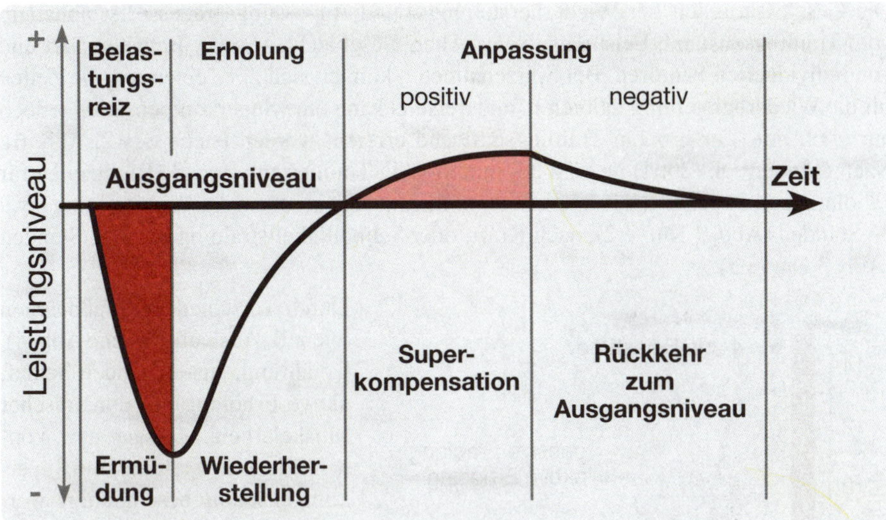

Abb. 2: Modell des Verlaufs von Belastungs- und Anpassungsreaktionen.

Wie schnell diese negative Anpassung ablaufen kann, zeigte ein Experiment mit mäßig trainierten gesunden Männern im Alter zwischen 20 und 30 Jahren: Nach 9 Tagen Bettruhe hatte sich das Herzvolumen schon um 10% zurückgebildet.

Wiederherstellung und Superkompensation können bei den einzelnen Teilsystemen verschieden schnell ablaufen, dies muss vor allem für die Pausen zwischen den jeweiligen Belastungseinheiten beachtet werden (siehe Abb. 3).

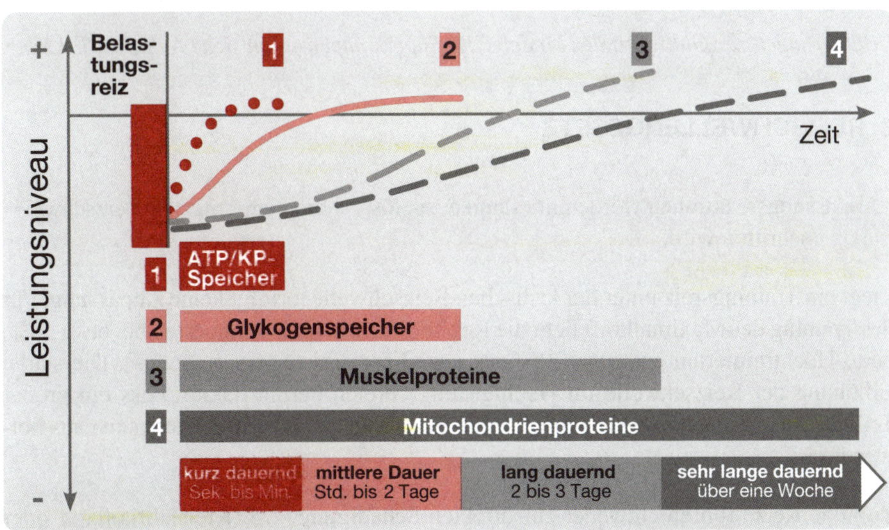

Abb. 3: Unterschiedlicher Verlauf von Wiederherstellung und Superkompensation (Zusammenstellung aus der Literatur).

Die Geschwindigkeit der Wiederherstellungs- und Anpassungsprozesse ist abhängig vom Trainingszustand, Leistungsniveau, Alter, Geschlecht, von der Belastungsart und von individuellen Faktoren. Bei Spitzenathleten können sich z. B. einerseits die Zeiten für die Wiederherstellung halbieren, andererseits kann eine Superkompensation jedoch nur noch mit sehr großem Trainingsaufwand erreicht werden (siehe S. 12, Abb. 6). Nach Grosser u.a. (2004) werden bei mittelmäßig Trainierten folgende Richtzeiten für Erholung und Superkompensation angenommen: Nach aerobem Ausdauertraining etwa 36 Stunden (Abb. 3 Kurve 2), nach Kraft- oder Schnelligkeitstraining etwa 72 Stunden (Abb. 3 Kurve 3).

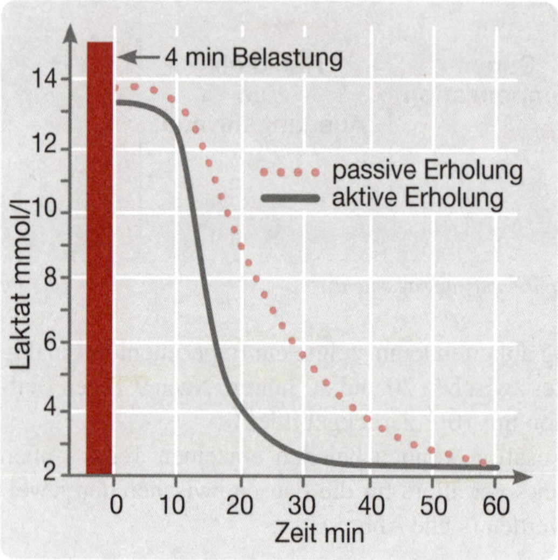

Abb. 4: Beschleunigung des Laktatabbaus durch Auslaufen nach Belastung (verändert nach Kuhn u.a. 2004, 24).

Durch verschiedene Maßnahmen wie z.B. Auslaufen (siehe Abb. 4), Ernährung, ausreichenden Schlaf, aktive Erholung mit dynamischer Muskelarbeit, Massage usw. können Wiederherstellung und Superkompensation beschleunigt werden. Leider werden im Leistungssport hierzu auch häufig Dopingmittel eingesetzt.

Erläuterungen zur Gültigkeit des Modells der Superkompensation siehe Anhang (S. 136)

3. REIZSCHWELLENGESETZ

Anpassungsreaktionen werden nur dann ausgelöst, wenn eine kritische Reizschwelle überschritten wird.

Liegt ein Trainingsreiz unter der kritischen Reizschwelle, erfolgt keine Anpassung. Für das Training der Maximalkraft liegt die Reizschwelle beim Untrainierten bei etwa 30%, beim Hochtrainierten bei etwa 70% des jeweiligen Leistungsvermögens[2]. Die starke Erhöhung der Reizschwelle im Hochleistungsbereich beruht darauf, dass ein großer Teil der Anpassungsprozesse allein für die Erhaltung des hohen Leistungsniveaus notwendig ist.

Zu hohe Reize führen entweder zur direkten Schädigung, z.B. Kreislaufkollaps, oder zu einem Absinken des Leistungsniveaus. Der menschliche Körper besitzt allerdings

[2] Angaben gelten für Maximalkrafttraining vgl. Hollmann/Hettinger 1980, 119.

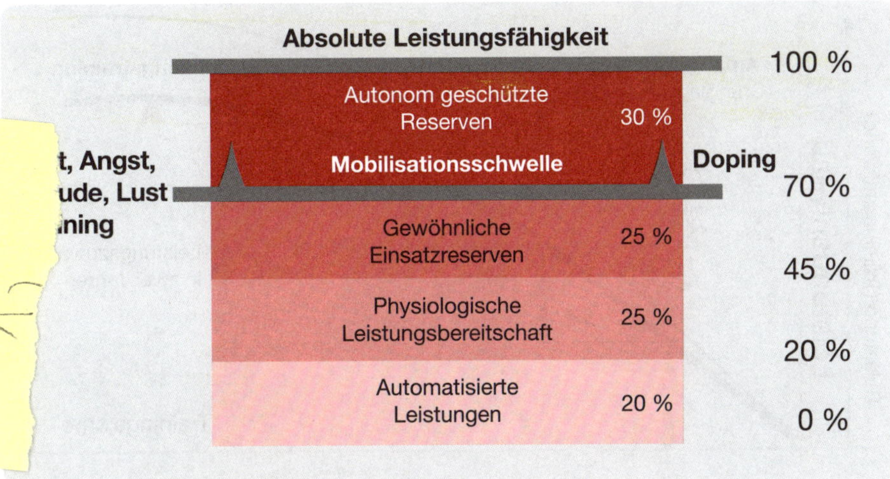

Abb. 5: *Die menschliche Leistungsfähigkeit (bezogen auf Kraft und Ausdauer).*

Schutzmechanismen, die in der Regel eine Überbelastung verhindern (siehe Abb. 5). Durch Training kann die Mobilisationsschwelle um 20% auf 90% erhöht werden. Die aus den genannten Gründen für das Training sehr wichtige Belastungsdosierung wird mit Hilfe der Belastungskomponenten Intensität, Dichte, Dauer, Umfang und Trainingshäufigkeit in einem Belastungsgefüge festgelegt (siehe S. 16).

4. VERLAUF DER LEISTUNGSENTWICKLUNG

Mit zunehmendem Leistungsniveau wird trotz eines größeren Trainingsaufwands der Leistungszuwachs immer geringer.

Der Leistungszuwachs verläuft trotz zunehmender Spezialisierung und Erhöhung der Belastungsreize nicht linear. Bei Anfängern ist der Leistungszuwachs selbst bei geringem Trainingsaufwand sehr hoch. Auch im Aufbautraining sind Belastungserhöhungen immer noch effektiv und bewirken eine deutliche Verbesserung des Leistungsniveaus. Im Bereich des Hochleistungstrainings hingegen können selbst höchste Belastungsreize nur noch eine geringe Zunahme des Leistungsvermögens bewirken (siehe Abb. 6, S. 12). Während im Anfängertraining innerhalb von 12 Wochen 10-20% Leistungszuwachs erreicht werden können, ist es im Hochleistungsbereich äußerst schwierig, in der gleichen Zeit 1% Leistungszuwachs zu erreichen (z.B. 100 m Männer von 10,0 auf 9,9 s). Im Grenzbereich der Leistungsfähigkeit bewegt sich der Athlet auf einem schmalen Weg zwischen positiver und negativer Anpassung. Durch die sehr hohe Belastung können die abbauenden Vorgänge so verstärkt werden, dass der Organismus in seinen aufbauenden Prozessen überfordert ist. Diesen Zustand bezeichnet man als **Übertraining**.

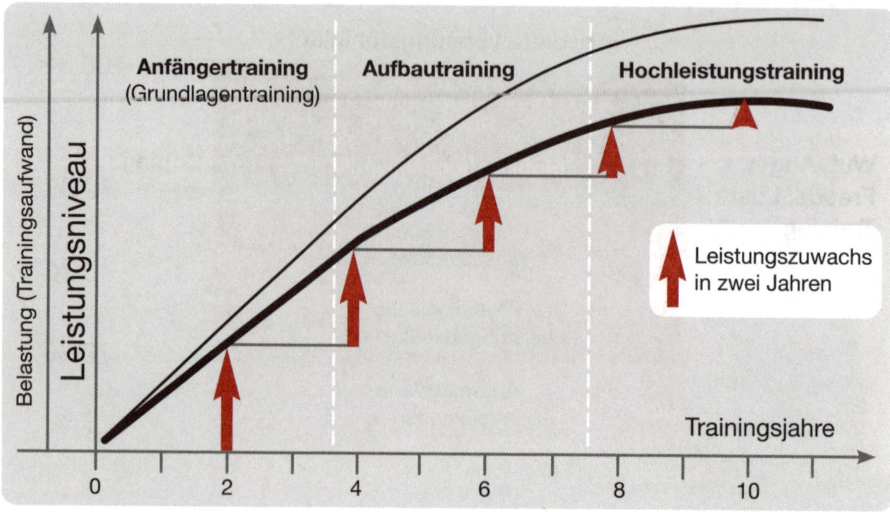

Abb. 6: Entwicklung des Leistungsniveaus und Trainingsbelastung. (▬: Leistungsniveau; —: Belastung)

5. ANPASSUNGSFESTIGKEIT

Ein langfristig aufgebautes Leistungsniveau ist wesentlich stabiler als ein kurzfristig aufgebautes Leistungsniveau.

In Abbildung 7 sind die Ergebnisse einer Untersuchung zur Entwicklung und Stabilität des Leistungsniveaus am Beispiel der Maximalkraft dargestellt. Eine Versuchsgruppe konnte durch tägliches Training ihre Kraft innerhalb von 22 Wochen zwar um etwa 95% steigern, jedoch sank das Leistungsniveau ohne Training fast ebenso schnell wieder ab. In den beiden anderen Versuchsgruppen, die ihr Leistungsniveau über einen längeren Zeitraum durch wöchentliches Training wesentlich langsamer aufgebaut hatten, nimmt die Leistungsfähigkeit ohne Training wesentlich langsamer ab.

Diese biologische Gesetzmäßigkeit gilt es vor allem dann zu beachten, wenn durch erhöhte Belastung Trainingsrückstände wieder aufgeholt werden sollen. Im Jugend- und Aufbautraining ist darauf zu achten, dass durch einen langsamen Aufbau des Leistungsniveaus eine stabile Leistungsgrundlage erreicht wird.

6. TRAINIERBARKEIT und LEISTUNGSFÄHIGKEIT

Trainierbarkeit und Leistungsfähigkeit sind abhängig von Alter und Geschlecht.

Die Trainierbarkeit und Leistungsfähigkeit biologischer Systeme sind abhängig vom Alter (Entwicklungsniveau) und vom Geschlecht. Darüber hinaus spielen auch noch

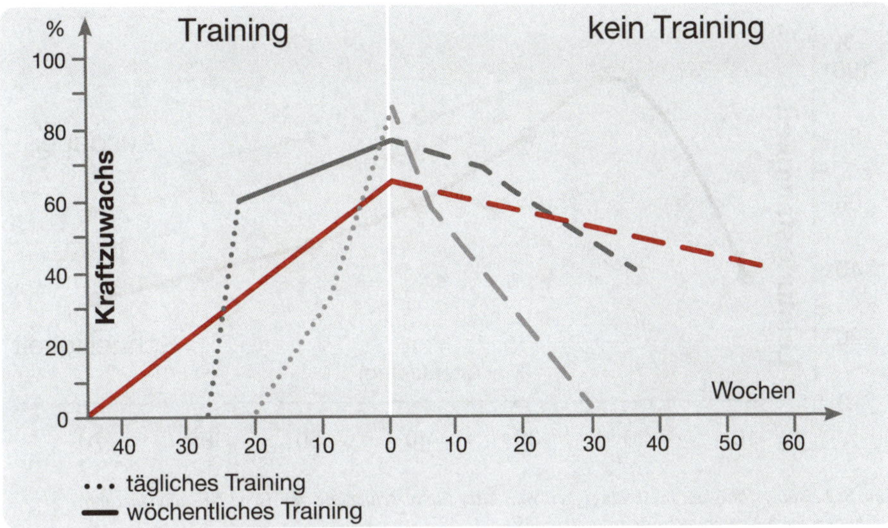

***Abb. 7:** Aufbaudynamik und Anpassungsfestigkeit (verändert nach Hollmann, Hettinger 1980, 240).*

weitere Faktoren wie z.B. Veranlagung (Muskelfaserzusammensetzung), Umweltfaktoren und Sozialisation eine Rolle. Die Wechselwirkungen sind individuell und sehr komplex.

6.1 Abhängigkeit vom Alter

Bei den physischen Leistungsfaktoren Ausdauer, Kraft und Schnelligkeit nehmen Leistungsfähigkeit und Trainierbarkeit entwicklungsbedingt bis etwa zur Mitte des dritten Lebensjahrzehnts zu und sinken danach kontinuierlich ab. Während Ausdauer und auch Kraft bis ins hohe Alter gut trainierbar bleiben, sinken bei der Schnelligkeit Leistungsfähigkeit und Trainierbarkeit stark ab (Abb.8). Hauptursache für die allgemeine Abnahme der Leistungsfähigkeit und Trainierbarkeit sind bei beiden Geschlechtern hormonelle Veränderungen; die Bildung von Sexual- und Wachstumshormonen geht mit zunehmendem Alter kontinuierlich zurück. Bezieht man die Trainierbarkeit allerdings auf das jeweilige Leistungsniveau, nimmt diese sogenannte relative Trainierbarkeit sowohl für Kraft- als auch für Ausdauerfähigkeiten im Laufe des Lebens nur geringfügig ab. Neuere Untersuchungen haben gezeigt, dass Krafttraining auch in hohem Alter noch sehr effektiv sein kann.

Im Gegensatz zu den physischen Leistungsfaktoren Ausdauer, Kraft und Schnelligkeit ist die Gesamtbeweglichkeit im Alter von fünf Jahren am größten und sinkt dann kontinuierlich ab. Die koordinativen Leistungsfähigkeiten steigen hingegen bis zum 20. Lebensjahr stetig an, bleiben dann etwa 20 bis 30 Jahre lang auf hohem Niveau und beginnen ab 50 Jahre zu sinken. Die relative Trainierbarkeit (s.o.) dieser beiden physischen Leistungsfaktoren nimmt mit dem Alter ebenfalls nur wenig ab.

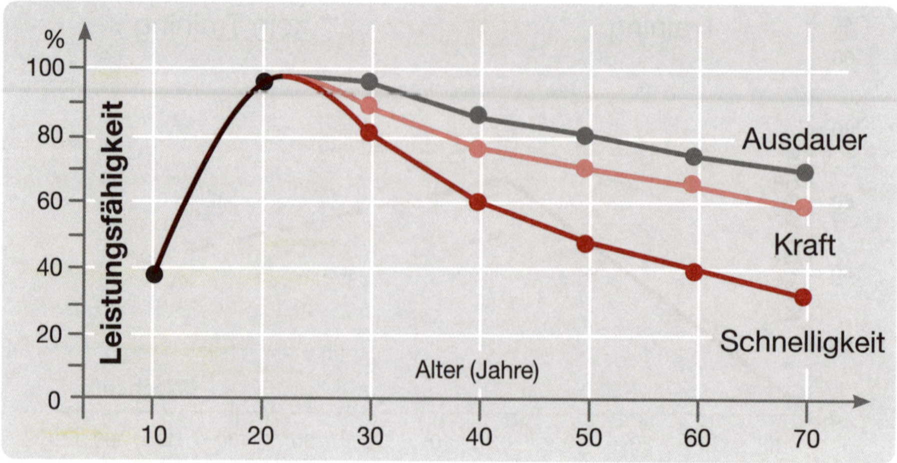

Abb. 8: *Leistungsfähigkeit in Abhängigkeit vom Alter für verschiedene physische Leistungsfaktoren (verändert nach Neumann/Hottenrott 2016, 49).*

Bewegungsarmut und die daraus resultierenden Bewegungsmangelkrankheiten nehmen ständig zu. Aus diesem Grund hat die Trainierbarkeit der konditionellen und koordinativen Fähigkeiten nicht nur im Leistungssport sondern auch allgemein, besonders im Kindes- und Jugendalter, eine große Bedeutung. Grundsätzlich sollten im Kindes- und Jugendalter alle konditionellen und koordinativen Fähigkeiten alters- und entwicklungsgemäß auf breiter Basis trainiert werden; durch Trainingsreize in dieser Phase können Leistungsfähigkeit und Trainierbarkeit im Erwachsenenalter positiv beeinflusst und kann Bewegungsmangelkrankheiten vorgebeugt werden. Koordinative Fähigkeiten lassen sich im Kindes- und Jugendalter sogar besonders lohnend trainieren (sensible Phasen, Anhang S. 136). In dieser Phase können Kraft- und Schnelligkeitsfähigkeiten vor allem durch das Training koordinativer Fähigkeiten verbessert werden.

Für das Training im Kindes- und Jugendalter müssen folgende Einschränkungen gemacht werden:

- Intensive Kraftbelastungen sind in dieser Phase unphysiologisch, da der Bewegungsapparat noch nicht vollständig entwickelt ist. Daher können hohe mechanische Belastungen zu Verletzungen und Dauerschäden führen. Darüber hinaus ist auf Grund der geringen Konzentration von Sexualhormonen auch die Zunahme des Muskelquerschnitts gering.
- Der Energiestoffwechsel für die anaerobe Energiebereitstellung ist erst gegen Ende der Pubertät vollständig entwickelt. Bei anaeroben Belastungen werden deshalb vermehrt Stresshormone gebildet. Aus diesem Grund sollten solche Belastungen nur von kurzer Dauer sein und nicht zu häufig angewendet werden.

Erläuterungen zu sensiblen Phasen der Trainierbarkeit im Kindes- und Jugendalter siehe Anhang (S. 136)

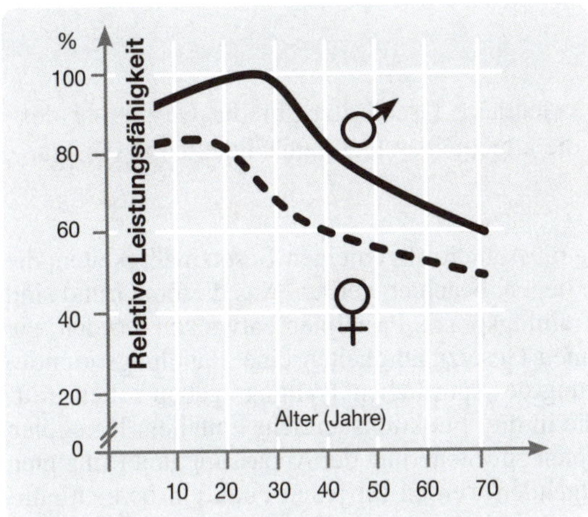

Abb. 9: Relative Leistungsfähigkeit (VO_2 max, Relativkraft) in Abhängigkeit vom Geschlecht.

6.2 Abhängigkeit vom Geschlecht

Die im Vergleich zum Mann deutlich geringere absolute Leistungsfähigkeit und Trainierbarkeit der Frau im Bereich von Ausdauer und Kraft sind vor allem auf das geringere Körpergewicht und den geringeren Muskelanteil am Körpergesamtgewicht (5-10%) zurückzuführen. Bezieht man die Leistungsfähigkeit auf ein Kilogramm Körpergewicht (relative Leistungsfähigkeit), so ergibt sich, dass auch unter Berücksichtigung des geringeren Muskelanteils die Leistungsfähikeit bei Frauen geringer ausgeprägt ist als bei Männern. Bei der relativen VO_2 max und der Relativkraft ist die relative Leistungsfähigkeit der Frauen etwa 15-20% geringer. Hormonell bedingt werden die Unterschiede in der Pubertät verstärkt und verringern sich im Laufe des Lebens wieder (Abb. 9). Bezieht man die Trainierbarkeit auf das jeweilige Leistungsniveau (relative Trainierbarkeit), so sind die Unterschiede zwischen den beiden Geschlechtern allerdings gering. Bei der Beweglichkeit ist die Leistungsfähigkeit und Trainierbarkeit bei Frauen größer als bei Männern, im Bereich der Koordination gibt es zwischen den Geschlechtern hingegen kaum Unterschiede.

Aufgaben

1. Versuchen Sie mit Hilfe von Erfahrungen, die Sie selbst gemacht haben, das Qualitätsgesetz zu belegen.
2. Erläutern Sie das Homöostasegesetz anhand einer Balkenwaage. Ordnen Sie den beiden Waagschalen die folgenden Begriffe zu: Training, Belastung, Leistungsniveau, Superkompensation.
3. Interpretieren Sie den Kurvenverlauf in Abb. 6 (S. 12) mit Hilfe des Reizschwellengesetzes.
4. Warum ist es nicht sinnvoll, sich auf Leistungsfeststellungen in den Sportkursen nur kurzfristig vorzubereiten?
5. Wie sollten Leistungstabellen, bei denen Leistungen in Noten umgerechnet werden, entsprechend dem Gesetz der Leistungsentwicklung aufgebaut sein?
6. Untersuchen Sie, inwieweit die Leistungstabellen in Leichtathletik, Schwimmen und im Ausdauertest für die fachpraktische Abiturprüfung in Baden-Württemberg die unterschiedliche Leistungsfähigkeit zwischen Männern und Frauen berücksichtigen.

TRAININGSPRINZIPIEN

Trainingsprinzipien sind praktisch orientierte Grundsätze für die Gestaltung des Trainings; mit ihnen versucht man, die allgemeinen Gesetzmäßigkeiten in die Trainingspraxis umzusetzen.

Für eine effektive Trainingsgestaltung müssen die allgemeinen Gesetzmäßigkeiten, die den Anpassungsprozessen zu Grunde liegen, beachtet werden. Aus diesem Grund sind mit Hilfe von Erfahrungen aus der Trainingspraxis Prinzipien entwickelt worden, die unter Berücksichtigung der allgemeinen Gesetzmäßigkeiten eine Handlungsorientierung für die Planung und Durchführung des sportlichen Trainings geben sollen. Entsprechend ihrer Aufgabe kann man sie in drei Funktionsbereiche einteilen: Prinzipien zur Auslösung der Anpassung, Prinzipien zur Steuerung der Anpassung und Prinzipien zur Festigung der Anpassung. Im folgenden werden für jeden Funktionsbereich einige Prinzipien erläutert. Die hierbei aus der Literatur getroffene Auswahl erfolgte nach zwei Gesichtspunkten: Es soll ein klarer Bezug zu den allgemeinen Gesetzmäßigkeiten vorhanden sein und die Prinzipien sollen für die Entwicklung der konditionellen Fähigkeiten eine grundlegende Rolle spielen. Da den Trainingsprinzipien i.d.R. jeweils mehrere Gesetzmäßigkeiten zu Grunde liegen, sind sie eng miteinander verflochten.

1. PRINZIPIEN ZUR AUSLÖSUNG DER ANPASSUNG

= Reizschwellengesetz

1.1 Prinzip des trainingswirksamen Reizes

Ein Trainingsreiz kann nur dann Anpassungsreaktionen bewirken, wenn die Belastungskomponenten so aufeinander abgestimmt sind, dass die Belastungsdosierung über dem Schwellenwert liegt.

Dieses Prinzip beruht auf dem Reizschwellengesetz. Die Belastungsdosierung wird durch folgende Belastungskomponenten festgelegt:

- Die **Intensität** kennzeichnet die Belastungsanforderung (Anstrengungsgrad) und wird meist in Prozent der Maximalleistung angegeben. Absolute Messgrößen sind Geschwindigkeit, maximale Herzfrequenz, Gewicht, Sprunghöhe usw.
- Die **Dauer** entspricht der Einwirkungszeit eines Einzelreizes (Übung, Strecke) oder einer Reizserie (Zahl der Wiederholungen).
- Die **Dichte (Pause)** beschreibt das zeitliche Verhältnis von Belastung und Erholung. In der Praxis entspricht die Dichte den Belastungspausen: Hohe Reizdichte = kurze Pause, geringe Reizdichte = lange Pause. Eine höhere Dichte erhöht insgesamt die Belastungsintensität, da die Erholungszeit geringer ist.
- Der **Umfang** entspricht der Summe aller Einzelreize, z.B. Summe der Wiederholungen in den Serien, zurückgelegte Gesamtstrecke, Summe der bewegten Gewichte, Gesamtübungszeit.

Für eine wirksame Belastungsdosierung müssen diese Belastungskomponenten aufeinander abgestimmt sein, daraus ergibt sich das **Belastungsgefüge**. Verschiedene Trainingsmethoden unterscheiden sich durch ein jeweils spezifisches Belastungsgefüge.

Die Wirksamkeit eines Trainingsreizes wird hauptsächlich durch die Reizintensität und den Reizumfang bestimmt. Eine Trainingswirkung (positive Anpassung) kann nur dann erreicht werden, wenn sich diese beiden Belastungskomponenten gegenläufig verhalten. Bei hoher Intensität muss der Umfang gering und bei geringer Intensität muss der Umfang hoch sein.

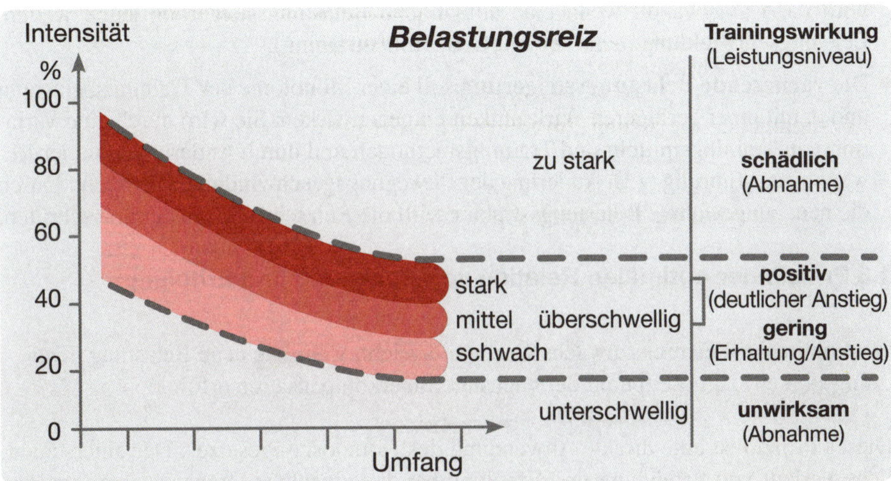

Abb. 10: *Belastungsdosierung und Wirkung von Belastungsreizen.*

Wie Abb. 10 zeigt, muss bei hoher Intensität ein Mindestumfang und bei hohem Umfang eine Mindestintensität zum Erreichen der Reizschwelle eingehalten werden. Alle Belastungsreize unterhalb der gestrichelten Linie sind unwirksam (keine positive Wirkung); Belastungsreize oberhalb der gestrichelten Linie sind schädlich, da sie den Organismus überfordern.

Erläuterungen zur Korrelation zwischen Intensität und Umfang siehe Anhang (S. 137).

1.2 Prinzip der progressiven Belastung

Zur Auslösung einer weiteren Leistungssteigerung muss mit zunehmendem Leistungsniveau die Belastung erhöht werden.

Bleiben Trainingsbelastungen über einen längeren Zeitraum konstant, verlieren sie ihre Wirksamkeit für eine Leistungssteigerung. Durch Anpassungsprozesse hat sich das Leistungsniveau verbessert, die dadurch erhöhte Reizschwelle wird nicht mehr erreicht (Reizschwellengesetz). Die erforderliche Belastungssteigerung wird im langfristigen

Trainingsprozess durch folgende Maßnahmen gesteuert: Zunächst Erhöhung des Umfangs (längere Belastungszeit), dann Erhöhung der Dichte (kürzere Pausen) und als letzte Maßnahme die Erhöhung der Intensität.

Die Belastungssteigerung kann allmählich, sprunghaft oder variierend erfolgen:

- Die **allmähliche Belastungssteigerung** kommt vor allem im Nachwuchsbereich zur Anwendung, um den Bewegungsapparat und das Herz-Kreislauf-System nicht zu überfordern.
- Die **sprunghafte Belastungssteigerung** benötigt eine gute Leistungsgrundlage und wird dann angewandt, wenn eine allmähliche Belastungssteigerung keine weitere Leistungsentwicklung mehr bewirkt (z.B. Höhentraining).
- Die **variierende Belastungssteigerung** soll einer Monotonie der Trainingsbelastung und damit einer geringeren Wirksamkeit entgegenwirken. Sie wird durch eine Variation von Trainingsmitteln und Trainingsmethoden und durch Änderungen in der Bewegungsausführung (z.B. Änderung der Bewegungsgeschwindigkeit) erreicht. Durch die neue, ungewohnte Belastungsstruktur wird die Reizschwelle wieder überschritten.

1.3 Prinzip der optimalen Relation von Belastung und Erholung

Ein optimaler Leistungszuwachs wird nur erreicht, wenn die neue Belastung (Trainingseinheit) zum Zeitpunkt der höchsten Superkompensation erfolgt.

Dieses Prinzip ist eine direkte Anwendung des Homöostasegesetzes. Der unterschiedliche Verlauf von Ermüdung und Erholung bei den einzelnen Organsystemen und die Abhängigkeit von einer Reihe anderer Faktoren (siehe S. 9) macht jedoch die Anwendung dieses Prinzips sehr schwierig. Durch Trainingstagebücher und über das subjektive Leistungsgefühl des Athleten versucht man im Hochleistungssport die individuell optimale Erholungspause einzuhalten. Da im Gesundheitssport kein maximaler Leistungszuwachs im Vordergrund steht, kann man hier als groben Richtwert eine Belastungspause von 48 Stunden einhalten (siehe Abb. 3).

In Abbildung 11 sind die möglichen Veränderungen des Leistungsniveaus in Abhängigkeit von den Pausen zwischen den Trainingseinheiten zusammengefasst. Bei **einer optimalen Relation von Belastung und Erholung** kommt es zu einer effektiven Verbesserung des Leistungsniveaus. Wird dieses Trainingsprinzip nicht beachtet, bleibt das Training wirkungslos.

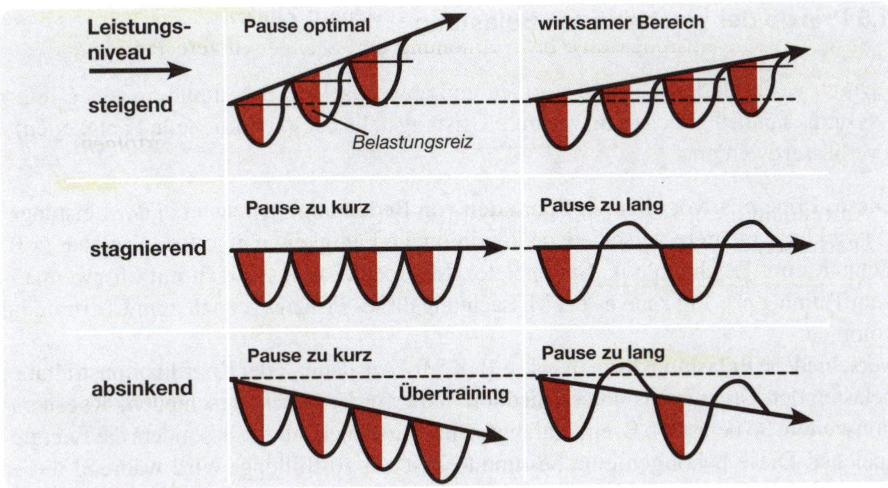

Abb. 11: Veränderung des Leistungsniveaus in Abhängigkeit von der Pausenlänge zwischen den Trainingseinheiten.

1.4 Prinzip der unvollständigen Erholung

Eine Ermüdung durch mehrmalige Belastungsreize in der Wiederherstellungsphase führt zu einer erhöhten Superkompensation.

Dieses Prinzip wird vor allem im Hochleistungssport zur Verbesserung der Ausdauer angewandt. Innerhalb einer Trainingseinheit werden die Belastungen so angeordnet, dass Serien mit unvollständiger Erholung aufeinander folgen. Aber auch im Wochentrainingsplan können die Trainingseinheiten bewusst in die Wiederherstellungsphase gelegt werden. Man spricht dann von Wochenstoßtraining. Um Übertraining zu vermeiden und eine erhöhte Superkompensation zu erreichen, muss nach einer solchen Ermüdungsaufstockung eine längere Belastungspause oder eine Phase mit reduziertem Training erfolgen.

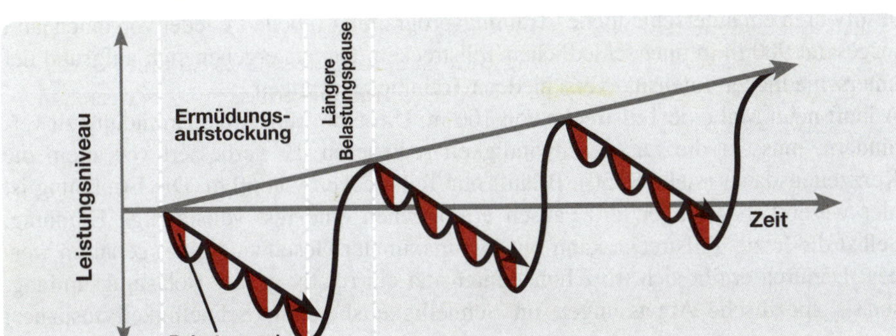

Abb. 12: Erhöhte Superkompensation durch Ermüdungsaufstockung.

1.5 Prinzip der wechselnden Belastung

Durch wechselnde Belastungsformen und abwechselnde Belastung einzelner Teilsysteme können gleichzeitig mehrere Leistungsfaktoren (konditionelle Fähigkeiten) verbessert werden.

Dieses Prinzip ist vor allem in Sportarten von Bedeutung, in denen bei der Leistungsentwicklung mehrere verschiedene konditionelle Fähigkeiten eine Rolle spielen (z.B. Zehn-Kampf Leichtathletik, Sportspiele). Im Hochleistungsbereich mit oft zweimaligem Training pro Tag kann es bei Missachtung dieses Prinzips schnell zum Übertraining kommen.
Verschiedene Belastungsformen, wie z.B. Kraft-, Ausdauer- oder Koordinationstraining, belasten den Organismus unterschiedlich und erfordern auch verschiedene Regenerationszeiten. So belastet z.B. ein umfangreiches Ausdauertraining besonders die Energiespeicher. Diese benötigen eine bestimmte Zeit zur Auffüllung. Wird während dieser Phase ein Krafttraining durchgeführt, durch das besonders die Eiweißsynthese für den Muskelaufbau aktiviert wird, ist der Organismus belastungsfähiger als bei einer Wiederholung des Ausdauertrainings. Durch abwechselnde Belastung einzelner Teilsysteme, wie z.B. Beine, Rumpf, Arme, Herz-Kreislauf-System, Zentralnervensystem, kann ebenfalls eine Überbelastung vermieden werden (siehe Circuittraining S. 90, 94). Insgesamt kann durch einen gezielten Wechsel der Belastungsformen sowohl der Gesamtumfang als auch die Intensität des Trainings gesteigert werden.

2. PRINZIPIEN ZUR STEUERUNG DER ANPASSUNG

2.1 Prinzip der richtigen Belastungszusammensetzung

Die Entwicklung einer spezifischen konditionellen Fähigkeit erfordert jeweils eine spezifische Zusammensetzung des Belastungsgefüges.

Dieses Prinzip ist direkt aus dem Qualitätsgesetz abgeleitet. Zur Erläuterung folgendes Beispiel: Zwei jugendliche Sprinter mit einer Bestzeit von 12 s über 100 m (ca. 8,3 m/s) absolvieren ein unterschiedliches Trainingsprogramm (Tabelle 1). Jeder von ihnen läuft insgesamt 900 m in unterschiedlichen Teilstrecken. Daraus ergeben sich aufgrund der unterschiedlichen Intensität verschiedene Trainingswirkungen.
A läuft neun Mal eine Teilstrecke von 100 m. Um eine frühzeitige Ermüdung zu verhindern, muss er die Laufgeschwindigkeit reduzieren. Er verbessert vor allem die Kurzzeitausdauer (siehe S. 50). B läuft nur Teilstrecken von 60 m. Die Ermüdung ist hier wesentlich geringer, die Pausen ermöglichen eine fast vollständige Erholung. Selbst die letzte Teilstrecke kann mit fast maximaler Geschwindigkeit gelaufen werden. Dadurch ergibt sich trotz hoher Intensität ein relativ großer Belastungsumfang, sodass spezifische Anpassungen im Schnelligkeitsbereich (Schnelligkeitsausdauer) ausgelöst werden.

Wollte A mit der 100-m-Teilstrecke seine Schnelligkeitsausdauer verbessern, müsste er mit fast maximaler Geschwindigkeit laufen. Selbst bei längeren Pausen (20-30 min) könnte er pro Trainingseinheit jedoch nur 4 bis 5 Läufe mit diesem Tempo absolvieren. Der Gesamtumfang und dadurch auch die Trainingswirkung in Bezug auf eine Verbesserung der Schnelligkeitsausdauer würden deutlich reduziert werden. An diesen beiden Beispielen wird deutlich, dass für die spezifische Wirkung eines Belastungsgefüges Intensität und Dauer eines Reizes die entscheidende Rolle spielen (siehe auch Tab. A1, Anhang S. 138).

	Umfang	Dauer (Einzelreiz, Serie)	Dichte/Pause	Intensität	Trainingswirkung
A	**3 Serien 3 x 100 m** = 900 m	3 x 13,3 s mit jeweils 2 min Pause	Serienpause ca. 6 min	7,5 m/s (90%)	**Kurzzeit-ausdauer** (400 m)
B	**3 Serien 5 x 60 m** = 900 m	5 x 7,2 s mit jeweils 90 s Pause	Serienpause 10 min	8,3 m/s (100%)	**Schnelligkeits-ausdauer** (100 - 200 m)

Tab. 1: Verschiedene Belastungsgefüge mit spezifischer Trainingswirkung.

2.2 Prinzip der optimalen Relation von allgemeiner und spezieller Ausbildung

Eine zunehmende Spezialisierung ist nur auf der Basis einer vielseitigen körperlichen Allgemeinausbildung sinnvoll.

Das Verhältnis von allgemeiner und spezieller Ausbildung ist sowohl von der Sportart, vom Alter, den absolvierten Trainingsjahren (Trainingsalter) als auch vom Leistungsniveau abhängig. Mit ansteigendem Leistungsniveau nimmt der Anteil der speziellen Ausbildung zu. Das allgemeine Training wird i.d.R. mit Übungen, die nicht sportartspezifisch sind, durchgeführt; das spezielle Training dagegen muss auch den Bewegungsablauf der Wettkampfübung berücksichtigen. So trainiert z.B. ein Schwimmer seine allgemeine Ausdauer auch sportartunspezifisch mit Radfahren, kleinen Spielen, Laufen usw., die schwimmspezifische Ausdauer kann er jedoch nur durch Schwimmtraining effektiv verbessern. In Abbildung 13 (S. 23) sind die Relation von allgemeiner und spezieller Ausbildung und das jeweils günstige Alter für einige Sportarten (Disziplinen) dargestellt. In Sportarten mit hohen technischen Anforderungen, wie z.B. beim Turnen, hat in allen Trainingsphasen das spezielle Training ein größeres Gewicht als in Sportarten mit geringeren koordinativen Anforderungen, z.B. Laufdisziplinen. Darüber hinaus beginnt das spezielle Training in hoch koordinativen Sportarten schon wesentlich früher.

Grundsätzlich ist die Entwicklung eines hohen Leistungsniveaus nur auf der Basis einer guten allgemeinen Ausbildung möglich. Andererseits darf das Niveau unspezifischer

Anpassungen jedoch nicht zu hoch sein, da sonst die Möglichkeiten für die Entwicklung spezifischer Anpassungen eingeschränkt werden. Hier die richtige Balance zu finden, erweist sich in der Trainingspraxis als äußerst schwierig und benötigt langjährige Trainingserfahrung. Im Gegensatz zum Leistungssport spielt im Fitnessbereich das spezielle Training eine untergeordnete Rolle, hier steht die Entwicklung der allgemeinen konditionellen Fähigkeiten im Mittelpunkt.

2.3 Prinzip der Individualität und Entwicklungsgemäßheit

Für eine optimale Leistungsentwicklung muss die individuelle Veranlagung und Entwicklung berücksichtigt werden.

Das Leistungsniveau, das ein Sportler erreichen kann, wird ganz entscheidend von seinen anlagebedingten Fähigkeiten bestimmt. So können z.B. Höchstleistungen in Sprint- und Sprungdisziplinen nur dann erreicht werden, wenn in der entsprechenden Muskulatur ein hoher Anteil schnell kontrahierender Muskelfasern (FT-Fasern) vorhanden ist. Die Zusammensetzung eines Muskels aus verschiedenen Muskelfasern ist größtenteils angeboren (Talent / zum Sprinter geboren). Es wäre sinnlos, Sportler mit einer solchen Veranlagung zu Höchstleistungen in Ausdauerdisziplinen bringen zu wollen. Für eine optimale Leistungsentwicklung sollten möglichst alle anlagebedingten Faktoren berücksichtigt werden: Muskelfaserstruktur, anthropometrische Merkmale, sportmotorische Begabung, psychische Merkmale; auch die Reaktion auf qualitativ und quantitativ gleichwertige Belastungsreize ist individuell verschieden und kann zu unterschiedlichen Anpassungen führen.
Darüber hinaus gibt es in der biologischen Entwicklung des Menschen bestimmte Zeitabschnitte, in denen die Trainierbarkeit einzelner konditioneller und koordinativer Fähigkeiten besonders gut ausgeprägt ist. Fehlen in diesen Phasen entsprechende Trainingsreize, können die dadurch entstandenen Defizite nur schwer aufgefangen werden. Da diese Entwicklungsabschnitte nicht durch das kalendarische sondern durch das biologische Alter bestimmt werden, muss beim Training mit gleichaltrigen Kindern äußerste Aufmerksamkeit auf den entsprechenden Entwicklungsstand gelegt werden (sensible Phasen, siehe Anhang S. 136).

3. PRINZIPIEN ZUR FESTIGUNG DER ANPASSUNG

3.1 Prinzip des langfristigen Trainingsaufbaus

Ein stabiles und hohes Leistungsniveau kann nur durch einen langfristigen Trainingsaufbau mit Grundlagen-, Aufbau- und Hochleistungstraining erreicht werden.

Dieses Prinzip ist eine Erweiterung des Prinzips der optimalen Relation von allgemeiner und spezieller Ausbildung, es umfasst die Zeitspanne vom Beginn des Trainings bis zum Hochleistungstraining. Eine sportliche Höchstleistung kann in der Regel erst nach

einer Trainingszeit von etwa 12 bis 14 Jahren erreicht werden. In diesem langen Anpassungsprozess können z.B. Krankheiten und Verletzungen den Anstieg des Leistungsniveaus bremsen oder zu einem Abfall des Leistungsniveaus führen. Nach dem Gesetz der Anpassungsfestigkeit ist das Leistungsniveau umso stabiler, je langfristiger es aufgebaut wurde (siehe S. 12).
Der langfristige Trainingsaufbau ist gekennzeichnet durch eine allmähliche Zunahme des speziellen Trainings und durch eine Zunahme von Trainingshäufigkeit, Trainingsumfang und Belastungsintensität. Er gliedert sich in verschiedene Trainingsstufen, die jeweils etwa drei bis fünf Jahre dauern und folgende Hauptaufgaben haben:

- **Grundlagentraining:**
  - Vielseitige Ausbildung der physischen Leistungsfaktoren,
  - Sammeln von Bewegungserfahrungen.
- **Aufbautraining:**
  - Weitere Verbesserung aller physischen Leistungsfaktoren,
  - Training der sportartspezifischen Leistungsanforderungen,
  - Techniktraining,
  - deutliche Steigerung von Belastungsumfang und Intensität.
- **Hochleistungstraining:**
  - Stabilisierung der physischen Leistungsfaktoren,
  - Optimierung der sportartspezifischen Leistungsgrundlagen durch weitere Steigerung von Belastungsumfang und Belastungsintensität,
  - Stabilisierung der Höchstleistung.

In Abbildung 13 ist die Zunahme des Belastungsumfangs und die Relation von allgemeinem und spezifischem Training im langfristigen Trainingsaufbau für einige Sportarten exemplarisch dargestellt.

Trainingsbeginn: Biolog. Alter (Jahre)				**Trainingsstufen**	**Trainingsumfang**
Schwimmen	Turnen	Sprint	Mittelstrecke		
14	12 w 15 m	18	17	**Hochleistungstraining**	spezielles Training allgemeines Training
9	10 w 13 m	13 / 14	14	**Aufbautraining**	spezielles Training allgemeines Training
6	5 - 7	8 - 10	10 - 12	**Grundlagentraining**	spezielles Training allgemeines Training

***Abb. 13:** Verhältnis von allgemeinem und speziellem Training beim langfristigen Trainingsaufbau im Leistungssport.*

Wird in der Phase des Aufbautrainings das Grundlagentraining vernachlässigt und das spezielle Training mit dem Ziel einer schnellen Leistungssteigerung forciert, kann es nach einem zunächst raschen Anstieg des Leistungsniveaus zur Stagnation oder gar zu einem Leistungsabfall kommen („Verheizen"). Die Trainingsbelastungen des speziellen Trainings und die oft zu große Zahl von Wettkämpfen führen zu einer Überbelastung, da bei zu geringem Grundlagentraining die Wiederherstellungsprozesse zu langsam ablaufen.

3.2 Prinzip der Periodisierung

Auf Perioden intensiver Belastung muss eine Entlastungsphase folgen, da das Leistungsniveau nicht über das ganze Jahr auf seinem höchsten Punkt gehalten werden kann.

Höchstleistungen können nur über einen relativ kurzen Zeitraum erbracht werden. Bei sehr intensiven Trainingsbelastungen besteht außerdem die Gefahr des Übertrainings. Aus diesem Grund wird das Trainingsjahr in der Regel in drei Abschnitte eingeteilt, die folgende Zielsetzungen haben:

- **Vorbereitungsperiode:**
  - Aufbau der sportlichen Form,
  - hoher Gesamtumfang.
- **Wettkampfperiode:**
  - Weiterentwicklung der sportlichen Form durch Wettkämpfe,
  - sehr hohe Intensität,
  - Leistungshöhepunkt.
- **Übergangsperiode:**
  - Reduzierung von Umfang und Intensität,
  - aktive Erholung und Regeneration durch allgemein entwickelnde Übungen und andere Sportarten,
  - Verlust der sportlichen Form.

In Abbildung 14 sind der Jahresverlauf der Leistungsfähigkeit und der Trainingsbelastung (Intensität und Umfang) in idealisierter Form dargestellt. Finden im Jahresverlauf zwei Wettkampfphasen statt (Freiluft- und Hallensaison, Hin- und Rückrunde), so muss die Periodisierung verkürzt werden und zweigipfelig verlaufen. Entsprechend dem Prinzip des trainingswirksamen Reizes verhalten sich Belastungsumfang und Belastungsintensität gegenläufig.

Vorbereitungs-, Wettkampf- und Übergangsperiode werden bei der differenzierten Trainingsplanung nochmals in kleinere Zeitabschnitte (Zyklen) unterteilt, in denen jeweils ganz konkrete Ziele angesteuert werden. In Abbildung 47 (S. 92) ist am Beispiel eines Krafttrainings die Trainingsgestaltung in der Vorbereitungs- und Wettkampfperiode dargestellt.

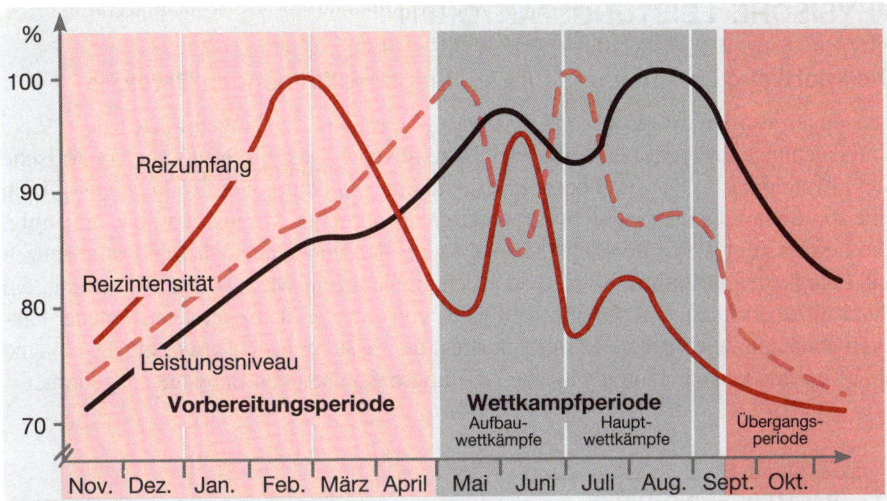

Abb. 14: *Einfache Jahresperiodisierung im mittleren Leistungsbereich mit idealisierten Leistungs- und Trainingsparametern (verändert nach Grosser u.a. 2004, 26).*

Aufgaben

7. Warum muss der Verlauf von Belastung und Erholung bei der Trainingsplanung in der Wettkampfphase besonders beachtet werden?
8. Erläutern Sie den Zusammenhang zwischen dem Prinzip der progressiven Belastung und den Gesetzen über die Reizschwelle und den Verlauf der Leistungsentwicklung.
9. Erläutern Sie das Prinzip der optimalen Relation von Belastung und Erholung mit Hilfe Ihrer eigenen Erfahrung aus dem Schulsport.
10. Lässt sich aus Abbildung 13 zwischen dem durchschnittlichen Alter zu Beginn der einzelnen Trainingsphasen und den Anforderungen der jeweiligen Disziplin ein Zusammenhang ablesen?

PHYSISCHE LEISTUNGSFAKTOREN

Die sportliche Leistung und ihre leistungsbestimmenden Bereiche

Leistungen werden oft als rein geistige oder körperliche Leistungen klassifiziert. Viele Untersuchungen zeigen aber, dass sowohl kognitive und psychische als auch motorische und physiologische Prozesse beim Erbringen einer Leistung eine Rolle spielen. Auch eine sportliche Leistung ist nicht nur von rein körperlichen Voraussetzungen abhängig. Die Leistung eines Sportlers wird vielmehr von allen seinen persönlichen Kompetenzen und Fähigkeiten bestimmt. So sind sportliche Leistungen, wie z.B. ein Weitsprung, ein Handstützüberschlag, ein Marathonlauf usw., von einer großen Zahl verschiedener Faktoren abhängig, auch äußere Faktoren können die Leistung beeinflussen. In Abb. 15 sind diese verschiedenen Faktoren einzelnen leistungsbestimmenden Bereichen zugeordnet.

Abb. 15: *Die sportliche Leistung und ihre leistungsbestimmenden Bereiche.*

Die Pfeile zeigen, wie sich die leistungsbestimmenden Bereiche gegenseitig beeinflussen. So ist z.B. der Bereich der Technik sehr eng mit den physischen Leistungsfaktoren[1] verknüpft: Kraft, Schnelligkeit, Ausdauer, Beweglichkeit und Koordination sind einerseits wichtige Voraussetzungen für spezifische Bewegungsfertigkeiten (Technik), andererseits bestimmen diese Bewegungsfertigkeiten aber auch die Ausprägung und Wirkungsmöglichkeit der physischen Leistungsfaktoren. Die **physischen Leistungsfaktoren** Kraft, Schnelligkeit, Ausdauer, Beweglichkeit und Koordination bilden die

[1] Synonyme: Motorische (Grund-) Eigenschaften, motorische Hauptbeanspruchungsformen, physische Leistungsgrundlagen.

Basis für jede sportliche Leistung. Wer keine Kraft hat, wer nicht schnell genug ist, wer schnell ermüdet, wer unbeweglich ist oder wer sich nicht koordiniert bewegt, kann nur sehr eingeschränkt eine sportliche Leistung erbringen. Ein Fitnesstest[2] kann dies einfach und schnell deutlich machen.
Für Leistungen in einzelnen Sportarten und Disziplinen haben die physischen Leistungsfaktoren eine unterschiedliche Bedeutung. Nur in wenigen Fällen sind sie alleine, in Reinform, leistungsbestimmend. In der Regel wirken sie zusammen. Ein typisches Beispiel ist das Zusammenwirken von Kraft und Ausdauer bei länger dauernden Kraftleistungen wie z.B. beim Treppensteigen auf einen Turm; diese „Mischform" aus zwei verschiedenen Leistungsfaktoren wird als Kraftausdauer bezeichnet.

Aus Gründen der Übersichtlichkeit und Zweckmäßigkeit werden in der Trainingslehre die physischen Leistungsfaktoren dennoch gegeneinander abgegrenzt. Die Mischformen werden dem jeweils dominierenden physischen Leistungsfaktor zugeordnet und als Fähigkeit des betreffenden Leistungsfaktors bezeichnet, so ist z.B. Kraftausdauer eine Kraftfähigkeit und Schnelligkeitsausdauer eine Schnelligkeitsfähigkeit. In dieser Trainingslehre wird für die Differenzierung der physischen Leistungsfaktoren Kraft, Schnelligkeit, Ausdauer und Beweglichkeit der Begriff **„konditionelle Fähigkeiten"** [3] verwendet. Die Koordination wird in **koordinative Fähigkeiten** gegliedert.
Die Differenzierung der physischen Leistungsfaktoren in unterschiedliche konditionelle/ koordinative Fähigkeiten ist für die Trainingspraxis unerlässlich. Gezielte Trainingsmaßnahmen sind aber nur möglich, wenn die leistungsbestimmenden Faktoren der jeweiligen Fähigkeiten bekannt sind. Diese werden deshalb bei den einzelnen konditionellen Fähigkeiten als erstes besprochen.
In Abbildung A1 (Anhang S. 134) ist eine Übersicht der dieser Trainingslehre zu Grunde liegenden leistungsbestimmenden Faktoren dargestellt. Die einzelnen **konditionellen** Fähigkeiten haben jeweils ein spezifisches Muster von leistungsbestimmenden Faktoren. Der kaskadenartige Aufbau zeigt, wie eng die einzelnen konditionellen Fähigkeiten miteinander verknüpft sind. Gleichzeitig wird auch deutlich, welche Trainingsmaßnahmen zur Verbesserung einer konditionellen Fähigkeit bei einem langfristigen Trainingsaufbau kombiniert werden müssen (siehe auch Abb. 47, S. 92).

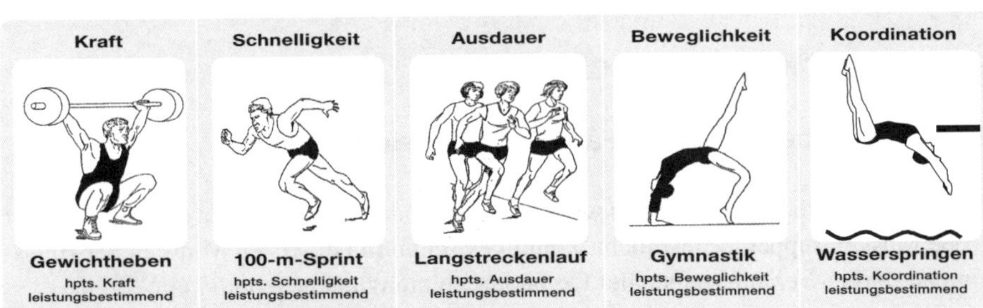

***Abb. 16:** Beispiele für die physischen Leistungsfaktoren.*

[2] Fitnesstests für alle physischen Leistungsfaktoren finden sich z.B. in Bös 2004, 58 ff.
[3] Synonyme: Arten, Sportmotorische Fähigkeiten, Teilleistungsfaktoren, Erscheinungsformen.

AUSDAUER

1. BEDEUTUNG DER AUSDAUER

Im Sport und auch allgemein versteht man unter Ausdauer die physische und psychische Widerstandsfähigkeit gegen Ermüdung bei relativ lang dauernden Belastungen und die rasche Erholungsfähigkeit nach der Belastung.

1.1 Erhaltung von Gesundheit und Leistungsfähigkeit

Regelmäßiges Ausdauertraining mit vorwiegend aerober Energiebereitstellung (s. S. 29ff) ist von großem gesundheitlichem Wert (siehe Friedmann 2017). So wird z.B. das Risiko von Herz-Kreislauferkrankungen durch eine Ökonomisierung der Herzarbeit (s. S. 63), eine verbesserte Durchblutung der Organe und eine positive Beeinflussung der Blutfettwerte deutlich verringert. Auch das Körpergewicht kann durch Ausdauertraining reguliert werden. Durch eine Stärkung des Immunsystems wird die Gesundheit stabilisiert. Darüber hinaus wird durch eine bessere Stressbewältigung, eine schnellere Erholungsfähigkeit und durch eine Verbesserung der aeroben Energiebereitstellung die Leistungsfähigkeit im Alltag erhöht.

1.2 Grundlage für sportliche Leistungen und Fitness

Ausdauer als **Ermüdungswiderstandsfähigkeit** ist notwendig für

- die **Beibehaltung** einer möglichst **hohen Belastungsintensität**,
- eine **schnelle Erholung** in kurzen Wettkampfpausen, in Phasen mit geringer Belastungsintensität und zwischen einzelnen Trainingseinheiten und Wettkämpfen.

Die Ermüdungsprozesse betreffen dabei nicht nur die Muskelfunktion (physisch), sondern auch Konzentration, Sinneswahrnehmung und Motivation (kognitiv/psychisch). In dieser Trainingslehre wird nur die physische Ausdauer behandelt und aus Gründen der Vereinfachung generell als Ausdauer bezeichnet.

2. BIOLOGISCHE GRUNDLAGEN

2.1 Leistungsbestimmende Faktoren (Übersicht)

Werden bei sportlichen Aktivitäten wie Laufen, Radfahren, Schwimmen oder Skilanglauf große Muskelgruppen beansprucht, kommt es schon in den ersten Minuten der Belastung zu starken Veränderungen der Organdurchblutung (siehe Abb. 17).

Die Durchblutung der Muskulatur kann dabei lokal bis um das 20fache erhöht werden. Nur so können die Muskelzellen über längere Zeit ausreichend Energie gewinnen.

Die Kapazität der Energiebereitstellung wird im Wesentlichen von zwei Bereichen bestimmt:

- Leistungsfähigkeit der Energiegewinnungswege in der Muskelzelle,
- Leistungsfähigkeit des Herz-Kreislauf-Systems einschließlich der Atmung in Bezug auf:
  – Zufuhr der Stoffe zur Energiegewinnung (Glucose, Fettsäuren, Sauerstoff),
  – Abtransport der Endprodukte Kohlendioxid, Wasser und Laktat[1].

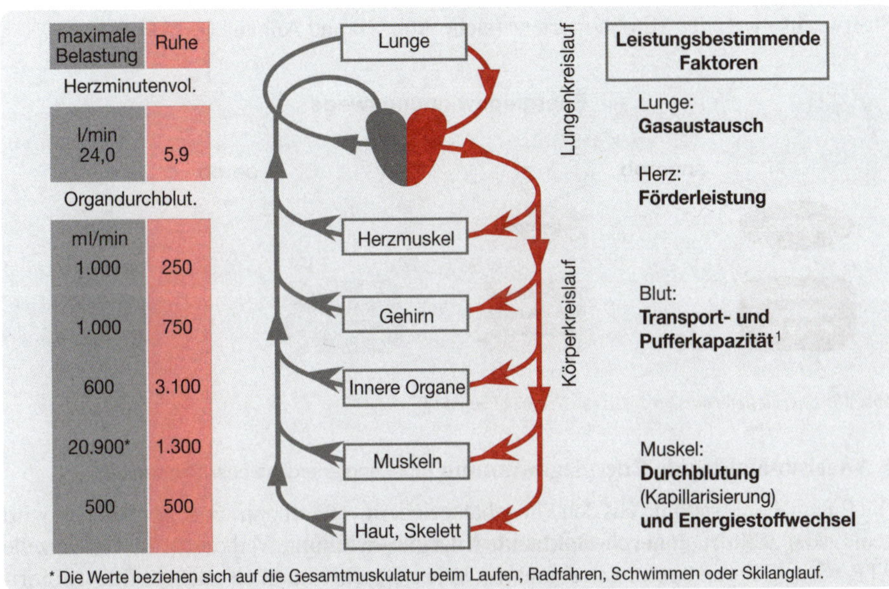

***Abb. 17:** Organdurchblutung und leistungsbestimmende Faktoren bei körperlicher Belastung. ([1]Puffersubstanzen wie z.B. Bicarbonate stabilisieren den pH-Wert).*

2.2 Energiegewinnung in der Muskelzelle

Das energiereiche Molekül Adenosintriphosphat (ATP) ist die einzige Energiequelle, die Muskelzellen zur Kontraktion verwenden können (siehe S. 66 f). ATP wird beim Kontraktionsvorgang verbraucht, dabei wird eine Phosphatgruppe (Pi = anorganisches Phosphat) abgespalten und es entsteht Adenosindiphosphat (ADP). Auch alle anderen Zellen unseres Körpers gewinnen ihre Energie durch Spaltung von ATP. Da ATP auf Grund seiner Säurewirkung nicht gespeichert werden kann, hat ein Mensch bei einem Körpergewicht von 70 kg aktuell nur einen Vorrat von etwa 7 g ATP in seinem Körper. Die pro Tag benötigte ATP-Menge beträgt jedoch schon ohne besondere körperliche Betätigung ca. 70 kg ATP. Der Vorrat an ATP in einer Muskelzelle ist so klein, dass er bei Maximalbelastung nur für 1 bis 2 Sekunden reicht. Muskelzellen und auch alle anderen Zellen müssen deshalb ATP ständig neu synthetisieren.

ATP kann nur durch Energiezufuhr aus anderen Stoffwechselreaktionen synthetisiert werden. Energieliefernde Prozesse sind die Spaltung energiereicher Phosphate sowie der

[1] Laktat: Salz der Milchsäure; in wässriger Lösung dissoziiert Milchsäure in Laktat und Wasserstoffionen (Protonen).

Abbau verschiedener Nährstoffe (Kohlenhydrate, Fette, Proteine). Auf welchem Weg Muskelzellen ATP gewinnen, hängt primär von der Belastungsintensität ab, d.h. vom **ATP-Bedarf der Muskelzelle**. Der Grund liegt in der unterschiedlichen Geschwindigkeit, mit der die einzelnen Energiegewinnungswege ATP nachbilden können (siehe Abb. 22, S. 34).

Die Energiebereitstellung in der Muskelzelle kann auf vier verschiedenen Wegen erfolgen: Zwei Energiegewinnungswege laufen ohne Sauerstoff (anaerob) im Zellplasma ab, die beiden anderen Stoffwechselwege benötigen Sauerstoff (aerob) und münden beide in den Stoffwechselweg der Mitochondrien[2] (siehe Abb. 18 und Anhang S. 141).

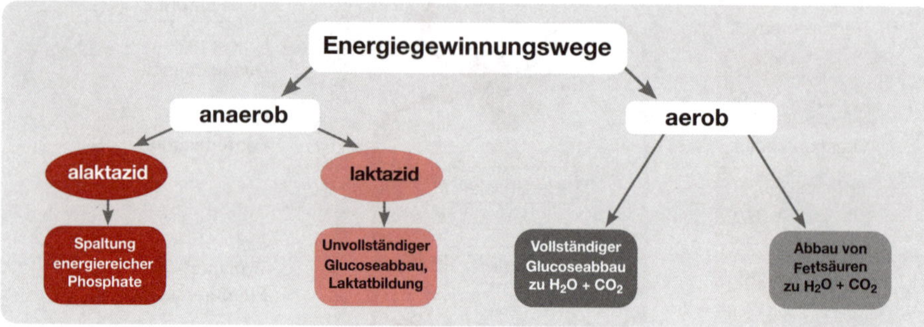

***Abb. 18:** Energieliefernde Prozesse zur Synthese von ATP.*

1. Anaerob-alaktazide Energiegewinnung (Spaltung energiereicher Phosphate)

Die Energiebereitstellung aus den Phosphatspeichern verläuft ohne Sauerstoff und es wird kein Laktat gebildet: **anaerob-alaktazide Energiegewinnung**. Verbraucht die Muskelzelle ATP, wird ATP verzögerungsfrei und mit hoher Geschwindigkeit nachgebildet (Sofortreserve). Der Vorrat an ATP und energiereichen Phosphaten (ATP/KP- und ADP-Speicher) ist insgesamt jedoch so klein, dass er bei Maximalbelastungen schon nach etwa 5-8 Sekunden ausgeschöpft wäre. Aus diesem Grund werden unmittelbar nach Belastungsbeginn die anderen Stoffwechselprozesse (Abbau von Nährstoffen) zu verstärkter ATP-Nachlieferung angeregt.

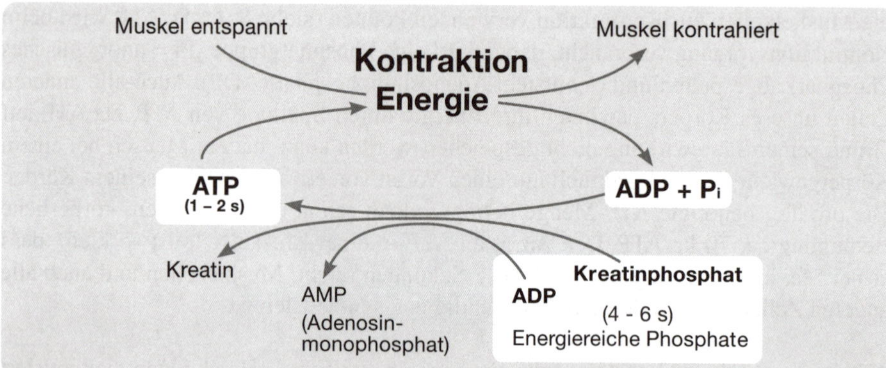

***Abb. 19:** Phosphatspeicher und Muskelkontraktion.*

[2] Mitochondrien: Zellorganellen zur Synthese von ATP durch Abbau von Nährstoffen mit Hilfe von Sauerstoff (Kraftwerke der Zellen).

2. Anaerob-laktazide Energiegewinnung (Laktatbildung)

Bei intensiven Belastungen nimmt auf Grund der hohen ATP-Spaltungsrate die Konzentration von ADP in der Muskelzelle zu. Dadurch wird sowohl der Glykogenabbau als auch die Glykolyse stark angekurbelt und die Muskelzelle kann fast ohne Verzögerung den hohen Energiebedarf für kurze Zeit anaerob durch Glykolyse abdecken. Dabei wird Laktat gebildet: **anaerob-laktazide Energiegewinnung** (s. Anhang S. 142). Die Energieausbeute ist zwar sehr gering: pro Mol Glucose werden nur 2 Mol ATP gebildet, dennoch kann durch diesen Energiegewinnungsweg kurzfristig pro Zeiteinheit etwa doppelt so viel ATP bereitgestellt werden wie durch den vollständigen aeroben Abbau der Glucose. Dies wird allerdings durch einen erhöhten Glykogenabbau erkauft. Die Glykogenvorräte werden dabei bis zu 20 mal schneller verbraucht als bei aerobem Abbau (Abb. 22, S. 34). Das Laktatmolekül ist entgegen früherer Annahmen kein Endprodukt des Energiestoffwechsels. Da es noch sehr energiereich ist, wird es weiterverarbeitet. Bei entsprechendem Sauerstoffangebot wird es zu allererst in den Skelettmuskelfasern selbst durch Einschleusen in die Mitochondrien zur aeroben Energiegewinnung genutzt (hpts. ST-Fasern). Laktat, welches im Muskel selbst nicht genutzt werden kann, gelangt ins Blut. Andere Muskeln und vor allem der Herzmuskel können Laktat aufnehmen und ebenfalls zur aeroben Energiegewinnung nutzen (siehe C*, Abb. 22, S. 34). Darüber hinaus wird Laktat in der Leber zum Aufbau von Glucose verwendet (siehe S. 41f).

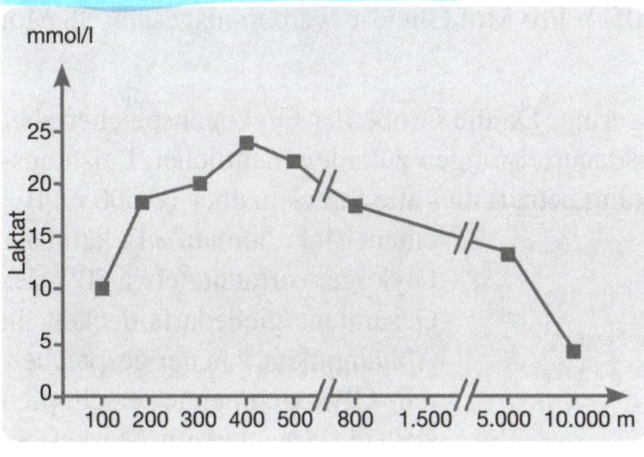

Abb. 20: Laktatspiegel in Abhängigkeit von der Laufstrecke (Zusammenstellung aus der Literatur).

Bei intensiver Belastung ist die Glykolyserate so hoch, dass sich Laktat in der Zelle und im Blut anreichert. In der Leichtathletik geschieht dies bei allen Laufstrecken zwischen 100 m und 5.000 m. Abb. 20 zeigt, dass selbst nach einem 100-m-Lauf der Laktatspiegel deutlich ansteigt. Nach einem 400-m-Lauf werden die höchsten Laktatwerte gemessen. Je höher der Laktatwert um so höher war die Glykolyserate und um so mehr ATP wurde gespalten. Parallel zu einer Erhöhung der Laktatkonzentration kommt es zu einer Anhäufung von freiem Phosphat, zu einer Veränderung des Ionenhaushalts und zu einem Absinken des ph-Wertes (Übersäuerung). Als Folge dieser Veränderungen kann immer weniger ATP gebildet werden und die Muskelzelle ermüdet schnell. Die Laufgeschwindigkeit nimmt stetig ab, es kommt zur schnellen Erschöpfung. Aus diesem Grund kann der Glykogenspeicher der Muskelzelle bei anaerob-laktazider Energiegewinnung niemals vollständig aufgebraucht werden. Die Übersäuerung und Ermüdung kann durch folgende Prozesse verzögert werden:

- Puffersysteme[3] in der Zelle und im Blut fangen die Übersäuerung ab (S. 63).
- Laktat wird rasch in weniger belastete ST-Fasern in der Nachbarschaft oder in das Blut transportiert (Laktat-Shuttle, siehe Anhang S. 142).

[3] Puffersubstanzen wie z.B. Bicarbonate stabilisieren den pH-Wert.

- Schnelle Verwertung von Laktat durch Einschleusen in die aerobe Energiegewinnung von Herzmuskelzellen und auch von weniger belasteten ST-Fasern der Skelettmuskulatur (siehe Abb. 22 Buchstabe C*, S. 34). Darüber hinaus wird in der Leber Laktat zum Aufbau von Glucose verwendet.

3. Aerobe Energiegewinnung aus Kohlenhydraten

Bei geringen bis mittleren Belastungsintensitäten ist die Kapazität der Stoffwechselwege, die Glucose mit Hilfe von **Sauerstoff (aerob)** vollständig zu CO_2 und H_2O abbauen, ausreichend, um genügend ATP für die Muskelkontraktion bereit zu stellen: **Aerobe Energiegewinnung**. Auf Grund des in der Muskulatur gespeicherten Sauerstoffs (vor allem in ST-Fasern, siehe S.75) kann die aerobe Energiegewinnung zwar schon zu Beginn einer Belastung anlaufen, sie kann jedoch nur weitergeführt werden, wenn das Herz-Kreislauf-System und die Atmung möglichst schnell für eine ausreichende Sauerstoffzufuhr sorgen. Die Geschwindigkeit der ATP-Bildung (Energieflussrate) ist maximal etwa halb so groß wie bei der anaeroblaktaziden Energiegewinnung (siehe Abb. 22, S. 34).

Die aerobe Energiegewinnung hat aber folgende Vorteile:

- Es wird kein Laktat gebildet und es kommt nicht zur Übersäuerung.
- Die Endprodukte (CO_2 und H_2O) können leicht ausgeschieden werden.
- Die Energieausbeute ist hoch (40%): Pro Mol Glucose werden insgesamt 38 Mol ATP gebildet.

Aus o.g. Gründen ist die Ermüdung gering. Da die Größe der Glykogenspeicher aber begrenzt ist, kann es bei längeren Ausdauerleistungen zu einem deutlichen Leistungsabfall kommen. Bei maximaler Belastung betrifft dies alle Strecken über 10.000 m. Bei einem Marathonlauf z.B. kann der Glykogenvorrat nur etwa 50% des Gesamtenergiebedarfs decken. In Abhängigkeit von der gespeicherten Glykogenmenge erschöpfen sich die Speicher im Muskel bei hoher Belastungsintensität sowohl beim Trainierten als auch beim Untrainierten nach etwa 45 - 90 Minuten. Bei längeren Belastungen müssen die Muskelzellen ihre Energie deshalb zunehmend aus dem Abbau von Fetten gewinnen.

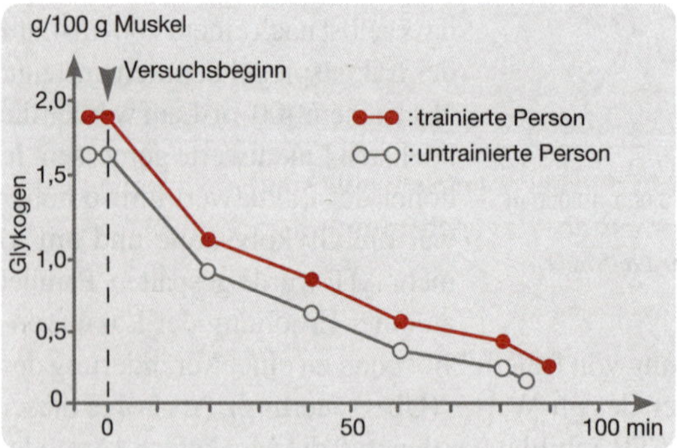

Abb. 21: *Glykogengehalt der Muskulatur bei einer Belastung von ca. 77% VO_2 max.*

4. Aerobe Energiegewinnung aus Fetten (Fettsäuren)

Die Energiegewinnung aus Fetten ist nur **mit Sauerstoff** möglich **(aerob)**. Der vollständige Abbau zu CO_2 und H_2O geschieht in der Endphase über den gleichen Stoffwechselweg wie bei den Kohlenhydraten, es kommt weder zur Bildung von Laktat noch zur Übersäuerung. Wie beim aeroben Abbau der Kohlenhydrate verläuft die Ermüdung deshalb sehr langsam. Die aerobe Energiegewinnung aus Fetten hat jedoch zwei entscheidende Nachteile, die sie nur begrenzt nutzbar machen:

- Für die Bildung gleicher ATP-Mengen braucht die Muskelzelle etwa 16% mehr Sauerstoff als bei der aeroben Energiegewinnung aus Kohlenhydraten. Stehen nur noch Fette zur Verfügung, muss das Herz-Kreislauf-System bei gleicher Belastungsintensität deutlich mehr leisten.
- Die pro Zeiteinheit bereitgestellte Energiemenge ist etwa nur halb so groß wie bei der aeroben Energiegewinnung aus Kohlenhydraten, d.h. sind die Glykogenvorräte erschöpft und stehen nur Fette zur Verfügung, muss die Belastungsintensität reduziert werden.

Aus o.g. Gründen können Fette nur bei **geringer Belastungsintensität alternativ** zu den Kohlenhydraten für die Energiegewinnung genutzt werden. Bei Belastungen über der anaeroben Schwelle wird der Fettstoffwechsel zunehmend gehemmt. Ab ca. 7 mmol Laktat pro Liter Blut wird die Energie fast ausschließlich aus dem Kohlenhydratstoffwechsel gewonnen.

Um jedoch die Glykogenvorräte für höhere Belastungsintensitäten zu schonen, versucht die Muskelzelle, möglichst viel Energie aus Fettsäuren zu gewinnen. Der Anteil der Fette an der Gesamtenergiegewinnung ist primär abhängig von der Belastungsintensität. Aber auch der Trainingszustand, die Füllung der Glykogenspeicher, die Belastungsdauer, genetische Faktoren (Muskelfaserstruktur, Geschlecht) und die Ernährung spielen eine Rolle. Je besser trainiert ein Sportler ist, je weniger die Glykogenspeicher gefüllt sind und je länger die Belastung dauert, um so höher ist der relative Anteil der Energiegewinnung aus Fetten. Insgesamt ist bei der Fettverbrennung eine sehr große individuelle Variabilität zu beobachten. Aus o.g. Gründen können die folgenden Angaben nur als grobe Orientierungswerte dienen:

- Die **höchste Fettstoffwechselrate** liegt im Bereich der **aeroben Schwelle**, der relative Anteil an der Gesamtenergiegewinnung beträgt dabei **ca. 50 %**.
- An der **anaeroben Schwelle** sind die Fette noch mit **ca. 30 %** an der Energiegewinnung beteiligt (Schwellen siehe S. 42ff).
- Bei Belastungsintensitäten **unterhalb der aeroben Schwelle** sinkt die absolute Energiegewinnungsrate aus Fetten deutlich ab, dennoch nimmt der relative Anteil der Fette am Gesamtenergiestoffwechsel auf Grund des geringen Energiebedarfs zunächst weiter zu (bis über 70%), sinkt dann aber bei ganz geringen Belastungsintensitäten wieder ab (Ruhe: Anteil ca. 60%, RQ-Wert = 0,82, siehe S. 140 und S. 142).

Die für die Schwellen angegebenen Werte gelten für Belastungszeiten von ca. einer Stunde. Da die Glykogenvorräte bei längeren Belastungszeiten nicht ausreichen, steigt der Anteil der Fettsäuren an der Energiegewinnung mit zunehmender Belastungszeit deutlich an. Bei gut Ausdauer-Trainierten ist der Anteil der Fettsäuren an der Energiegewinnung grundsätzlich höher als bei nicht Ausdauer-Trainierten.

Fette sind eine sehr ergiebige Energiequelle. Bei gleicher Masse liefern sie etwa doppelt soviel Energie wie die Kohlenhydrate: Aus 1 g Fett werden 39 kJ (505 mmol ATP), aus 1 g Kohlenhydrate 17 kJ (211 mmol ATP) freigesetzt. Da der Fettspeicher relativ groß ist, sind Fette im Sport eine unerschöpfliche Energiequelle. Sie haben daher eine große Bedeutung für sportliche Belastungen mit langer Belastungszeit. Bei Normalgewicht könnte der Fettspeicher den Energiebedarf von ca. 16 bis 17 Marathonläufen abdecken, bei normaler körperlicher Belastung reicht er für ca. 3 Wochen.

Erläuterungen zu den unterschiedlichen Anforderungen an den Energiestoffwechsel und zum Verlauf der Stoffwechselwege siehe Anhang (S. 138 ff).

2.3 Vergleich und Bedeutung der verschiedenen Energiegewinnungswege

Ausgehend von der aeroben Energiegewinnung aus Fetten (D)[4] wird die Bildungsgeschwindigkeit von ATP bei der aeroben Energiegewinnung aus Kohlenhydraten (C) über die anaerob-laktazide Energiegewinnung aus Kohlenhydraten (B) bis zur anaerob-alaktaziden Energiegewinnung aus dem ATP/KP-Speicher (A) jeweils verdoppelt. In Tabelle 2 und Abbildung 22 wird deutlich, dass im Sport der Glykogenspeicher bei fast allen Belastungen eine entscheidende Rolle spielt. Ausnahmen sind extrem kurze Belastungen (Sprünge, Würfe, Sprints) oder lange, weniger intensive Belastungen (z.B. 100-km-Lauf, Triathlon usw.). Gründe sind die relativ hohe Speicherkapazität und die relativ hohe Geschwindigkeit der ATP-Bildung, beides Eigenschaften, die für das Erreichen einer Höchstleistung im Sport im Sinne von maximal erreichbarer Intensität pro Zeiteinheit notwendig sind.

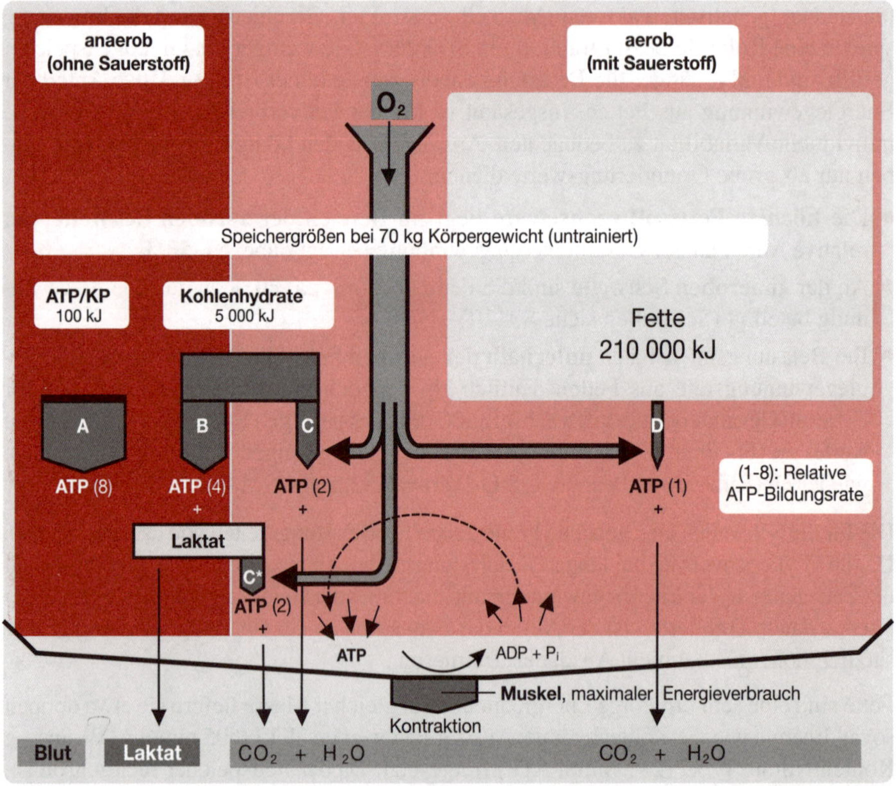

Abb. 22: *Speichergrößen (untrainiert) und Energieflussraten (Geschwindigkeit der ATP-Bildung) im Vergleich; Buchstabe C*, siehe S. 31.*

[4] Die Buchstaben nehmen Bezug auf Tabelle 2 und Abbildung 22.

Speicher / Kennzeichen	ATP / KP-SPEICHER (A)[1]	GLYKOGENSPEICHER (B)	GLYKOGENSPEICHER (C)	FETTSPEICHER (D)
Energiegewinnung	**anaerob-alaktazid**	**anaerob-laktazid**	**aerob**	
Sauerstoffbedarf	–	–	+	höher als aerober Glukoseabbau
Laktatbildung	–	+	–	
Ermüdung	sehr schnell durch Speicherentleerung	schnell durch Laktatbildung und Übersäuerung	sehr langsam, keine Laktatbildung und keine Übersäuerung	
Beginn der ATP-Nachbildung	verzögerungsfrei	schnell anspringend	langsame Steigerung	
ATP-Bildungsgeschw. (Rel. ATP-Menge / Zeit)	sehr hoch (Faktor 8)	hoch (Faktor 4)	gering (Faktor 2)	sehr gering (Faktor 1)
Energieausbeute (Rel. ATP-Menge/g Nährst.)	-	gering (Faktor 1)	hoch (Faktor 19)	(Faktor 44)
Speicherkapazität	gering nur für Sekunden	kann wegen Übersäuerung nur wenig genutzt werden	hoch über 1,5 Stunden	nahezu unerschöpfliche Energiequelle
Bedeutung für Gesamtbelastung	**dominierend** bei hoch intensiven Belastungen bis 12 s; **Sofortdepot**, reicht nur für wenige schnell aufeinanderfolgende Kontraktionen bei maximaler Belastung (z.B. Startreaktionen, Beschleunigung beim 100-m-Lauf, Gewichtheben)	**dominierend** bei **intensiven** Belastungen zwischen **15 s und 2 min** (z.B. Laufstrecken zwischen 150 m und 800 m, 100 m Schwimmen)	**dominierend** bei **intensiven** Belastungen zwischen **2,5 min und 120 min** (z.B. Laufstrecken zwischen 1.000 m und Marathon)	**dominierend** bei allen Belastungen **über 120 min**

[1] *Die Buchstaben beziehen sich auf Abbildung 22.*

Tab. 2: Kennzeichen und Bedeutung der verschiedenen Energiespeicher und Energiegewinnungswege bei jeweils maximaler Belastung.

Bei allen Disziplinen, bei denen es darauf ankommt, eine bestimmte Strecke in möglichst kurzer Zeit zurückzulegen, können Bestleistungen nur bei konstanter Geschwindigkeit erreicht werden. Geschwindigkeiten, die über dem Durchschnittstempo liegen, erfordern einen höheren Energieverbrauch (kJ/m) und verstärken die Gefahr der Übersäuerung. Dies führt zu einer schlechteren Endzeit (siehe Anhang S. 139).

Die Bedeutung der einzelnen Speicher bzw. Energiegewinnungswege kann in Wirklichkeit nicht so scharf abgegrenzt werden, wie es in Tabelle 2 dargestellt ist. Bei Belastungsbeginn werden alle Energiegewinnungswege angekurbelt, entsprechend der Kapazität ihrer ATP-Bildungsgeschwindigkeit, der Belastungsintensität und dem Sauerstoffangebot leisten sie dann einen unterschiedlichen Betrag zur Abdeckung des Energiebedarfs. Die Übergänge im Laufe der Belastung sind fließend und individuell. Die Bedeutung der Speicher bzw. Energiegewinnungswege ändert sich im Laufe der Belastung. So dominiert z.B. bei einem 800-m-Lauf zunächst die anaerob-laktazide Energiegewinnung (Abb. 29, S. 50), nach 90 Sekunden muss ATP aber überwiegend durch die aerobe Energiegewinnung bereitgestellt werden. In Bezug auf den Gesamtenergieaufwand für die 800-m-Strecke ist jedoch die anaerobe Energiegewinnung dominierend (über 70% Anteil, siehe Abb. 30, S. 51). Die in Tabelle 2 genannte **Bedeutung der einzelnen Speicher bzw. Energiegewinnungswege bezieht sich immer auf den Gesamtenergiebedarf** einer bestimmten Belastung (Laufstrecke).

2.4 Herz-Kreislauf-System und Atmung

Das Herz-Kreislauf-System und die Atmung spielen als leistungsbestimmende Faktoren fast ausschließlich bei dynamischer Muskelarbeit eine Rolle. Bei statischer Muskelarbeit werden schon ab 15% der Maximalkraft, z.B. Streckhang an der Reckstange, die Blutgefäße des Muskels leicht zusammengedrückt. Ab 50% der Maximalkraft sind die Muskelkapillaren nahezu vollständig blockiert.

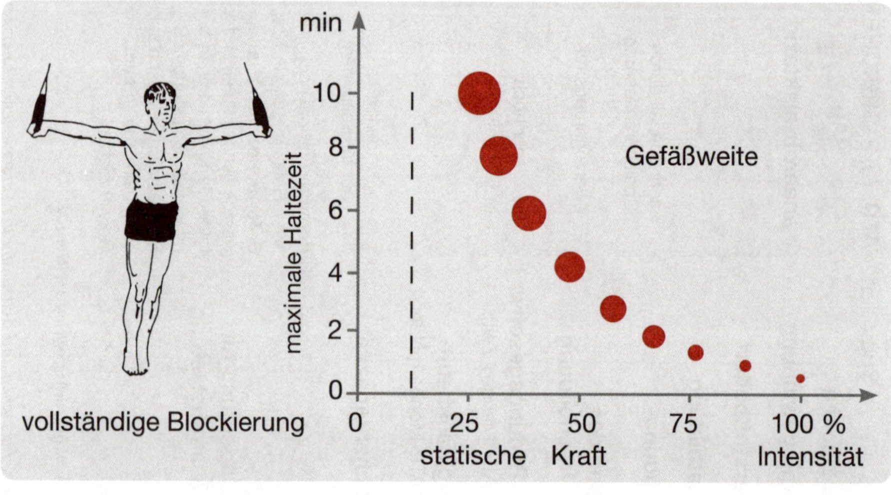

Abb. 23: *Blockierung der Muskeldurchblutung bei statischer Muskelarbeit (verändert nach de Marees 1984 III, 100).*

Umstellungsreaktionen bei Belastung

Bei dynamischer Muskelarbeit wird mit zunehmender Belastungszeit die Versorgung und Entsorgung der Muskelzellen durch das Blut leistungsbestimmend. Durch verschiedene **Umstellungsreaktionen** wird sowohl beim Trainierten als auch beim Untrainierten die Muskelfunktion aufrecht erhalten:

1. Steigerung der lokalen Muskeldurchblutung bis zum 20-fachen

Die Erhöhung der Muskeldurchblutung wird durch folgende Prozesse erreicht:

- Weitstellung der Blutgefäße in der arbeitenden Muskulatur,
- Steigerung der Förderleistung des Herzens (Herzminutenvolumen), wenn mehr als 1/7 der Körpermuskulatur belastet ist.

Das Herzminutenvolumen ist vereinbarungsgemäß diejenige Blutmenge, die das Herz in einer Minute durch den Körperkreislauf pumpt (siehe auch Abb. 17).

Herzminutenvolumen (HMV) = Schlagvolumen x Herzfrequenz

Unmittelbar bei Belastungsbeginn wird durch das vegetative Nervensystem zunächst die Herzfrequenz gesteigert. Während beim Untrainierten das Herzminutenvolumen vor allem durch eine weitere Steigerung der Herzfrequenz[5] vergrößert wird, erhöht sich beim Trainierten aufgrund des größeren Herzvolumens zunächst das Schlagvolumen[6] (siehe Tab. 15, S. 63).

2. Bessere Ausnutzung der Transport- und Pufferkapazität des Blutes

Durch die erhöhte Muskeldurchblutung kann die Transportkapazität des Blutes wesentlich besser ausgenutzt werden. In Ruhe werden insgesamt nur etwa 25% des im arteriellen Blut enthaltenen Sauerstoffs von Muskeln und Organen ausgeschöpft; bei Belastung kann dieser Wert auf 75% steigen. Im arbeitenden Muskel selbst kann die Ausschöpfung annähernd 100% erreichen. Eine Messgröße für die Sauerstoffausschöpfung ist die Differenz zwischen dem Sauerstoffgehalt in den Arterien und Venen, die **arterio-venöse Sauerstoffdifferenz ($AVDO_2$)**.
Aufgrund der gesteigerten Durchblutung können CO_2 und Laktat schneller abtransportiert werden. Da lokal eine größere Blutmenge zur Verfügung steht, erhöht sich auch die Pufferkapazität und die Übersäuerung im Muskel wird hinausgezögert.

3. Verbesserung des Gasaustausches in der Lunge

Die Aufnahme von Sauerstoff und die Abgabe von Kohlendioxid in der Lunge wird durch folgende Prozesse verbessert:

- Vergrößerung des Atemminutenvolumens (Atemfrequenz x Atemzugvolumen),
- bessere Durchblutung der Lungenkapillaren,
- große Sauerstoffentsättigung des Blutes.

Diese Faktoren wirken in der Regel aber nicht leistungsbestimmend, sodass auf eine weitere Erläuterung verzichtet werden kann.

[5] Herzfrequenz: Herzschläge pro Minute.
[6] Schlagvolumen: pro Herzaktion in den Kreislauf gepumpte Blutmenge.

Aufgabe

11. Testen Sie die in Tabelle A1 (siehe Anhang, S. 138) und in Tabelle 1 (S. 21) angegebenen Belastungsgefüge. Versuchen Sie die Wirksamkeit anhand Ihres subjektiven Ermüdungsgefühls abzuschätzen.
    Messen Sie am Ende jeder einzelnen Belastung innerhalb von 30 Sekunden Ihren Puls und vergleichen Sie die Werte mit Tabelle 3 (S. 45) und Tabelle 12 (S. 59).

    Versuchen Sie mit Hilfe der Herzfrequenz auf die Bedeutung der aeroben Energiegewinnung bei den einzelnen Laufstrecken zu schließen. Überprüfen Sie Ihre Antwort noch einmal, nachdem Sie das Kapitel 3 durchgearbeitet haben.

Zu Tab. A1: Laufen Sie zunächst die 3.000 m so schnell Sie können. Berechnen Sie dann Ihre Laufzeiten über 600 m und 200 m und absolvieren Sie die anderen beiden Trainingseinheiten nach jeweils zwei Tagen Erholung.
Zu Tab. 1: Korrigieren Sie die in Tabelle 1 (S.21) angegebenen Werte entsprechend Ihrer 100-m-Bestzeit und absolvieren Sie die beiden Trainingseinheiten im Abstand von drei Tagen.

3. AUSDAUERFÄHIGKEITEN UND LEISTUNGSBESTIMMENDE FAKTOREN

3.1 Maximale Sauerstoffaufnahme (VO_2 max)

Wie viel Energie eine Muskelzelle längerfristig gewinnen kann, hängt zum einen vom Sauerstoffangebot ab, zum anderen ist es aber auch entscheidend, wie gut die Muskulatur das Sauerstoffangebot nutzen kann (periphere Sauerstoffausnutzung). Das maximale Sauerstoffaufnahmevermögen (VO_2 max) beschreibt die **Funktionstüchtigkeit des Gesamtsystems:** Herz-Kreislauf-System, Atmung und periphere Sauerstoffausnutzung. Sie ist deshalb ein gutes Kriterium für die aerobe Ausdauerleistungsfähigkeit. In Abbildung 24 ist dies in einem Modell veranschaulicht.

Die aufgenommene Sauerstoffmenge lässt sich aus der auf den ganzen Körper bezogenen arterio-venösen Sauerstoffdifferenz ($AVDO_2$) und dem Herzminutenvolumen (HMV) berechnen. Für die maximale Sauerstoffaufnahme gilt:

$$VO_2\ \text{max} = AVDO_2\ \text{max} \times \text{HMV max}$$

Die Sauerstoffaufnahme ist abhängig vom Körpergewicht und dem Anteil der belasteten Muskelgruppen. Untrainierte können maximal ca. 3 Liter Sauerstoff pro Minute aufnehmen (70 kg Körpergewicht). Um verschiedene Personen miteinander vergleichen zu können, bezieht man die Sauerstoffaufnahme auf ein Kilogramm Körpergewicht (relative VO_2 max). Die relative VO_2 max ist abhängig vom Alter, vom Trainingszustand, von der Sportart und vom Geschlecht (siehe Abb. 9, S. 15 und Abb. 33, S. 65).

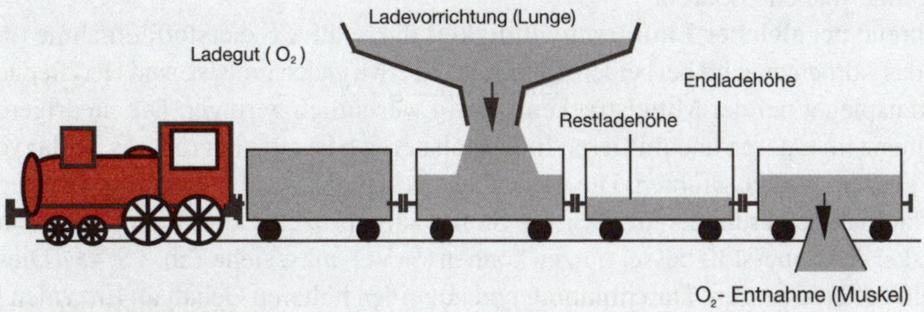

Erklärung der Sauerstoffaufnahme mit Hilfe des Zugmodells:

Größe der Waggons = Schlagvolumen
Zahl der Waggons/Zeit = Herzfrequenz] Herzminutenvolumen

Endladehöhe = O_2 - Gehalt arterielles Blut
Restladehöhe = O_2 - Gehalt venöses Blut] arterio-venöse Sauerstoffdifferenz

Ein Güterzug mit nur teilweise geleerten Waggons (Restladehöhe) passiert eine leistungsfähige Ladevorrichtung (Lunge). Hier können die Waggons bei entsprechender Atmung bis zum Rand vollgeladen werden.
Die Restladehöhe ist abhängig von der Sauerstoffentnahme im Muskel.

Die aufgenommene und transportierte Lademenge (O_2) ist nun um so größer,
- je größer die Waggons (Schlagvolumen),
- je mehr Waggons die Ladevorrichtung pro Zeiteinheit passieren (Herzfreqenz),
- je geringer die Restladehöhe (O_2-Entnahme Muskel, arteriovenöse O_2-Differenz).
(= periphere Sauerstoffausnutzung)

Abb. 24: *Maximale Sauerstoffaufnahme, VO_2 max (verändert nach de Marees H., 1984 III, 92).*

3.2 Charakterisierung der Ausdauerleistungsfähigkeit durch Schwellenwerte

Die Anforderungen an den Muskelstoffwechsel und das Herz-Kreislauf-System können bei Ausdauerbelastungen sehr verschieden sein. Um die spezifischen Ausdauerfähigkeiten zu erfassen und gezielte Trainingsmaßnahmen durchführen zu können, müssen Funktion und Bedeutung dieser beiden Teilsysteme für die einzelnen Disziplinen bekannt sein. Mit dem Laufband oder dem Fahrradergometer kann man die beiden Teilsysteme bei verschiedenen Belastungsintensitäten untersuchen. Dabei sind Herzfrequenz und Sauerstoffaufnahme Messgrößen für das Herz-Kreislauf-System und die Atmung, die Laktatkonzentration im Blut gibt Auskunft über die Situation des Muskelstoffwechsels (siehe biologische Grundlagen).

In Abbildung 25 sind die Untersuchungsergebnisse einer Tennisspielerin und einer Mittelstreckenläuferin bei ansteigenden Belastungsintensitäten auf dem Laufband dargestellt. Die Laufgeschwindigkeit wurde alle 3 Minuten um 2 km/h erhöht. Die Tennisspielerin musste den Test bei 15 km/h abbrechen, während die Mittelstreckenläuferin bei 18 km/h noch 3 Minuten durchlaufen konnte. Die Kapazität der aeroben Energiegewinnung ist bei der Mittelstreckenläuferin also deutlich höher. Anhand der Messwerte für die Sauerstoffaufnahme, die Herzfrequenz und die Laktatkonzentration lässt sich dies

folgendermaßen erklären:
Während bei **gleicher Laufgeschwindigkeit** die relative Sauerstoffaufnahme (bezogen auf das Körpergewicht) bei beiden Sportlerinnen etwa gleich groß ist, sind Herzfrequenz und Laktatspiegel bei der Mittelstreckenläuferin wesentlich geringer. Die niedrigere Herzfrequenz im unteren und mittleren Intensitätsbereich ist auf ein größeres Schlagvolumen des Herzens zurückzuführen. Die wesentlich geringere Laktatbildung trotz gleicher Sauerstoffaufnahme beruht darauf, dass die Stoffwechselprozesse zurn Energiegewinnung im Muskel den Sauerstoff besser nutzen können (% VO_2 max, siehe Tab. 3 S. 45). Dies ist vor allem auf eine bessere Durchblutung und auf einen höheren Gehalt an Enzymen für den aeroben Stoffwechsel zurückzuführen. Die bessere Durchblutung der Muskulatur wird durch Kapillarisierung, der höhere Enzymgehalt durch eine Erhöhung der Mitochondrienzahl erreicht (siehe S. 62 und S. 75). Daraus ergibt sich eine wesentlich bessere Ausdauerleistungsfähigkeit; bei gleicher Laufgeschwindigkeit sind Laktatbildung und Übersäuerung und damit auch die Ermüdung wesentlich geringer.

Die Ausdauerleistungsfähigkeit wird sowohl durch die Sauerstoffaufnahme- und Transportkapazität des Herz-Kreislauf-Systems als auch durch die Sauerstoffausnutzung im Muskel (Kapillarisierung, aerobe Stoffwechselkapazität) bestimmt (VO_2 max).

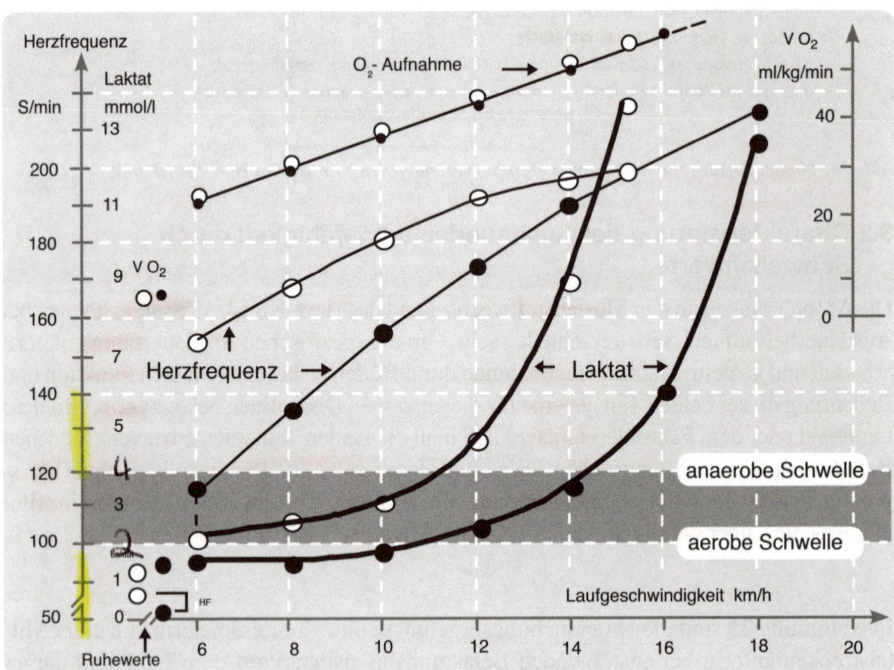

○—○ : Tennisspielerin (18 Jahre) ●—● : Mittelstreckenläuferin (17 Jahre)

***Abb. 25:** Verhalten von Laktatspiegel, Herzfrequenz (HF) und Sauerstoffaufnahme (VO_2) bei ansteigender Belastung auf dem Laufband.*

Unabhängig von der unterschiedlichen Ausdauerleistungsfähigkeit steigt bei beiden Sportlerinnen die Laktatkurve erst langsam und dann immer schneller an. Dieser Kurvenverlauf ist typisch für alle Belastungstests mit stufenförmiger Belastungssteigerung und ist darauf zurückzuführen, dass mit ansteigender Belastungsintensität die Testpersonen vergleichbare Stoffwechselsituationen durchlaufen. Unterschiede bestehen darin, dass die beiden Testpersonen diese Stoffwechselsituationen bei unterschiedlichen Laufgeschwindigkeiten erreichen. Diese Stoffwechselsituationen können mit Hilfe eines hydraulischen Modells charakterisiert werden:

Abbildung 26 soll veranschaulichen, wie der Laktatspiegel im Blut von der Laktat-Produktion und der Laktat-Elimination beeinflusst wird: Der Durchmesser der Rohre veranschaulicht jeweils die Gesamtkapazität von Laktat-Produktion und -Elimination, die Stärke und Länge der Pfeile steht für die jeweilige Produktions- bzw. Eliminationsrate.

- **Laktatproduktion:** - Laktat wird beim anaerob-laktaziden Abbau von Glucose gebildet (siehe S. 31 und S. 142 ff).
- **Laktatelimination:** - Aufbau von Glucose aus Laktat in der Leber
  - Abbau von Laktat durch aerobe Energiegewinnung in Herzmuskelzellen, ST-Fasern und in Gehirnzellen.

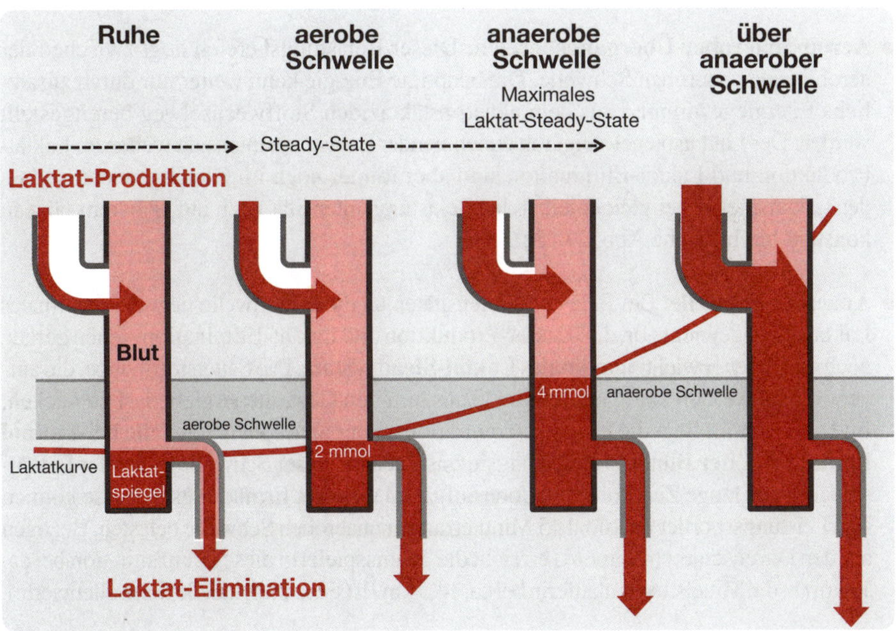

Abb. 26: Hydraulisches Modell zur Veranschaulichung der Laktatkonzentration im Blut als Ergebnis von Laktat-Produktion und Laktat-Elimination.

Stoffwechselsituationen:

- **Ruhe:** In Ruhe und bei **geringen Belastungsintensitäten** bleibt der Laktatspiegel fast unverändert, es besteht ein Gleichgewicht (Steady-State) zwischen Produktion und Elimination von Laktat. Die Kapazität der Laktat-Elimination liegt noch deutlich über der Laktat- Produktionsrate. Der Laktatspiegel liegt ca. bei 1-2 mmol Laktat pro Liter Blut (siehe Abb. 27 (A)).

- **Aerobe Schwelle (Laktatschwelle):** Ab dieser Belastungsintensität beginnt der Laktatspiegel im Blut deutlich zu steigen. Die belastete Muskulatur muss anfallendes Laktat jetzt vermehrt ins Blut abgeben. Die Kapazität der Laktat-Eliminationsprozesse ist aber noch groß genug, um das anfallende Laktat zu verarbeiten; es besteht nach wie vor ein Gleichgewicht. Im **Durchschnitt** liegt diese Schwelle bei **2 mmol[7] Laktat pro Liter** Blut. Bei Belastungsintensitäten, bei denen der Laktatspiegel an oder unterhalb der aeroben Schwelle bleibt, erfolgt die Energiegewinnung fast ausschließlich aerob (siehe Prozesse (C), (C*) und (D), Abb.22).
  Bezogen auf den Durchschnittswert (2 mmol) erreicht die Tennisspielerin die aerobe Schwelle schon bei einer Laufgeschwindigkeit von 6 km / h, die Mittelstreckenläuferin erst bei 11 km / h (siehe individuelle Schwellenwerte).

- **Aerob-anaerober Übergangsbereich:** Dieser Belastungsbereich liegt zwischen der aeroben und anaeroben Schwelle. Die benötigte Energie kann weiter nur durch zusätzliche Energiegewinnung aus dem anaerob-laktaziden Stoffwechselweg bereitgestellt werden. Der Laktatspiegel steigt mit zunehmender Belastungsintensität weiter an. Laktat-Produktion und Laktat-Elimination sind aber immer noch im Gleichgewicht, sodass der Laktatspiegel bei gleichbleibender Belastungsintensität auch auf höherem Niveau konstant bleibt (siehe Abb. 27 (B)).

- **Anaerobe Schwelle:** Bei Belastungsintensitäten an dieser Schwelle liegt ein maximales Laktatgleichgewicht vor, d.h. Laktat-Produktion und Laktat-Elimination stehen gerade noch im Gleichgewicht: **maximales Laktat-Steady-State**. Die Sauerstoffmenge, die aufgenommen werden kann, reicht gerade aus, um den Gesamtenergiebedarf zu decken. Im Durchschnitt liegt die Laktatkonzentration an der anaeroben Schwelle bei **4 mmol Laktat pro Liter** Blut. Bei Belastungsintensitäten an dieser Schwelle bleibt der Laktatspiegel zwar lange Zeit konstant, doch aufgrund weiterer Ermüdungsprozesse können sich Leistungssportler maximal 45 Minuten an der anaeroben Schwelle belasten. Bezogen auf den Durchschnitt (4 mmol/l) erreicht die Tennisspielerin diese Grenzsituation bei ca. 11 km / h, die Mittelstreckenläuferin bei ca. 14,5 km / h (siehe individuelle Schwellenwerte).

- **Über der anaeroben Schwelle:** Bei Belastungsintensitäten über der anaeroben Schwelle muss die arbeitende Muskulatur noch mehr auf die anaerob-laktazide Energiegewinnung zurückgreifen. Die Laktat-Produktion übersteigt die Kapazität der Laktat-Elimination. Der Laktatspiegel steigt auch bei konstanter Belastungsintensität stetig an (siehe Abb. 27 (C)). Es kommt zur schnellen Ermüdung und zum Abbruch der Belastung (siehe S. 31).

[7] Mol = Molekülmasse in g (1 Mol Laktat = 90g, 2 mmol Laktat = 180 mg)

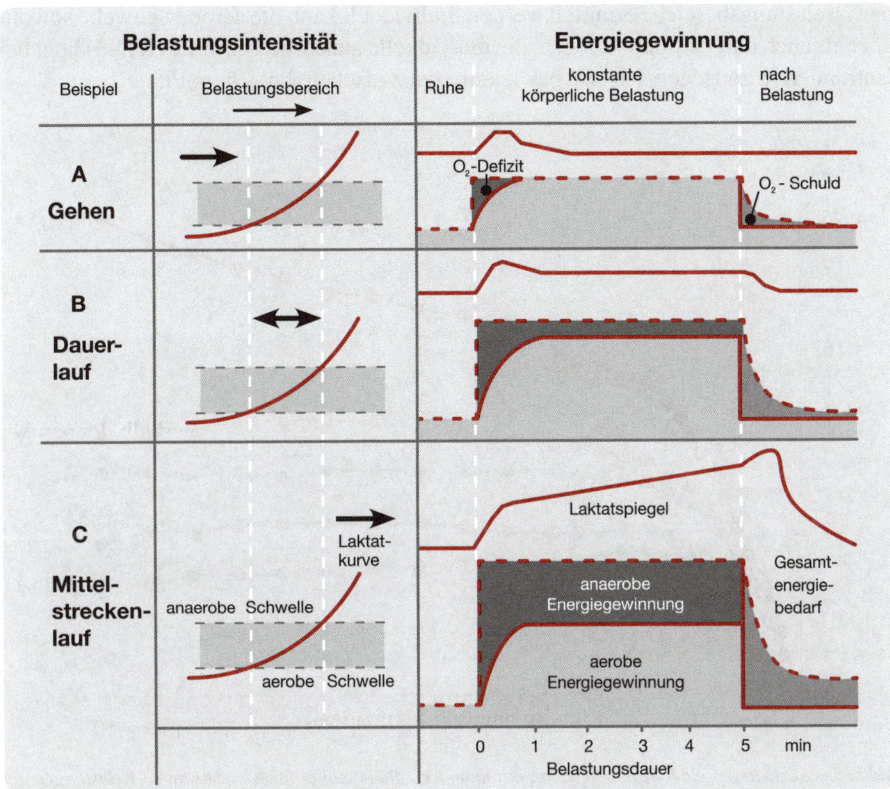

Abb. 27: *Energiegewinnung im Bereich der aeroben und anaeroben Schwelle (verändert und ergänzt nach Markworth 2007, 254).*

Individuelle Schwellen/Laktatdiagnostik: Bei den Laktatkurven in Abbildung 25 sind die Schwellenwerte bei den beiden Testpersonen nicht ohne weiteres zu erkennen.

Der stetige Anstieg der Kurven zeigt, dass die Übergänge zwischen den einzelnen Belastungssituationen fließend sind und dass sich die Anteile der einzelnen Energiebereitstellungswege an der Gesamtenergiebereitstellung kontinuierlich mit der Belastungsintensität ändern. Dennoch lässt sich die jeweilige Stoffwechselsituation abschätzen, vorallem das maximale Laktat-Steady-State lässt sich relativ sicher festlegen. In Abbildung 28 (siehe S. 44) wird deutlich, dass bei Belastungen bis knapp unter 160 W der Laktatspiegel kurz ansteigt und dann über 30 Minuten konstant bleibt. Erst bei 170 W kommt es zu einem stetigen Anstieg. Es gibt also eine Belastungsschwelle ab der kein Gleichgewicht mehr zwischen Laktatproduktion und Laktatelimination vorhanden ist, anaerobe Schwelle. Diese liegt bei der Versuchsperson bei einer Laktatkonzentration von ca. 6 mmol/l, ca. 160 W).

Aus o.g. Gründen hat in der Leistungsdiagnostik und Trainingssteuerung trotz neuer Erkenntnisse zur Rolle des Laktatmoleküls die Laktatkinetik bis heute eine große Bedeutung. Anstatt der fixen Durchschnittswerte von 2 und 4 mmol Laktat pro Liter Blut können mit Hilfe weiterer Messverfahren die jeweils individuellen Schwellenwerte, bzw. Belastungsbereiche ermittelt werden. Individuell kann die aerobe Schwelle sowohl über als auch unter 2 mmol/l liegen; die individuelle anaerobe Schwelle **(IANS)** liegt bei Untrainierten zwischen 5-6 und bei Trainierten zwischen 2,5-3 mmol/l.

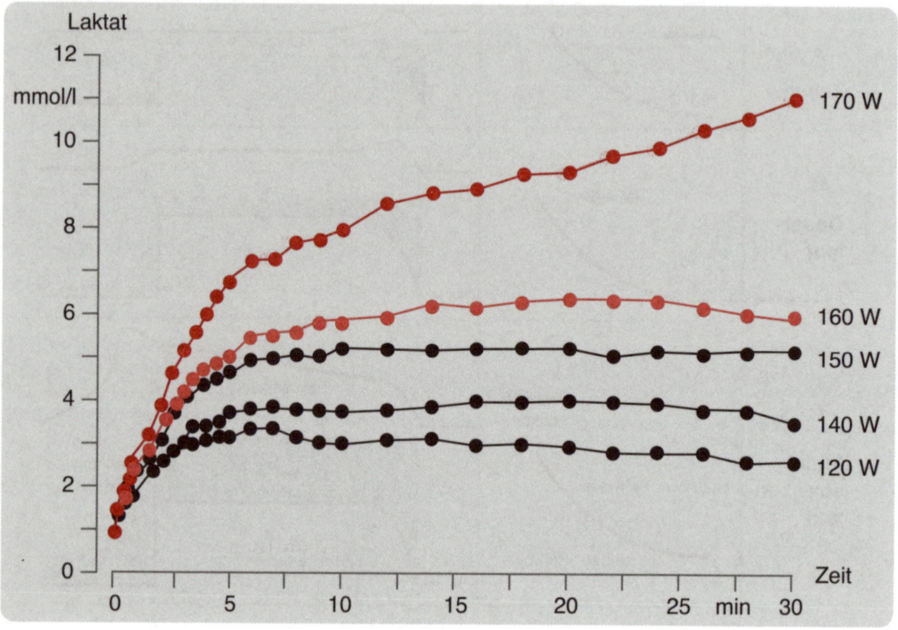

Abb. 28: *Laktatkurven einer Versuchsperson mit unterschiedlichen aber jeweils konstanten Belastungen am Drehkurbelergometer über 30 min (verändert nach Heck/Beneke 2008).*

In Abb. 25 (siehe S. 40) wird deutlich, dass die aerobe Schwelle sowohl bei der Mittelstreckenläuferin als auch bei der Tennisspielerin unter 2 mmol/l liegt. Die individuelle anaerobe Schwelle kann aus dem Verlauf der Kurven nicht direkt abgelesen werden. Zur genaueren Bestimmung sind weitere Messverfahren notwendig.

Eine gute Ausdauerleistungsfähigkeit ist dadurch gekennzeichnet, dass ein möglichst hoher Prozentsatz der maximalen Sauerstoffaufnahme genutzt wird, bevor es zu einer verstärkten Laktatbildung kommt. Die Schwellenwerte können daher auch durch Prozent der maximalen Sauerstoffaufnahme oder Prozent der maximalen Herzfrequenz charakterisiert werden. Je höher der Anteil der maximalen Sauerstoffaufnahme und der maximalen Herzfrequenz an den Schwellen ist, desto besser ist die Ausdauerleistungsfähigkeit (siehe Tab. 3). Die Laktat-Leistungskurve verschiebt sich dabei nach rechts.

TRAININGSZUSTAND	Aerobe Schwelle (2 mmol)			Anaerobe Schwelle (4 mmol)		
	% VO_2 max	% HF max	km/h	% VO_2 max	% HF max	km/h
Tennisspielerin (18 J.)	42	73	6	73	88	11,3
Mittelstreckenläuferin (17 J.)[1]	68	80	11	90	91	14,4
allgemeine Werte[2]						
Untrainierte	45 - 50	62 - 67	-	50 - 70	70 - 80	-
Trainierte	60 - 65	73 - 78	-	70 - 80	80 - 88	-
Hochtrainierte			-	85 - 95	90 - 95	-

Tab. 3: *Werte für die aerobe und anaerobe Schwelle in Abhängigkeit vom Trainingszustand. ([1]Werte aus Abb. 25; [2] Werte aus Zintl/Eisenhut 2013 und Neumann/Hottenrott 2016).*

3.3 Sauerstoffdefizit, Sauerstoffschuld

Zu Beginn jeder Belastung entsteht ein **Sauerstoffdefizit**, weil der Körper mit der nur langsam anlaufenden Sauerstoffaufnahme den plötzlich auftretenden Sauerstoffbedarf nicht decken kann. Dieses Defizit vergrößert sich, wenn der Sauerstoffbedarf die Sauerstoffaufnahmefähigkeit übersteigt (Belastungsintensität über der anaeroben Schwelle, Abb. 27 (C), S. 43). Nach Beendigung der Belastung läuft die aerobe Energiegewinnung weiter, die Sauerstoffaufnahme ist größer als der Ruhebedarf. Die Sauerstoffmenge, die nach Beendigung einer Belastung mehr als dem Ruhebedarf entsprechend aufgenommen wird, bezeichnet man als **Sauerstoffschuld**. Die Sauerstoffmehraufnahme nach Belastungsende wird für folgende Prozesse benötigt:

- Erhöhte Aktivität des Herz-Kreislauf-Systems,
- Auffüllen der ATP/KP-Speicher (etwa 2 min),
- Auffüllen der Sauerstoffspeicher in Blut- und Muskelzellen,
- Abbau und Verwertung von Laktat (50% in etwa 15 min).

Die Zeit, die die einzelnen Erholungsprozesse benötigen, ist für die Gestaltung der Pausenlänge bei den verschiedenen Trainingsmethoden von entscheidender Bedeutung (siehe S. 54, 57 und 106). Durch eine gute Grundlagenausdauer und aktive Erholung können die Erholungsprozesse beschleunigt werden (siehe S. 8 und 49). Auch bei Wettkämpfen mit stark wechselnden Belastungsintensitäten wie bei Ballspielen und Kampfsportarten spielt die Geschwindigkeit der Erholungsprozesse eine wichtige Rolle.

Einteilungskriterien	Ausdauerfähigkeiten / Erläuterung		
Umfang der beanspruchten Muskulatur	**lokale Ausdauer**	weniger als 1/7 der Skelettmuskulatur	
	allgemeine Ausdauer	mehr als 1/7 der Skelettmuskulatur	
Arbeitsweise der Muskulatur	**statische Ausdauer**	Dauerspannung	
	dynamische Ausdauer	kontinuierlicher Wechsel von Spannung und Entspannung	
Energiegewinnung	**aerobe Ausdauer**	ausreichendes O_2-Angebot	
	anaerobe Ausdauer	ohne O_2 bzw. unzureichendes O_2-Angebot	
Belastungszeit und Belstungsintensität	Schnellkraftausdauer Kraftausdauer	Kraftfähigkeiten	Intensität ↑
	Schnelligkeitsausdauer	Schnelligkeitsfähigkeit	
	Kurzzeitausdauer	25 s* bis 2 min	
	Mittelzeitausdauer	2 bis 10 min	
	Langzeitausdauer	mehr als 10 min * in der Literatur unterschiedliche Angaben	
Sportdisziplin	**Grundlagenausdauer**	aerobe Ausdauer, disziplinunabhängig	
	Spezifische Ausdauer	Mischform aus verschiedenen Fähigkeiten mit aerober und anaerober Energiegewinnung	

Tab. 4: *Verschiedene Einteilungskriterien für die Ausdauerfähigkeiten.*

3.4 Abgrenzung der Ausdauerfähigkeiten

Je nach Interessenlage (sportmedizinische Untersuchung, Trainingsmethodik, Tests usw.) wird der physische Leistungsfaktor Ausdauer in der Literatur nach verschiedenen Kriterien in einzelne Fähigkeiten differenziert. Wie im Kapitel biologische Grundlagen gezeigt wurde, wird die Ausdauer vor allem durch **unterschiedliche Anforderungen an den Energiestoffwechsel** bestimmt. Eine Übersicht der Einteilungskriterien, gibt Tabelle 4.

In der Literatur werden für länger dauernde Kraft- und Schnelligkeitsbelastungen auch die Begriffe Schnellkraftausdauer, Kraftausdauer (Ausdauerkraft) und Schnelligkeitsausdauer verwendet. Außer den leistungsbestimmenden Faktoren der Kraft und Schnelligkeit ist die anaerobe Energiegewinnung leistungsbestimmend. Dadurch kommt es zu zeitlicher und begrifflicher Überschneidung mit der Kurz- und Mittelzeitausdauer. Aus Gründen der Vereinfachung und der Übersichtlichkeit werden in dieser Trainingslehre Schnellkraft-, Kraft- und Schnelligkeitsausdauer auf Belastungssituationen beschränkt, in denen Kraftfähigkeiten, Schnelligkeitsfähigkeiten und die anaerobe Energiegewinnung dominieren. Dies sind:

- Intensive Belastungen zwischen 7 s und 2 min
- Kraftausdauer auch bei längeren Belastungen bis etwa 6 min, wenn die Bewegungsausführung relativ langsam und mit geringer Frequenz erfolgt, z.B. beim Rudern, Schwimmen, Eisschnelllauf, Radfahren (siehe S. 80 ff).

Aus den oben genannten Gründen werden Schnellkraft- und Kraftausdauer im Kapitel Kraft als Kraftfähigkeiten und Schnelligkeitsausdauer im Kapitel Schnelligkeit als Schnelligkeitsfähigkeit besprochen (siehe Anhang S. 134 und 135).
Ein gezieltes Training der unterschiedlichen Ausdauerfähigkeiten ist ohne Kenntnis der spezifischen Stoffwechselanforderungen nicht möglich. Aus diesem Grund und aus Gründen der Übersichtlichkeit (s.o.) wird die Ausdauer in dieser Trainingslehre nach stoffwechselphysiologischen Gesichtspunkten in die verschiedenen Fähigkeiten differenziert.

Allgemeine Ausdauerfähigkeiten	Spezielle Ausdauerfähigkeiten
Allgemeine aerobe Ausdauer (aerobe Kapazität)	**Kurzzeitausdauer** (KZA, 25 s - 2 min)
Allgemeine anaerobe Ausdauer (anaerobe Kapazität)	**Mittelzeitausdauer** (MZA, 2 - 10 min)
Grundlagenausdauer	**Langzeitausdauer** (LZA, über 10 min)
	Azyklische Spielausdauer (über 10 min)

Tab. 5: Differenzierung der Ausdauer in allgemeine und spezielle Ausdauerfähigkeiten.

Die **speziellen Ausdauerfähigkeiten** umfassen ohne Einschränkung alle Belastungen, die **länger als 25 s** dauern. Sie berücksichtigen Kraft- und Schnelligkeitsfähigkeiten in gleichem Maße wie die leistungsbestimmenden Faktoren der Energiegewinnung. Indirekt werden also auch Kraft- und Schnelligkeitsausdauer mit einbezogen.

3.5 Allgemeine Ausdauerfähigkeiten

Allgemeine aerobe Ausdauer (aerobe Kapazität)

Die **Belastungsintensität reicht bis zur anaeroben Schwelle**. Die Energiegewinnung ist vorwiegend aerob. Die aufgenommene Sauerstoffmenge reicht aus, um die benötigte Energie bereitzustellen (Steady-State).

Diese Ausdauerfähigkeit entspricht der allgemein-dynamisch-aeroben Ausdauer nach Hollmann. Ihre Ausprägung kann durch die Laufgeschwindigkeit, bei der die anaerobe Schwelle erreicht wird, gemessen werden (siehe Abb. 25, S. 40).
Leistungsbestimmend sind im Wesentlichen folgende Faktoren:

1. Je größer die **maximale Sauerstoffaufnahme**, desto mehr Sauerstoff steht für die aerobe Energiegewinnung zur Verfügung. Die Sauerstoffaufnahmefähigkeit kann durch eine Zunahme des Schlagvolumens, der Transportkapazität des Blutes und der arterio-venösen Sauerstoffdifferenz (periphere Sauerstoffausnutzung) erhöht werden (siehe S. 62).

2. Je höher der **Prozentsatz**, mit dem die **VO_2 max an der anaeroben Schwelle genutzt** werden kann, um so besser ist die aerobe Ausdauerleistungsfähigkeit (siehe Tab. 3, S. 45). Dieser Anteil wird vor allem durch die Anzahl der Blutkapillaren im Muskel (Kapillarisierung) und den Gehalt an Enzymen für den aeroben Stoffwechsel in den Muskelfasern begrenzt (Mitochondrienzahl).
3. Bei Belastungen, die an der anaeroben Schwelle liegen und über **40 Minuten** dauern, ist auch die Größe der Glykogenspeicher leistungsbestimmend (allmähliche Speicherentleerung).
4. Da bei Belastungen, die über **90 Minuten** dauern, die Glykogenspeicher in keinem Fall ausreichen, wird auch die Fähigkeit, Fettsäuren verstärkt zur Energiegewinnung zu nutzen, leistungsbestimmend.
5. Je höher der **Anteil der ST-Fasern**, um so besser kann ein Muskel auf aerobem Weg Energie gewinnen (siehe Abb. 42, S. 75).

Allgemeine anaerobe Ausdauer (anaerobe Kapazität)

Die **Belastungsintensität liegt deutlich über der anaeroben Schwelle**. Die Energiegewinnung ist vorwiegend anaerob-laktazid und anaerob-alaktazid, es entsteht ein erhebliches Sauerstoffdefizit. Dies gilt für Belastungszeiten bis etwa 2 Minuten.

Leistungsbestimmend sind Faktoren, die die **Kraft** und **Schnelligkeit** bestimmen, und vor allem auch die Fähigkeit, in kurzer Zeit große Energiemengen bereitzustellen. Die Energiegewinnung ist deshalb fast nur durch Abbau der energiereichen Phosphate und durch Glykolyse (Laktatbildung) möglich. Hierbei sind folgende Faktoren leistungsbestimmend:

1. Bei Belastungen bis **12 s** ist die **Größe der Phosphatspeicher** für die Energiebereitstellung entscheidend (geringe Speicherkapazität).
2. Durch einen großen **Muskelglykogenspeicher** wird die Glykolyse beschleunigt und die Muskulatur kann bei Übersäuerung länger arbeiten.
3. Je höher der **Gehalt an Enzymen für die Glykolyse** in den Muskelfasern ist, um so mehr ATP kann pro Zeiteinheit gebildet werden.
4. **Pufferkapazität des Blutes**[8]: Bei allen intensiven Belastungen über 20-30 s kommt es zu einer starken Übersäuerung. Diese kann durch Puffersubstanzen im Blut hinaus gezögert werden.
5. **Säuretoleranz:** Man versteht darunter die Fähigkeit des Muskels, trotz Übersäuerung und trotz Schmerzgefühl die Muskelarbeit aufrecht zu erhalten. Diese Eigenschaft ist für alle Belastungen über 40 s von großer Bedeutung.

[8] Pufferkapazität siehe Puffersubstanzen S. 30.

6. **Kapillarisierung:** Mit Hilfe einer guten Muskeldurchblutung kann die Ermüdung und Übersäuerung des Muskels hinausgezögert werden.
7. Je höher der **Anteil der FT-Fasern**, um so besser kann ein Muskel auf anaerobem Weg Energie gewinnen (siehe Abb. 42, S. 75).

Grundlagenausdauer

Grundlagenausdauer ist die **sportartenunabhängige** Ermüdungswiderstandsfähigkeit bei Langzeitbelastungen unter dem Einsatz großer Muskelgruppen (mehr als 1/7 der Skelettmuskulatur). Die **Belastungsintensität reicht bis zur aeroben Schwelle**. Die Energiegewinnung ist ausschließlich aerob[9].

Die Grundlagenausdauer entspricht der allgemeinen aeroben Ausdauer bei geringer bis mittlerer Intensität. Leistungsbestimmend sind deshalb Faktoren, die auch die allgemeine aerobe Ausdaucr bestimmen (siehe S. 48). Wesentliche Bedeutung haben folgende Faktoren:

1. **Maximale Sauerstoffaufnahme**,
2. **Prozentsatz**, mit dem die **VO_2 max an der aeroben Schwelle** (Unterschied zur allgemeinen aeroben Ausdauer) genutzt werden kann,
3. **Fähigkeit, Fettsäuren zur Energiegewinnung** zu nutzen.

Das Training ist unabhängig von Übungsformen, deshalb kann die Grundlagenausdauer mit allen Sportarten trainiert werden. Eine gute Grundlagenausdauer stabilisiert den Körper gegen hohe Belastungen und verbessert die Erholungsfähigkeit. Sie ist deshalb nicht nur die Basis für das Training der speziellen Ausdauer sondern hat eine grundlegende Bedeutung für das Training und die Wettkampfbelastungen aller Sportarten.

3.6 Spezielle Ausdauerfähigkeiten

Die Strukturierung der Ausdauer in allgemeine Ausdauerfähigkeiten ist für ein gezieltes Training in einzelnen Sportdisziplinen zu ungenau. Jede Disziplin erfordert eine spezifische Mischung von aerobem und anaerobem Ausdauertraining, bei kürzeren Belastungszeiten zusätzlich auch von Kraft- und Schnelligkeitstraining. Die Anteile der einzelnen Trainingsformen sind abhängig von der Belastungszeit und der Belastungsintensität im Wettkampf. Gezielte Maßnahmen sind deshalb nur möglich, wenn die Ausdauer nach der jeweiligen Belastungszeit und Belastungsintensität strukturiert wird.

Kurzzeitausdauer (KZA, 25 s - 2 min)

Kurzzeitausdauer ist die Ermüdungswiderstandsfähigkeit bei einer Belastungszeit zwischen 25 s und 2 min. Der Energiebedarf pro Zeiteinheit ist sehr hoch, es überwiegt die anaerob-laktazide Energiegewinnung. Kraft- und Schnelligkeitsfähigkeiten haben etwa die gleiche Bedeutung wie die leistungsbestimmenden Faktoren der Ausdauer.

[9] In der Literatur wird die Grundlagenausdauer (GLA) noch weiter differenziert, die hier verwendete Definition bezieht sich auf die sogenannte GLA 1 oder die allgemeine GLA (siehe, Zintl/Eisenhut 2013, 92).

Da die Belastungsintensitäten weit über der anaeroben Schwelle liegen, kommt es zu einer starken Anhäufung von Laktat und zur Übersäuerung. Dies führt schnell zur Erschöpfung. Dauert die Belastung länger als 70 Sekunden, muss die weitere Energiegewinnung überwiegend auf aerobem Weg erfolgen. In Abbildung 29 ist die Energiegewinnung, wie sie z.B. für einen 800-m-Lauf typisch sein könnte, im Zusammenhang dargestellt.

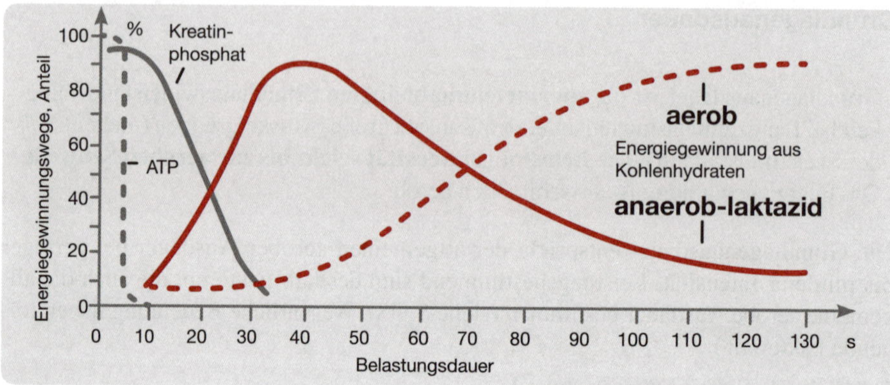

Abb. 29: *Reihenfolge und Überlagerung der verschiedenen Energiegewinnungswege während eines 800-m-Laufs (nach Keul 1969, 38).*

Die Kurzzeitausdauer wird im Wesentlichen durch die folgenden leistungsbestimmenden Faktoren beeinflusst:

1. Aufgrund der hohen Belastungsintensität sind die leistungsbestimmenden Faktoren von **Maximalkraft, Schnellkraft** und **Aktionsschnelligkeit** entscheidend.
2. Da pro Zeiteinheit sehr viel Energie bereitgestellt werden muss, sind auch alle **leistungsbestimmenden Faktoren der anaeroben Kapazität** für die Ausprägung der Kurzzeitausdauer von Bedeutung; lediglich die Größe der Phosphatspeicher hat einen geringen Einfluss.
3. Bei Belastungen **über 70 s** gewinnt auch zunehmend die **aerobe Kapazität** an Bedeutung.

Mittelzeitausdauer (MZA, 2 - 10 Minuten)

Mittelzeitausdauer ist die Ermüdungswiderstandsfähigkeit bei einer Belastungszeit zwischen 2 und 10 Minuten. Sowohl die anaerobe als auch die aerobe Energiegewinnung sind leistungsbestimmend. Kraft- und Schnelligkeitsfähigkeiten spielen eine untergeordnete Rolle.

Wie Abb. 30 zeigt, ist bei den einzelnen Laufstrecken zwischen 800 m und 3.000 m der Anteil von aerober und anaerober Energiegewinnung zwar sehr verschieden, doch sind, wenn auch jeweils in unterschiedlichem Maße, die **anaerobe und die aerobe Kapazität** leistungsbestimmend. Da die Belastungszeit zwischen 2 und 10 Minuten liegt, haben von allen leistungsbestimmenden Faktoren der anaeroben und aeroben Kapazität lediglich die Größe der Phosphatspeicher und die Fähigkeit, Fettsäuren verstärkt zur Energiegewinnung nutzen zu können, keine Bedeutung.

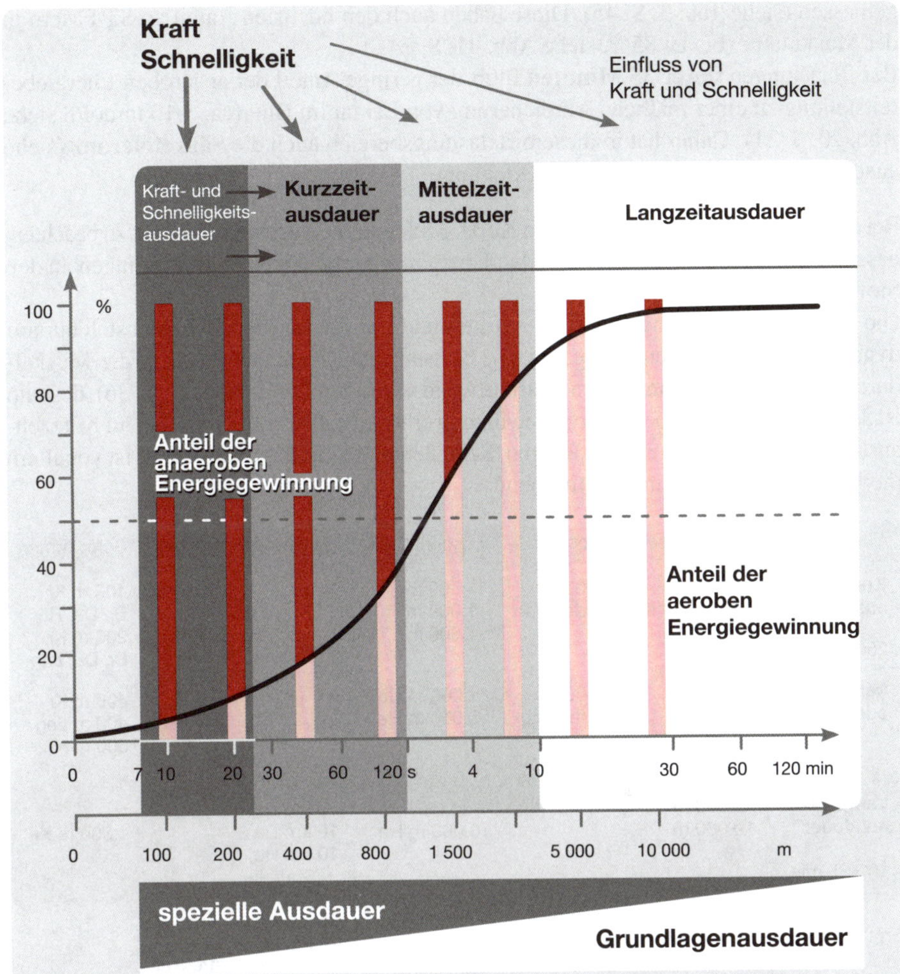

Abb. 30: *Abgrenzung der Ausdauerfähigkeiten (in der Literatur unterschiedlich).*

Langzeitausdauer (LZA, über 10 Minuten)[10]

Langzeitausdauer ist die Ermüdungswiderstandsfähigkeit bei Belastungszeiten über 10 Minuten. Die Energie wird überwiegend und mit zunehmender Belastungszeit fast ausschließlich durch die aerobe Energiegewinnung bereitgestellt. Kraft- und Schnelligkeitsfähigkeiten spielen nur noch bei kurzzeitiger Erhöhung der Belastungsintensität eine Rolle.

Bei Belastungen **über 40 Minuten** entspricht die Langzeitausdauer der **allgemeinen aeroben Ausdauer**. Die leistungsbestimmenden Faktoren sind deshalb identisch. Die höchsten Werte der prozentualen Nutzung der VO_2 max werden bei Marathonläufern

[10] In der Literatur wird die Langzeitausdauer noch weiter differenziert (siehe Zintl/Eisenhut 2013, 98ff).

gemessen (siehe Tab. 3, S. 45). Diese haben auch den höchsten Anteil an ST-Fasern in der Muskulatur (bis zu 85%, siehe Abb. 41, S. 74).
Bei Belastungen **unter 35 Minuten** führt der geringe Anteil der anaeroben Energiebereitstellung zu einer mäßigen Anreicherung von Laktat im Blut (ca. 5-10 mmol/l, siehe Abb. 20, S. 31). Daher hat in diesem Belastungsbereich auch die **Säuretoleranz** (siehe anaerobe Kapazität) eine gewisse Bedeutung.

Bei der Strukturierung der Ausdauer in Kurz-, Mittel- und Langzeitausdauer ist zu beachten, dass die Übergänge fließend und in den Übergangsbereichen die Anforderungen an den Stoffwechsel sehr spezifisch sind.
Die zeitliche Abgrenzung von Kurz-, Mittel- und Langzeitausdauer bezieht sich nur auf dynamische Belastungen (siehe Tab. 6). Bei statischer Arbeitsweise wird die Muskeldurchblutung mit zunehmendem Kraftaufwand verringert (siehe Abb. 23, S. 36), deshalb ist der Anteil der anaeroben Energiegewinnung erhöht. Statische Belastungen im Kurzzeitausdauerbereich gibt es z.B. im Ringen, Schießen und Skiabfahrtslauf. Hier ist vor allem die Kraftausdauer leistungsbestimmend.

	Leichtathletik	Radsport	Eisschnelllauf	Skilanglauf	Rudern	Schwimmen
Kurzzeit-ausdauer 25 s - 2 min	400 m 400 m Hü 800 m	1.000 m Zeitfahren	500 m 1.000 m 1.500 m			100 m Kr, Br, De, Rü 200 m Kr, Br, De, Lag.
Mittelzeit-ausdauer 2 - 10 min	1.000 m 1.500 m 3.000 m 3.000 m Hi	4.000 m Verfolgung	3.000 m Da 5.000 m He		1.000 m 2.000 m	400 m Kr 400 m Lag. 800 m Kr
Langzeit-ausdauer 10 - 35 min	5.000 m 10.000 m		10.000 m He	5 km Da 10 km Da 10 km He (Staffel)		1.500 m Kr
35 - 90 min	25-km-Lauf Stundenlauf 20 km Gehen	30 - 50 km Einzelzeit-fahren		15 km He 20 km Da	10 km Lang-strecken-rudern	
90 min - 6 h	Marathonlauf 50 km Gehen	100 km und mehr		30 km He 50 km He Volksläufe		

Tab. 6: Bedeutung der speziellen Ausdauerfähigkeiten in verschiedenen Sportarten siehe Zintl/Eisenhut 2013, 106).

Azyklische Spielausdauer (über 10 Minuten)[11]

Die Belastungsintensitäten wechseln sehr stark. In Phasen mit hoher Intensität dominieren Kraft- und Schnelligkeitsfähigkeiten, in Phasen mit geringer Intensität ist für eine schnelle Erholung die Grundlagenausdauer von entscheidender Bedeutung.

Es handelt sich hier um eine **komplexe Ausdauerfähigkeit**. Die vielfältigen Leistungsanforderungen der Sportspiele lassen sich weder der Langzeit-, Mittelzeit- noch der Kurz-

[11] Manche Autoren beziehen diese Ausdauer ausschließlich auf die Erholungsfähigkeit: azyklische Grundlagenausdauer.

zeitausdauer zuordnen. Die Phasen mit intensiver Belastung liegen in der Regel unter 25 s, hier sind Kraft- und Schnelligkeitsfähigkeiten mit anaerob-alaktazider und anaerob-laktazider (Kraft- und Schnelligkeitsausdauer) Energiebereitstellung leistungsbestimmend. In Phasen geringer Intensität ist für die schnelle Wiederauffüllung der ATP/KP-Speicher und den schnellen Abbau des angefallenen Laktats eine gut entwickelte aerobe Energiegewinnung (Grundlagenausdauer) erforderlich. In Basketball und Handball lagen die bei Spitzensportlern während eines Spiels gemessenen Laktatwerte nicht über 8 mmol/l.

Ab einer Spielzeit von 10 min ist die Grundlagenausdauer für die Erhaltung des Leistungsniveaus im Kraft- und Schnelligkeitsbereich wichtig. Je länger die Spielzeit, um so bedeutender wird die Grundlagenausdauer. Spieler mit einer guten Grundlagenausdauer können Konzentration und Spielintensität bis in die letzten Spielminuten aufrecht erhalten, ihre Ermüdung verläuft wesentlich langsamer als bei Spielern mit schlecht ausgebildeter Grundlagenausdauer.

Aufgaben

12. Erläutern Sie anhand von Beispielen die Vor- und Nachteile der einzelnen Energiegewinnungswege.
13. Welche Bedeutung haben die einzelnen Energiegewinnungswege und Energiespeicher bei einem 800-m-Lauf?
14. Erläutern Sie die Begriffe Steady-State und Sauerstoffschuld.
15. Warum kann man ohne Sauerstoff aufzunehmen 100 m schnell laufen?
16. Welche Bedeutung hat die anaerobe Schwelle für Kurz-, Mittel- und Langzeitausdauer?

4. AUSDAUERTRAINING

4.1 Trainingsziele

Grundsätzlich können drei verschiedene Ziele angesteuert werden:

- Allgemeine aerobe Ausdauer oder Grundlagenausdauer im Bereich Gesundheitssport und Fitness,
- Grundlagenausdauer als Basis für den Leistungssport,
- spezielle Ausdauer (KZA, MZA, LZA, azyklische Spielausdauer) entsprechend den Anforderungen der jeweiligen Disziplin/Sportart.

4.2 Trainingsmethoden

Für ein wirksames Ausdauertraining müssen die Belastungskomponenten Intensität, Dauer, Dichte (Pause) und Umfang sowie die Trainingshäufigkeit pro Woche aufeinander abgestimmt sein. Die Ausdauertrainingsmethoden lassen sich in drei Hauptgruppen einteilen: Dauermethoden, Intervallmethoden und Wiederholungsmethode. Die Belastungsgefüge dieser Methoden unterscheiden sich vor allem aufgrund der unterschiedlichen Reizintensität und der sich daraus ergebenden Pausenlänge zwischen den einzelnen Reizen und Reizserien.

Methoden des Ausdauertrainings	Intensität	Pause
Dauermethoden	bis zur anaeroben Schwelle (Ausnahme: Tempowechselm., Fahrtsp.)	keine
Intervallmethoden	über der anaeroben Schwelle	lohnend (unvollständige Erholung)
Wiederholungsmethoden	annähernd maximal (jeweilige Bestzeit)	lang (vollständige Erholung)

Tab. 7: Vergleich der Ausdauertrainingsmethoden.

Für ein gezieltes Training einzelner leistungsbestimmender Faktoren der Ausdauer müssen die Belastungsintensitäten innerhalb der einzelnen Trainingsmethoden möglichst genau differenziert werden. In der Trainingspraxis des Leistungssports orientieren sich bei den Dauermethoden die Intensitätsvorgaben an den Schwellenwerten der Laktatleistungskurve und werden entweder durch die Laufgeschwindigkeit oder die Herzfrequenz angegeben. Bei den Intervall- und Wiederholungsmethoden hingegen erfolgt dies i.d.R. durch eine **%-Angabe der Laufgeschwindigkeit** (Laufzeit) in Bezug auf die Maximalgeschwindigkeit (Bestzeit) über die jeweilige Laufstrecke. Die Orientierung an den Schwellenwerten ist aber nicht unproblematisch. Es gibt verschiedene Methoden zur **Ermittlung der individuellen Schwellenwerte**; sie führen häufig zu unterschiedlichen Ergebnissen und sind noch nicht endgültig gesichert. Darüber hinaus können die Laborwerte nicht ohne weiteres auf die Wettkampfbedingungen übertragen werden.

Im Gesundheits- und Fitnessbereich dagegen genügt es, die Belastungsintensität bei den Dauermethoden anhand allgemeiner Formeln und Regeln festzulegen (siehe S. 59 f).

Dauermethoden

1. Kontinuierliche Methoden

Die **Belastungsintensität** bleibt während der **gesamten Belastungszeit konstant** und darf **nicht über der anaeroben Schwelle** liegen, da ansonsten die für einen trainingswirksamen Reiz notwendige Belastungsdauer aufgrund zu früher Ermüdung nicht erreicht werden könnte.

kontinuierliche DAUERMETHODE	**extensiv**	**intensiv**
Intensität	aerobe Schwelle (ca. 60 - 80 % der Bestzeit)	aerob - anaerober Übergangsbereich (ca. 80 - 90 % der Bestzeit)
Dauer	ca. 80 min - 2 Stunden (Laufstrecken: ca. 15 - 30 km)	ca. 30 min - 60 min (Laufstrecken: ca. 6 - 15 km)
wesentliche **Wirkung**	• **Verbesserung der Herz-Kreislauf-Funktion** • Verbesserung der aeroben Energiegewinnung ↙ **aus Fetten**	↘ **aus Kohlenhydraten durch** - Verb. d. **O_2-Ausnutzung** im Muskel (Kapillarisierung, Mitochondrienzahl) - Vergrößerung der **Glykogenspeicher**

Tab. 8: Intensität und Wirkung der kontinuierlichen Dauermethoden.

Für eine optimale Trainingswirkung müssen die Schwellenwerte eingehalten und die Belastungsintensitäten über eine längere Trainingsphase immer wieder angepasst werden. Leistungssportler werden deshalb regelmäßig auf dem Laufband oder mit vergleichbaren Tests untersucht. Die Trainingswirkung ist abhängig von der Belastungsintensität. Beide Methoden bewirken zwar eine Verbesserung des Herz-Kreislauf-Systems und der aeroben Energiegewinnung, entsprechend den unterschiedlichen Anforderungen an den Stoffwechsel wird aber bei der extensiven Dauermethode vor allem der Fettstoffwechsel und bei der intensiven Dauermethode der Kohlenhydratstoffwechel verbessert (siehe Trainingswirkungen S. 62).

2. Tempowechselmethode

Bei dieser Methode wird die **Intensität** innerhalb einer gewissen Bandbreite (z.B. 140 - 180 HF) **planmäßig variiert**. Nach einer kurzen Phase mit einer Intensität über der anaeroben Schwelle folgt eine längere Phase mit einer Intensität deutlich unterhalb der anaeroben Schwelle; in dieser Zeit kann das Laktat im Blut wieder abgebaut und die Übersäuerung rückgängig gemacht werden. Im Gesamtdurchschnitt liegt die Belastungsintensität unter der anaeroben Schwelle. Zusätzlich zu den Trainingswirkungen der kontinuierlichen Dauermethoden werden auch die anaerob-laktazide Energiegewinnung und die Regulationsmechanismen bei wechselnder Belastungsintensität verbessert. Diese Methode wird nur im Leistungssport angewandt.

3. Fahrtspiel

Im Gegensatz zur Tempowechselmethode wird die **Intensität spielerisch und von niedrig bis maximal variiert**. Dadurch wird eine große Bandbreite von leistungsbestimmenden Faktoren sowohl im aeroben als auch anaeroben Bereich angesprochen. Wesentliche Trainingswirkung ist aber insgesamt die Verbesserung der allgemeinen aeroben Ausdauer.

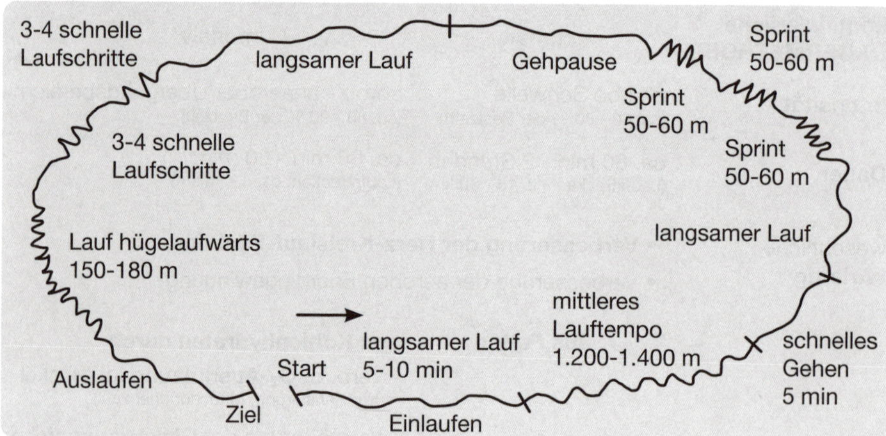

Abb. 31: Schema eines Fahrtspiels (verändert nach Kloos 1986, Bd. 11, 36).

Intervallmethoden

Entsprechend der Belastungsintensität unterscheidet man die **extensive und intensive Intervallmethode**. Die Belastungsintensität liegt bei beiden Methoden **über der anaeroben Schwelle**. In der Trainingspraxis wird die Intensität deshalb meist in Prozent der maximalen Laufgeschwindigkeit angegeben. Ausnahme sind längere Belastungszeiten bei der extensiven Intervallmethode (über 3 min), hier kann man sich auch an der Herzfrequenz mit Werten knapp über der anaeroben Schwelle orientieren.

Zwischen den einzelnen Belastungen wird keine vollständige Erholung abgewartet. Da die Erholung logarithmisch verläuft, erholt sich der Körper im ersten Drittel der Gesamterholungszeit etwa zu zwei Dritteln. Bei der unvollständigen Erholung wird nur dieses erste Zeitdrittel genutzt, man bezeichnet dies als lohnende Pause. Die Pausenlänge kann stark variieren, sie ist abhängig von der Geschwindigkeit der Erholungsprozesse nach Belastungsende (Sauerstoffschuld, siehe S. 45). Sie ist um so kürzer, je besser der Trainingszustand (Grundlagenausdauer) und je kürzer die Belastung ist. Als **Orientierungshilfe** kann die **Pulsfrequenz** dienen. Nach Erreichen einer Pulsfrequenz von etwa 120-140 S/min kann der nächste Belastungsreiz gesetzt werden.

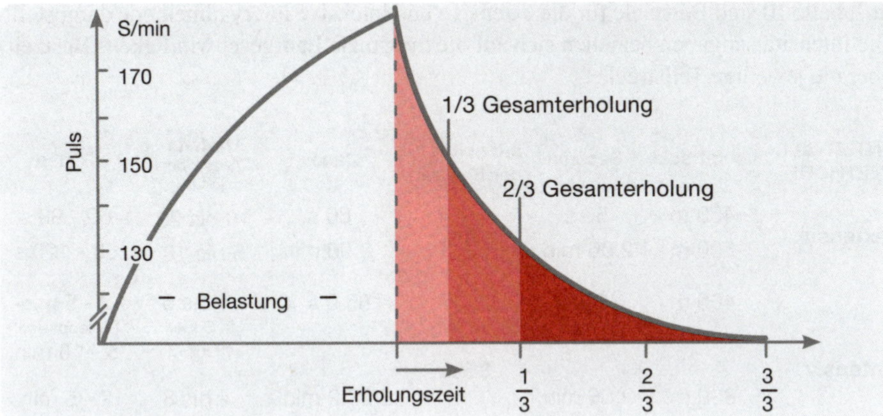

Abb. 32: Belastung und lohnende Pause.

Die Trainingswirkungen sind abhängig von der Belastungsintensität. Beide Methoden bewirken zwar eine Verbesserung des Herz-Kreislauf-Funktion, aber die sehr unterschiedlichen Anforderungen an den Stoffwechsel bewirken bei der extensiven Intervallmethode vor allem eine Verbesserung der aeroben Energiegewinnung, während durch die intensive Intervallmethode die anaerob-laktazide Energiegewinnung verbessert wird (siehe Trainingswirkungen S. 62). Die extensive Intervallmethode ist in ihren Trainingswirkungen vergleichbar mit der intensiven Dauermethode. Die Verbesserung der O_2-Ausnutzung durch Kapillarisierung und durch Zunahme der Größe und Zahl der Mitochondrien kann auf Grund der höheren Belastungsintensität aber wesentlich gezielter und effektiver erreicht werden als mit der intensiven Dauermethode.

INTERVALLMETHODE	**extensiv**	**intensiv**
Intensität (% der Bestzeit)	**60 - 80%**	**80 - 90%**
Dauer (Einzelreiz, Streckenlänge)	ca. 1 - 8 min (ca. 300 - 2.000 m)	ca. 14 s - 4 min (ca. 100 - 1.200 m)
Umfang (Wiederholungen)	4 - 20	3 - 12 (3 - 4 Wiederhol. in 3 - 4 Serien)
Pause	**1/3 Erholung** (1,5 - 4 min)	**2/3 Erholung** (2 - 6 min, Serienpause ca. 10 min)
wesentliche **Wirkung**	• **Verbesserung der Herz-Kreislauf-Funktion** (max. O_2 Aufnahme) • Verbesserung der Energiegewinnung aus Kohlenhydraten **aerob** - Verb. d. O_2-Ausnutzung im Muskel (Kapillarisierung, Mitochondrienzahl) - Vergrößerung der **Glykogenspeicher**	**anaerob-laktazid** - Verbess. der Säuretoleranz - Erhöh. der **Pufferkapazität** - Vermehrung d. Glykolyseenzyme

Tab. 9: Vergleich der Intervallmethoden.

In Tabelle 10 sind Beispiele für die extensive und intensive Intervallmethode dargestellt. Die Intensitätsangaben beziehen sich auf die maximale Laufgeschwindigkeit (Bestzeit) über die jeweilige Teilstrecke.

INTERVALL-METHODE	Laufstrecke	Bestzeit	Intensität % der Bestzeit	Dauer	Umfang (Anzahl der Läufe)	Pause
extensiv	400 m 800 m	56 s 2:06 min	70%	80 s 3:00 min	10 bis 20 5 bis 10	60 - 90 s 60 - 120 s
intensiv	400 m	56 s	85%	65,9 s	4 bis 6 in Serien: 2 x 2-3	2 - 5 min Serienpause: 5 - 10 min
	800 m	2:06 min		2:28,2 min	4 bis 8 in Serien: 2 x 2-4	2 - 5 min Serienpause: 5 - 10 min

Tab. 10: *Beispiele für die extensive und intensive Intervallmethode (verändert nach Schmolinsky 1971, 67 u. 74).*

Hochintensives Intervalltraining (HIIT): Erläuterung siehe Anhang (S. 143 ff)

Wiederholungsmethode

Charakteristisch für die Wiederholungsmethode ist die maximale Intensität (90-100%), der geringe Umfang (2-6 Wiederholungen) und die vollständige Erholungspause (6-30 min). Als Orientierung für die Pausenlänge kann ähnlich wie bei den Intervallmethoden die Herzfrequenz dienen; vor Beginn der neuen Belastung sollte der Puls unter 100 S/min liegen.

WIEDERHOLUNGSMETHODE Belastungsdauer	wesentliche Trainingswirkung
bis 15 s	- Vergrößerung der **Phosphatspeicher** - Verbesserung der **anaerob-alaktaziden** Energiegewinnung
30 - 60 s	- Verbesserung der **anaerob-laktaziden** Energiegewinnung - Erhöhung der **Säuretoleranz** und **Pufferkapazität**
2 - 10 min	- Verbesserung der **anaerob-laktaziden** Energiegewinnung - Verbesserung der **aeroben** Energiegewinnung
über 10 min	- Verbesserung der **aeroben** Energiegewinnung

Tab. 11: *Trainingswirkungen der Wiederholungsmethode bei unterschiedlicher Belastungsdauer.*

Da die Belastungsdauer bzw. Streckenlänge zwischen 90 m und 2.000 m beliebig variiert werden kann, können mit der Wiederholungsmethode sehr gezielt verschiedene Trainingswirkungen angesteuert werden. Das Leistungsniveau wird schnell verbessert. Allerdings wird diese Methode wegen der hohen Intensität nur im Leistungssport angewandt und ist nur auf einer stabilen Leistungsgrundlage möglich.

4.3 Ausdauertraining im Bereich Gesundheit und Fitness

Dauermethoden, Minimal- und Optimalprogramm

Zunehmende Bewegungsarmut ist eine der Hauptursachen für die Verschlechterung des Gesundheitszustandes in allen Altersstufen. Durch Ausdauertraining können die negativen Folgen von Bewegungsmangel wie z.B. degenerative Veränderungen des Herz-Kreislauf-Systems oder Übergewicht verhindert und die Gesundheit stabilisiert werden (siehe S.130). Auch die durch Alterungsprozesse verursachte Abnahme der Leistungsfähigkeit kann durch Ausdauertraining hinausgezögert werden. Um diese Wirkungen zu erreichen, müssen durch Training Anpassungen im Herz-Kreislauf-System und im Stoffwechsel ausgelöst werden. Durch **Training der Grundlagenausdauer** mit Hilfe der kontinuierlichen Dauermethode können diese Ziele erreicht werden. Dabei muss aber ein sogenanntes **Minimalprogramm** (siehe Tab. 12) mit Belastungsintensitäten an der **aeroben Schwelle** eingehalten werden (extensive Dauermethode).
Hohe Gesundheitsstabilität und eine gut ausgeprägte Fitness können mit diesem Programm allerdings nicht erreicht werden. Um in den verschiedensten Belastungssituationen eine gute allgemeine Leistungs- und Erholungsfähigkeit zu erreichen, müssen Intensität und Umfang erhöht werden. Ein hierfür geeignetes **Optimalprogramm** erfordert Belastungsintensitäten **zwischen aerober und anaerober Schwelle** (intensive Dauermethode) und einen Gesamtumfang von etwa 30-40 km/Woche (siehe Tab.12). Insgesamt wird durch dieses Trainingsprogramm die **allgemeine aerobe Ausdauer** verbessert.

Trainings-programm	Intensität (Herzfrequenz, S/min)	Trainingshäufigkeit/ Dauer
Minimalprogramm - Anfänger - Gesundheitssport	180 - Lebensalter	**optim.: 3 x 30 min/Woche** - täglich 15 min - 4 x 25 min/Woche - 2 x 45 min/Woche
Optimalprogramm - Fortgeschrittene - Fitnesssport	(170 - ½ Lebensalter) + / - 10	- täglich 30-35 min - 5 x 40 min/Woche - 4 x 50 min/Woche - 3 x 60 min/Woche

Tab. 12: *Belastungsdosierung im Gesundheits- und Fitnesssport (nach Grosser 1986, 138, und Empfehlungen der WHO).*

Kennt man die maximale Herzfrequenz, dann lassen sich mit Hilfe der in Tabelle 3 (S. 45) angegebenen Prozentzahlen die Belastungsintensitäten an den Schwellen etwas genauer festlegen. Die maximale Herzfrequenz nimmt ab dem 20. Lebensjahr ab. Eine einfache Faustregel zur Abschätzung wurde schon vor etwa 45 Jahren erstellt:

HFmax = 180 – Lebensalter.

Untersuchungen zeigten, dass die Werte für Menschen unter 40 Jahren etwas zu hoch und für Menschen über 40 Jahre zunehmend zu niedrig sind. Tanaka hat 2001 eine Formel entwickelt, die die Realität besser wiedergibt:

HFmax = 208 – 0,7 x Lebensalter.

Will man außer dem Alter auch noch den Trainingszustand und die erforderliche Belastungsintensität direkt in die Berechnung mit einbeziehen, kann man die Formel von Karvonen verwenden:

Trainingspuls (S/min) = Ruhepuls + (HFmax – Ruhepuls) x % Intensität.

4.4 Ausdauertraining im Leistungssport

Allgemeine Ausdauer als Grundlage der speziellen Ausdauerfähigkeiten

In Sportarten mit geringerer Bedeutung der Ausdauer (z.B. Kraftsport, Sprungdisziplinen) wird Grundlagenausdauer entsprechend dem Optimalprogramm im Fitnessport trainiert. Mit zunehmender Bedeutung der Ausdauer reicht das Training im vorwiegend aeroben Stoffwechselbereich als stabile Leistungsgrundlage für die speziellen Ausdauerfähigkeiten nicht aus, das Trainingsziel muss mehr der allgemeinen aeroben Ausdauer entsprechen. Um Anpassungen im Muskelstoffwechsel zu optimieren sind auch Belastungsintensitäten über der anaeroben Schwelle erforderlich. In Disziplinen/Sportarten mit hohen Anforderungen an die Ausdauer müssen deshalb außer der extensiven und intensiven Dauermethode auch die Tempowechselmethode, das Fahrtspiel und die extensive Intervallmethode in das Trainingsprogramm aufgenommen werden. Das Training wird häufig sportart- bzw. disziplinspezifisch durchgeführt.

Spezielle Ausdauerfähigkeiten

Die speziellen Ausdauerfähigkeiten umfassen sowohl sportart- bzw. disziplinspezifische Anteile der verschiedenen Energiegewinnungswege als auch spezifische Anteile von Kraft- und Schnelligkeitsfähigkeiten. Zur Verbesserung der speziellen Ausdauerfähigkeiten muss ein Trainingsprogramm deshalb mehrere verschiedene Trainingsmethoden enthalten, die genau aufeinander abgestimmt sind. Aus Tabelle 13 wird ersichtlich, dass dabei für das Training der einzelnen Ausdauerfähigkeiten bestimmte Trainingsmethoden im Vordergrund stehen: Für die Langzeitausdauer die Dauermethoden, für die Mittelzeitausdauer die Tempowechselmethode, das Fahrtspiel und die extensive Intervallmethode, für die Kurzzeitausdauer die intensive Intervallmethode und Wiederholungsmethode und für die azyklische Spielausdauer vor allem wettkampfspezifische Belastungen.

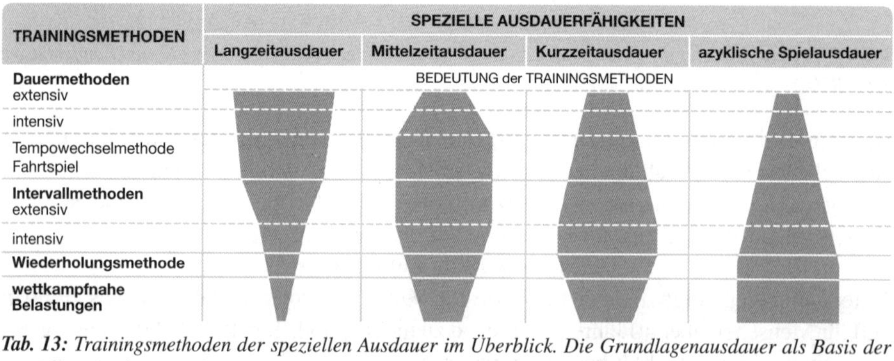

Tab. 13: Trainingsmethoden der speziellen Ausdauer im Überblick. Die Grundlagenausdauer als Basis der speziellen Ausdauer und die Trainingsmethoden zur Verbesserung von Kraft und Schnelligkeit sind nicht berücksichtigt.

5. TRAININGSMITTEL FÜR AUSDAUERTRAINING

Trainingsmittel dienen der Realisierung der Trainingsmethoden und können allgemein wie folgt definiert werden:

Trainingsmittel sind alle organisatorischen und informativen Maßnahmen und Geräte, die den Trainingsablauf ermöglichen und unterstützen.

Ein wirksames Ausdauertraining ist nur möglich, wenn mindestens 1/7 der Skelettmuskulatur belastet wird. Für die Dauermethoden sind deshalb folgende Trainingsmittel gut geeignet: Laufen, Skilanglaufen, Nordic-Walking, Inline-Skaten, Radfahren, Rudern, Schwimmen und Circuittraining. Diese Trainingsmittel können je nach Bedarf noch weiter differenziert werden; so sind z.B. bei der Fahrtspielmethode Gehen, Sprints, Hügellauf, Tempoläufe usw. jeweils spezielle Trainingsmittel. Auch Ballspiele können, wenn die Regelvorgaben für einen kontinuierlichen Spielfluss sorgen, ein wirksames Trainingsmittel sein. Um eine trainingswirksame Belastungszeit zu erreichen, müssen die Spielzeiten aber etwa 2-3 mal so lang sein wie die Zeiten beim Laufen. Mit Hindernisbahnen lässt sich in der Halle ebenfalls ein Ausdauertraining nach der Dauermethode durchführen (Fahrtspielcharakter).

Da im **Gesundheitssport** eine exakte Belastungsdosierung nicht erforderlich ist, können die genannten Trainingsmittel nahezu beliebig eingesetzt werden. Dabei ist allerdings darauf zu achten, dass die Anforderungen an die Muskulatur und das Herz-Kreislauf-System unterschiedlich sind und sich deshalb die anzusteuernde Herzfrequenz und die Belastungszeit unterscheiden. In Tabelle 14 sind die Werte für verschiedene Sportarten und Trainingsmittel zusammengestellt. Die Werte für die Belastungsdauer gelten für zwei- bis dreimaliges Training pro Woche. Die Trainingswirkung liegt zwischen Minimal- und Optimalprogramm.

Sportart, Trainingsmittel	Belastungsintensität (S/min)	Belastungsdauer (min)	Charakteristische Merkmale
Laufen	Laufpuls = **170 - ½ LA**	**20 - 45**	belastungsfähiger Bewegungsapparat
Radfahren Fahrrad-Ergometer Skilanglauf (freie Techn.) Rollski	Laufpuls - **10**	**40 - 90**	gelenkschonend gute Fettverbrennung Ganzkörperbewegung (Skilanglauf, Rollski, Schwimmen)
Schwimmen (mittelmäßige Technik)	Laufpuls - **20**	**20 - 45**	gelenkschonend gute Fettverbrennung
Inline-Skating	Laufpuls - **30**	**40 - 90**	
Nordic-Walking	Laufpuls - **40**	**40 - 75**	
Zügiges Gehen (Walking)		**90 - 120**	

Tab. 14: Belastungsintensität und Belastungsdauer bei verschiedenen Sportarten und Trainingsmitteln; Werte sind in der Literatur unterschiedlich.

Im **Leistungssport** sollte sich die Bewegungsstruktur des Trainingsmittels an der Wettkampfdisziplin orientieren und eine genaue Dosierbarkeit möglich sein. Aus diesem Grund werden in der Regel nur wenige Trainingsmittel eingesetzt und die äußeren Bedingungen möglichst konstant gehalten. Ein Leichtathlet trainiert auf der Rundbahn, ein Schwimmer auf der 50/25-m-Bahn, ein Radfahrer auf seiner Teststrecke. Hierbei wird vorwiegend nach den Intervallmethoden und der Wiederholungsmethode trainiert.

6. TRAININGSWIRKUNGEN DURCH AUSDAUERTRAINING

6.1 Anpassungen der Muskelzelle

Jeder Belastungsreiz greift primär an der Muskelzelle an. Das Herz-Kreislauf-System hat die Aufgabe, die Bedürfnisse des Zellstoffwechsels zu erfüllen. Es kommt stets zu einer Anpassung aller beteiligten Strukturen und Prozesse, wobei die jeweilige Höhe der Anpassung von der Belastungsintensität abhängt.

Die Anpassungen finden auf mehreren Ebenen statt:

1. Vergrößerung der Energiespeicher

- Die energiereichen Phosphate und die gespeicherte Glykogenmenge können sich verdoppeln.
- Die Myoglobinmenge (O_2-Speicherung in der Muskelzelle) nimmt bis zu 80 % zu und kann bei Belastungsbeginn den noch langsamen O_2-Transport kompensieren.

2. Verstärkung der Enzymaktivitäten

- Glykolyse: Vermehrung der Enzyme durch Training unter anaeroben Bedingungen.
- Citratzyklus und Atmungskette: Durch eine Vermehrung und Vergrößerung der Mitochondrien kann die aerobe Kapazität stark verbessert werden.
- Mobilisierung von Fetten und Fettsäureabbau: Vermehrung der Enzyme durch Training an der aeroben Schwelle.

3. Verbesserung der Regulationsvorgänge

- Schnellere Umschaltung von Ruhe auf Belastung und umgekehrt.

Diese Anpassungen der Muskelzelle bewirken insgesamt eine Erhöhung der VO_2 max. Dies wird vor allem durch eine Verbesserung der Sauerstoffausnutzung erreicht. An der anaeroben Schwelle kann ein höherer Prozentsatz der VO_2 max genutzt werden, wodurch das maximale Steady-State erst bei höheren Belastungsintensitäten erreicht wird. Die Laktatkurve ist nach rechts verschoben.

6.2 Anpassungen des Herz-Kreislauf-Systems

Alle Anpassungen bewirken eine bessere Versorgung der Muskelzelle mit Sauerstoff und Glucose und eine bessere Entsorgung von Kohlendioxid und Laktat; außerdem kann die Übersäuerung besser aufgefangen werden.

1. Kapillarisierung

Die absolute Zahl der Kapillaren pro Muskelfaser und der Querschnitt der Kapillaren wird vergrößert und dadurch die **Muskeldurchblutung verbessert**. Auch die Durchblutung des Herzmuskels wird auf diese Weise verbessert.

2. Herzvergrößerung

Durch Ausdauertraining kommt es zu einer Herzvergrößerung. Dies wird dadurch erreicht, dass sich die Herzinnenräume erweitern und der Herzmuskel kräftiger wird. Dadurch kann sich das **Schlagvolumen** unter Belastung im Vergleich zum Untrainierten fast verdoppeln. Die maximale Herzfrequenz kann durch Training kaum gesteigert werden. Das Herzminutenvolumen kann bei Belastung im Vergleich zu Normalpersonen vor allem aufgrund des größeren Schlagvolumens bis auf den doppelten Wert erhöht werden.

Trainingszustand	**Herzgröße**		**Schlagvolumen**		**Herzfrequenz**		**Herzminutenvolumen**	
	Gewicht	Gesamtvolumen	Ruhe	Belastung	Ruhe	Belastung	Ruhe	Belastung
	g	ml	ml		Schläge/min		Liter	
untrainiert	200-300	600-800	60-90	75-105	60-80	ca. 200	ca. 5	ca. 18
ausdauertrainiert	350-500	900-1300	95-115	170-200	40-60	ca. 200	ca. 5	ca. 39

Tab. 15: Eigenschaften des Herzens bei Normalpersonen und Ausdauertrainierten (Zusammenstellung aus der Literatur).

Ein solches Sportherz bringt zusätzlich zur größeren Leistungsfähigkeit noch weitere Vorteile:

- **Ökonomischere Herzarbeit**
  In Ruhe und bei submaximalen Belastungen ist die Herzfrequenz im Vergleich zu Untrainierten niedriger, da das erforderliche Herzminutenvolumen durch eine Vergrößerung des Schlagvolumens erreicht wird. Die längeren Pausen zwischen den einzelnen Kontraktionen verbessern die Durchblutung und Sauerstoffversorgung des Herzmuskels.
- **Abbau von Laktat**
  Herzmuskelzellen sind darauf spezialisiert, ihre Energie mit Hilfe von Sauerstoff hauptsächlich aus Fettsäuren und Laktat zu gewinnen. Ein größeres Herz kann somit den Anstieg des Laktatspiegels im Blut verzögern.

3. Zunahme des Blutvolumens

- Mit der Zunahme des Blutvolumens erhöht sich die Gesamthämoglobinmenge. Dadurch wird die Sauerstofftransportkapazität um ca. 30% verbessert.
- Das größere Blutvolumen erhöht die Pufferkapazität des Blutes, damit wird die Übersäuerung hinausgezögert.

Die Anpassungen des Herz-Kreislauf-Systems bewirken insgesamt eine Verbesserung der VO_2 max. Zusammen mit den Anpassungen der Muskelzelle ergibt sich eine deutliche Verbesserung der Ausdauerleistungsfähigkeit. Die VO_2 max alleine ist im Erwachsenenalter nicht mehr so effektiv trainierbar (bis 40% nach mehrjährigem Training). Deutlich besser trainierbar ist die Fähigkeit, einen möglichst hohen Prozentsatz der VO_2 max über längere Zeit an der anaeroben Schwelle nutzen zu können (siehe Anpassungen der Muskelzelle).

In Abbildung 33 sind die Durchschnittswerte der relativen VO_2 max für verschiedene Sportarten zusammengefasst. Die großen Unterschiede sind nicht nur durch das Training sondern auch durch angeborene Eigenschaften (z.B. Fasertypenverteilung) bedingt.

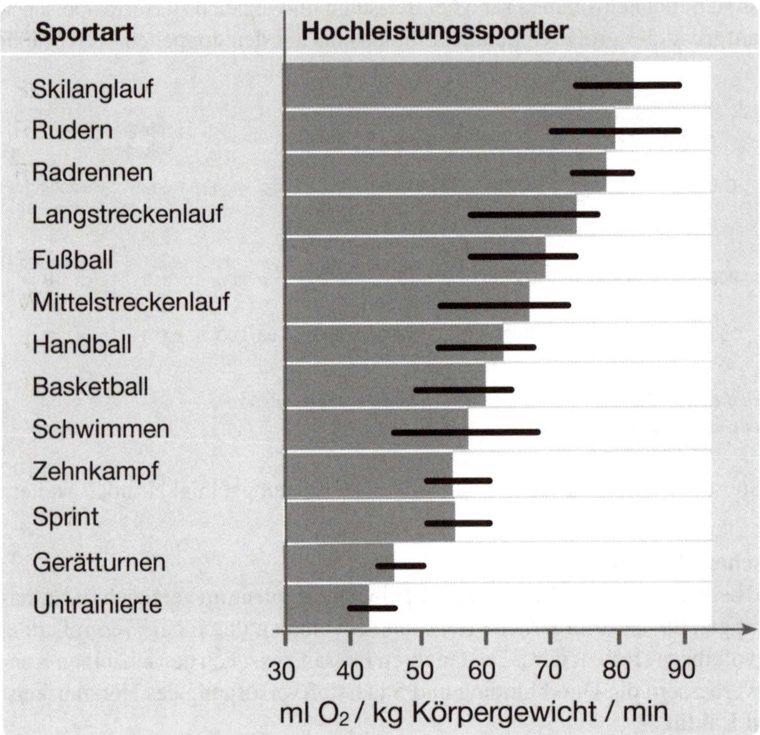

Abb. 33: *Maximale O_2-Aufnahme/kg Körpergewicht bei Sportlern verschiedener Sportarten (Werte aus Weineck 2010, Zintl/Eisenhut 2013).*

Erläuterungen zur Überprüfung der allgemeinen aeroben Ausdauer durch den Coopertest siehe Anhang (S. 144).

Aufgaben

17. Warum erreichen Ausdauertrainierte im Vergleich zu Untrainierten die anaerobe Schwelle erst bei höheren Belastungsintensitäten?
18. Welche Bedeutung hat die Grundlagenausdauer und durch welche Methoden kann sie verbessert werden?
19. Stellen Sie alle Faktoren, die für die Ausdauerfähigkeiten leistungsbestimmend sein können, in einer Tabelle zusammen.
20. Welche Ausdauerfähigkeiten werden durch Kapillarisierung des Muskels verbessert? Begründen Sie ihre Aussage.
21. Versuchen Sie die unterschiedliche Sauerstoffaufnahmefähigkeit bei Sportlern verschiedener Sportarten zu begründen.
22. Welche Methoden zur Verbesserung der Ausdauer unterscheidet man und worin liegen die wesentlichen Unterschiede?
23. Durch welche Trainingsmethoden lässt sich die aerobe bzw. die anaerobe Ausdauer verbessern? Begründen Sie.
24. Warum sind besonders die Sportarten Laufen, Schwimmen und Radfahren für ein Ausdauertraining geeignet?
25. Nennen Sie Bewegungsabläufe (Spielsituationen) aus den Mannschaftssportarten Basketball, Handball, Fußball und Volleyball, für die primär lokale bzw. allgemeine Ausdauer erforderlich ist.
26. Wie läuft die Energiebereitstellung in den in Aufgabe 25 genannten Beispielen ab?
27. Welcher Trainingsmethode können die Belastungsgefüge in Tabelle 1 (S.21) und Tabelle A1 (Anhang, S. 138) zugeordnet werden?
28. Wie sollte ein Fünfzigjähriger, der Erkrankungen des Herz-Kreislauf-Systems vorbeugen will, trainieren?

KRAFT

1. BEDEUTUNG DER KRAFT

Kraft im biologischen Sinne ist die Fähigkeit des Nerv-Muskelsystems, durch Muskeltätigkeit Widerstände zu überwinden, ihnen entgegenzuwirken bzw. sie zu halten.

1.1 Erhaltung der Gesundheit und Leistungsfähigkeit des Bewegungsapparates

Jede Bewegung und jede Körperhaltung erfordert Kraft. Ohne Kraftbelastungen kann die Funktionsfähigkeit des Bewegungsapparates nicht erhalten werden (Homöostasegesetz).

Die Bewegungsanforderungen eines Durchschnittsalltags sind heute meist zu gering und einseitig, sodass die zur Erhaltung und Verbesserung der Kraftfähigkeiten erforderliche Reizschwelle oft nicht erreicht wird. Die Folge ist eine Abschwächung und/oder Verkürzung der für Haltung und Bewegung notwendigen Muskulatur, es entwickeln sich Haltungsschwächen und langfristig auch degenerative Erkrankungen des Halte-und Bewegungsapparates. Mangelnde Kraftfähigkeiten wirken sich nicht nur auf die konditionellen Faktoren negativ aus. Das Bewegungssystem ist im Alltag und im Sport starken mechanischen Belastungen ausgesetzt. Muskeln, Bänder und Gelenkstrukturen können verletzt werden. Eine gut ausgebildete Muskulatur kann hohe Kraftwirkungen auffangen und damit den Bewegungsapparat vor Verletzungen schützen. In vielen Sportarten gibt es Bewegungsabläufe, die bei unzureichender Kraft zu Verletzungen führen können. Als Beispiele seien hier die Landung nach einem Angriff oder Block im Volleyball oder die Belastung der Rumpfmuskulatur im Gerätturnen genannt. Unzurei-chende Muskelkraft im Bereich der Rückenmuskulatur führt zu Fehlhaltungen des Oberkörpers, die wiederum durch Überbelastung frühzeitig eine Leistungsminderung oder Schädigung verursachen können.

1.2 Kraft als Grundlage sportlicher Leistung und Fitness

Nur mit gut ausgebildeter Muskulatur kann man sich schnellkräftig, ausdauernd und geschickt bewegen. In einzelnen Sportarten und Disziplinen sind für eine optimale Leistung jeweils spezifische Kräftfähigkeiten erforderlich. So ist zum Beispiel in der Leichtathletik bei allen Sprint-, Sprung- und Wurfdisziplinen eine gute Schnellkraft, beim Schwimmen, Radfahren oder Rudern die Kraftausdauer und beim Gewichtheben eine hohe Maximalkraft erforderlich. Im Fitnessbereich hat die Ausprägung spezifischer Kraftfähigkeiten nur eine untergeordnete Bedeutung. Hier steht eine allgemeine Kräftigung des ganzen Bewegungsapparates im Vordergrund.

2. BIOLOGISCHE GRUNDLAGEN

2.1 Aufbau und Funktion der Skelettmuskulatur

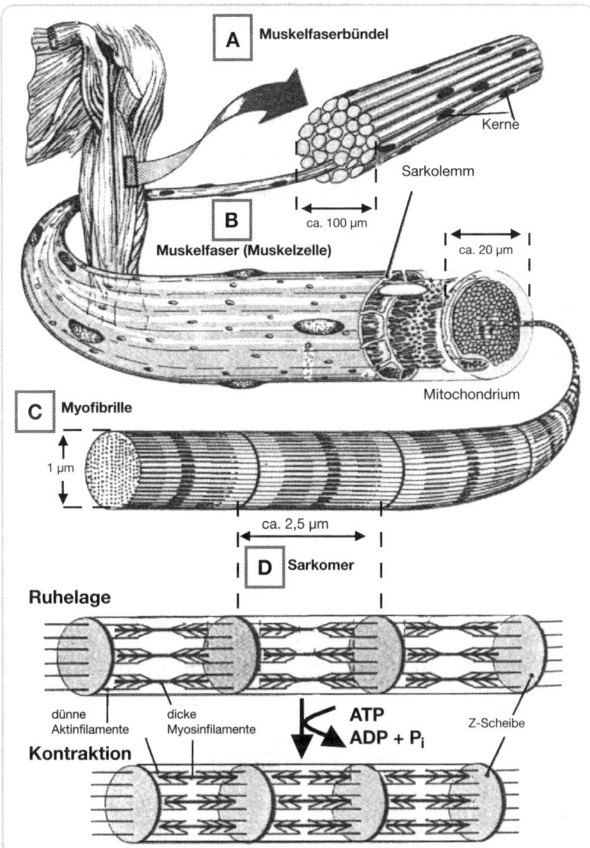

Abb. 34: Feinstruktur des Muskels (nach Markworth 2007, 29).

Abbildung 34 zeigt schematisch den Bau eines Skelettmuskels. Der einzelne Muskel, zum Beispiel der Bizeps, besteht aus vielen Muskelfaserbündeln **(A)**, die aus vielen, parallel liegenden Muskelfasern **(B)** gebildet werden. Die Muskelfasern sind die kleinste zelluläre Einheit (Muskelzelle, ca. 0,1 mm) Jede Muskelfaser enthält bis zu mehreren Tausend Myofibrillen **(C)**. Die ca. 1 µm großen Myofibrillen setzen sich aus tausenden Muskelfilamenten (Eiweißmoleküle) zusammen: den dünnen Aktinfilamenten, den dickeren Myosinfilamenten und den hoch elatischen Titinfilamenten. Durch die unterschiedliche Dicke der Filamente erkennt man bei elektronenmikroskopischer Vergrößerung dunklere und hellere Zonen, sodass ein typisches Muster aus Querstreifen entsteht. Das Sarkomer **(D)** bildet mit den Filamenten die kleinste kontraktile Einheit der Muskelzelle; diese sind durch sogenannte Z-Scheiben von einander getrennt. Die für Bewegung notwendige Kraft wird durch das Zusammenspiel der kontraktilen Eiweißmoleküle Aktin, Myosin und Titin entwickelt.

2.2 Muskelkontraktion

Gleittheorie der Muskelkontraktion:

Während der Kontraktion eines Muskels verkürzen sich die Sarkomere. Die dünneren Aktinfilamente werden unter Energieverbrauch (Spaltung von ATP) zwischen die dicken Myosinfilamente gezogen. Ein Sarkomer kann sich aus der Ruhelänge um etwa 1 µm (1 Millionstel Meter) verkürzen; um eine Muskelverkürzung von 1 cm zu erreichen, müssen sich etwa 10.000 hintereinander liegende Sarkomere einer Myofibrille gleichzeitig kontrahieren.

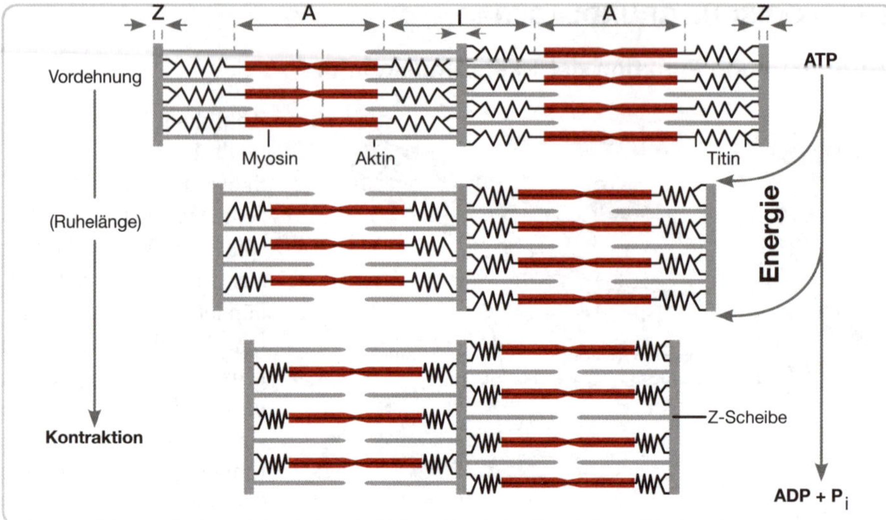

Abb. 35: Veränderung der Lage der Aktinfilamente bei Dehnung und Kontraktion eines Sarkomers. (verändert nach Markworth 2007, 32)

Die elastischen Titinfilamente sind an der Kontraktion nicht direkt beteiligt, sie halten und zentrieren die Myosinfilamente zwischen den Z-Scheiben und sorgen durch ihre spiralige Aufwicklung für die Elastizität und Stabilität der Muskelfasern. Die elastischen Strukturen von Bindegewebe und Sehnen übertragen die bei der Kontraktion entwickelten Spannungskräfte auf die Knochen. Erst dadurch kommt Bewegung, zum Beispiel Beugen und Strecken, zu Stande.

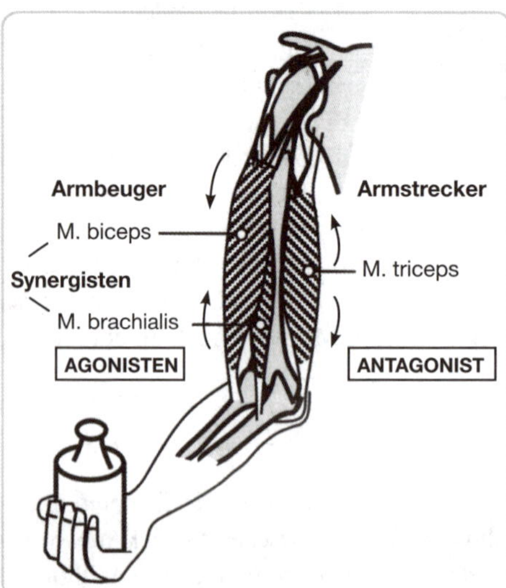

Abb. 36: Agonisten und Antagonisten bei der Beugung.

Beugen – Strecken

Ein Muskel kann durch Kontraktion ein Gelenk entweder beugen oder strecken. Für die Gegenbewegung ist ein zweiter Muskel notwendig (Beuger und Strecker). Verkürzt sich der Beugemuskel (Agonist), so wird der erschlaffte Streckmuskel (Antagonist) passiv gedehnt und umgekehrt. Bei aktiver Streckung werden die Strecker als Agonisten und die Beuger als Antagonisten bezeichnet.

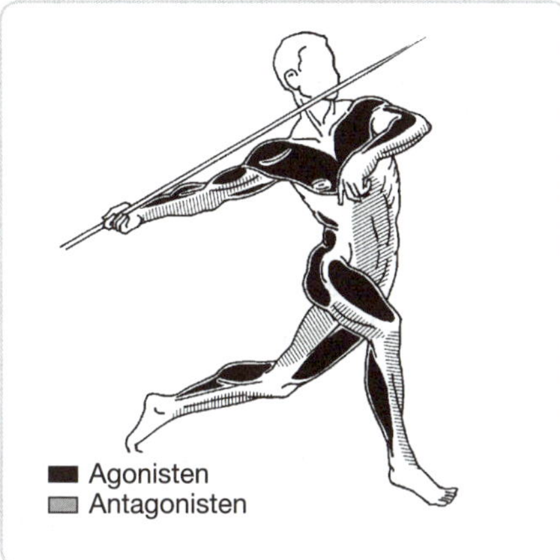

Das koordinierte Zusammenspiel verschiedener Muskeln bei einem gezielten Bewegungsablauf lässt sich trainieren. Durch „Automatisierung" wird erreicht, dass die antagonistisch arbeitenden Muskeln möglichst wenig hemmend wirken.

***Abb. 37:** Beteiligung verschiedener Muskelgruppen (Agonisten und Antagonisten) an der Speerwurfbewegung (Jonath, Krempel 1982, 135).*

Das Zusammenspiel der Agonisten und Antagonisten bei gezielten Bewegungs-abläufen bezeichnet man als intermuskuläre Koordination.

2.3 Motorische Einheit

Die Kontraktion der Skelettmuskelfasern wird durch Nervenimpulse ausgelöst. Mehrere Muskelfasern werden durch eine motorische Nervenzelle kontrolliert (innerviert).

Die Gesamtheit der von einer motorischen Nervenzelle innervierten Muskelfasern bezeichnet man als motorische Einheit.

Die motorische Nervenzelle und die von ihr innervierten Muskelfasern bilden die motorische Einheit. Je nach Funktion besteht ein Muskel aus mehr oder weniger solcher Einheiten. Augen- und Fingermuskeln besitzen z.B. kleine und relativ viele **motorische**

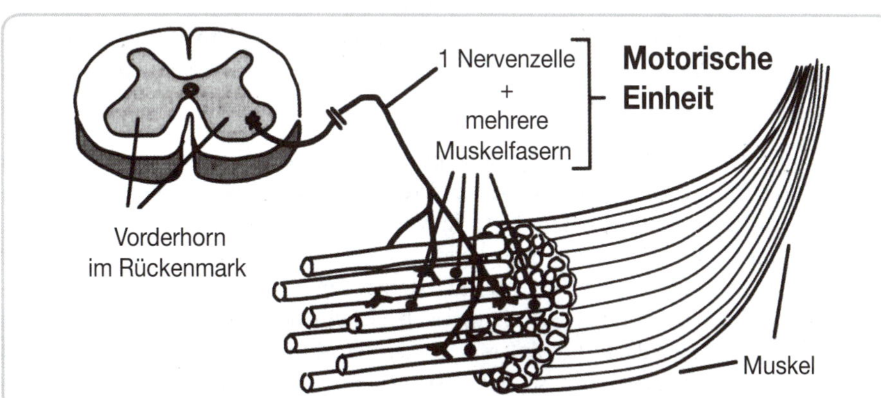

***Abb. 38:** Motorische Einheit.*

Einheiten, Oberschenkelmuskulatur und Bizeps weisen große und entsprechend weniger Einheiten auf. Eine große Anzahl kleiner motorischer Einheiten ermöglicht eine gute Abstufbarkeit der Muskelkraft (Feinkoordination). Die Muskelfasern einer motorischen Einheit gehören immer zum gleichen Fasertyp.

2.4 Spannungsentwicklung

Die Spannungsentwicklung im Muskel wird durch das motorische Nervensystem gesteuert. Dabei werden je nach Kraftanforderung die einzelnen motorischen Einheiten gezielt aktiviert.

Die Koordination zwischen den verschiedenen motorischen Einheiten des gleichen Muskels bezeichnet man als **intramuskuläre Koordination**.

Die intramuskuläre Koordination wird durch zwei Prozesse gesteuert:

- **Rekrutierung:** Aktivierung einer bestimmten Anzahl motorischer Einheiten,
- **Frequenzierung:** In Abhängigkeit von der Erregungsfrequenz (Impulse/sec) werden motorische Einheiten mit unterschiedlichen Eigenschaften aktiviert.

Um eine hohe Kraftentwicklung zu erreichen, müssen möglichst viele motorische Einheiten rekrutiert werden. Durch eine Erhöhung der Reizfrequenz (Frequenzierung) können viele Muskelfasern gleichzeitig aktiviert werden, der Kraftanstieg ist steiler (siehe S. 79). Untrainierte können von den in einem Muskel vorhandenen motorischen Einheiten nur etwa 45-60% gleichzeitig aktivieren; durch intensives Training kann diese Zahl bis auf ca. 90% erhöht werden. Hohe Motivation und Konzentration können die Rekrutierung und Frequenzierung ebenfalls stark verbessern, sodass der Kraftanstieg noch steiler wird. Durch Vordehnung kann die Spannungsentwicklung des Muskels ebenfalls erhöht werden (siehe S. 79).
Um eine Überlastung von Sehnen und Muskeln zu vermeiden, gibt es verschiedene Schutzeinrichtungen des motorischen Nervensystems, die verhindern, dass alle motorischen Einheiten gleichzeitig aktiviert werden (siehe Anhang S. 145). Durch Drogen (Doping) oder in Gefahrensituationen können die hemmenden Einflüsse beseitigt werden, sodass eine höhere Anzahl motorischer Einheiten eingesetzt werden kann (siehe Abb. 5, S.11).

In Abbildung 39 ist die Rekrutierungsreihenfolge verschiedener motorischer Einheiten (Muskelfasern) in Abhängigkeit von der erforderlichen Kraftentwicklung dargestellt. Dieses Rekrutierungsmuster gilt für fast alle Arten der Muskelkontraktion. Die Reihenfolge der Aktivierung kann nicht umgekehrt werden. Die Rekrutierung verschiedener Muskelfasertypen (siehe S.74 f) erfolgt bei steigenden Krafteinsätzen schichtstufenartig; die verschiedenen Fasertypen schalten sich nacheinander auf, erst ST-Fasern, dann FTO-Fasern und zuletzt die FTG-Fasern. Bei extremen Muskelbeanspruchungen kommt es zum Muskelzittern, das durch schnelle Wechsel von Rekrutierung und ermüdungsbedingter Abschaltung und wieder Aktivierung der motorischen Einheiten verursacht wird und schließlich zum Abbruch der Leistung führt. Komplexe Bewegungsabläufe wie Gehen, Laufen, Heben usw. sind Mischformen der körperlichen Beanspruchungsformen Ausdauer, Kraft, Schnelligkeit und Beweglichkeit. Je nach Ausprägung der einzelnen Fähigkeiten werden mehr langsame oder mehr schnelle motorische Einheiten innerviert und zugeschaltet.

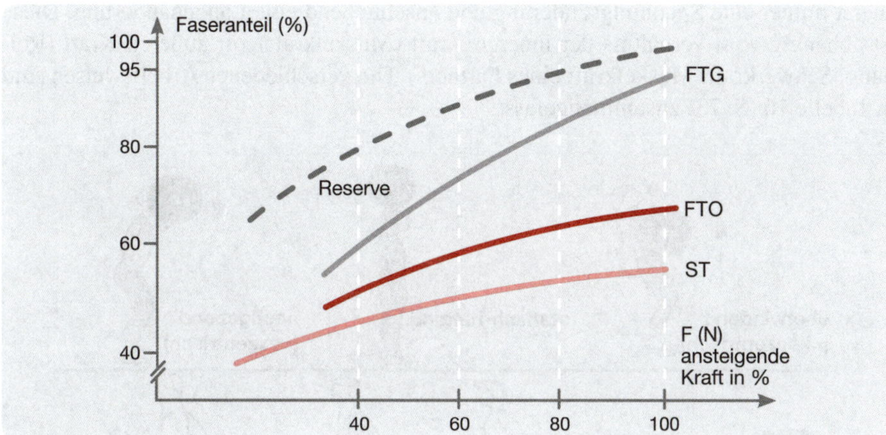

***Abb. 39:** Rekrutierung der Muskelfasern bei langsamen Bewegungen und ansteigendem Krafteinsatz im Leistungssport (verändert nach Grosser u.a. 2004, 57).*

Aufgaben

29. Nennen Sie häufige Erkrankungen des Skeletts, die durch Bewegungsmangel, Fehlbelastungen und Fehlhaltungen verursacht werden können.
30. Nennen Sie Sportarten, bei denen es zu einer hohen Belastung des Bewegungsapparates kommt.
31. Welche Funktion hat das ATP bei der Muskelkontraktion? Gehen Sie dabei auf die Gleittheorie ein.
32. Welche Bedeutung haben Größe und Zahl der motorischen Einheiten für die Funktion eines Muskels bei sportlichen Bewegungen?
33. Was versteht man unter der antagonistischen Funktion der Muskulatur? Nennen Sie dazu Beispiele aus dem Sport.
34. Erläutern Sie die Bedeutung der intermuskulären Koordination für die Wirksamkeit des Krafteinsatzes bei Bewegungsabläufen.

2.5 Arbeitsweisen der Muskulatur

In der Sportpraxis unterscheidet man dynamische und statische Arbeitsweisen der Muskulatur. Die Verschiebung von Aktin und Myosin ergibt eine Verkürzung oder eine Dehnung mit jeweiliger Spannungsänderung (Ablauf der Kontraktion). Dabei erfolgt zuerst immer eine Spannungsänderung und anschließend eine Längenänderung. Diese ist abhängig vom Verhältnis der inneren Kraft (Muskelkraft) zur äußeren Kraft (Reibung, Schwerkraft, Muskelkraft eines Partners). Die verschiedenen Arbeitsweisen sind in Tabelle 16 (S. 73) zusammengefasst.

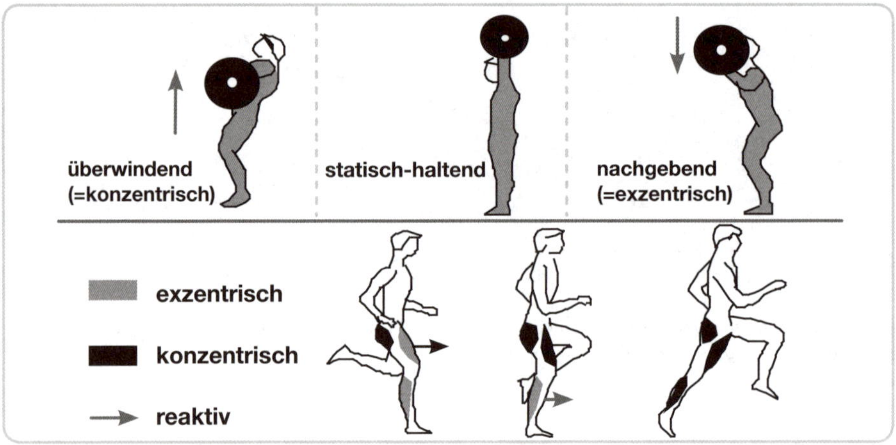

Abb. 40: Arbeitsweisen der Muskulatur.

Es lassen sich drei grundsätzlich verschiedene Arbeitsweisen ableiten:

- **Überwindend = positiv-dynamisch** (konzentrisch): Beim Anheben des Gewichts wird die Muskulatur kürzer, dicker und härter, sie leistet Arbeit durch Spannungsänderung und Verkürzung. Die innere Kraft ist größer als die äußere Kraft.
- **Statisch-haltend**: Beim Halten des Gewichts sind innere und äußere Kraft im Gleichgewicht. Die Muskulatur wird zwar auch härter und leicht dicker, aber es kommt trotz Spannungsänderung nicht zur Verkürzung. Weitere bekannte Beispiele für diese Arbeitsweise sind das Stehen im Handstand und der Kreuzhang an den Ringen. Bei dieser Arbeitsweise werden die Blutkapillaren ständig zusammengepresst, sodass die lokale Muskeldurchblutung stark behindert wird. Daraus erklärt sich die zeitliche Begrenzung der Haltearbeit. Die statisch-haltende Arbeitsweise kommt in der Sportpraxis kaum vor, meist ist sie **haltend bewegend** (z.B Handstand-Abrollen).
- **Nachgebend = negativ-dynamisch** (exzentrisch): Beim Ablegen des Gewichts ist die äußere Kraft größer als die innere Kraft. Trotz Spannungszunahme kommt es zu einer Verlängerung.

Die meisten sportlichen Bewegungen beruhen auf einer Kombination von nachgebender und überwindender Arbeitsweise = nachgebend-überwindend (reaktiv).

ARBEITSWEISEN der **MUSKULATUR**	**ABLAUF** der **KONTRAKTION**	
Dynamische Arbeitsweisen **überwindend = positiv-dynamisch** (= konzentrisch) innere Kraft ist größer als äußere Kraft Bsp.: Heben in den Ballenstand	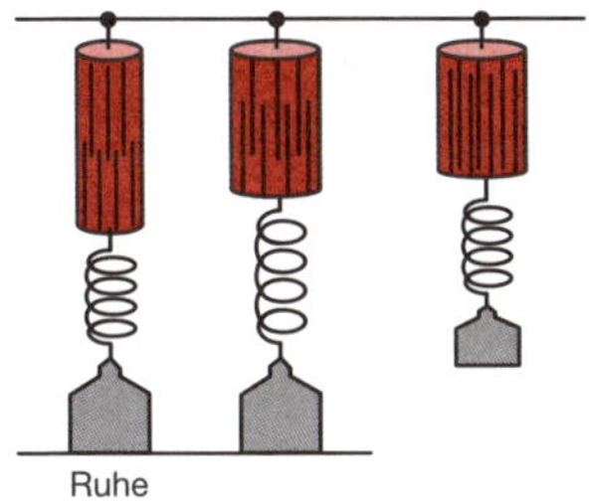	**Spannungs- zunahme** mit **Verkürzung**
nachgebend = negativ-dynamisch (= exzentrisch) äußere Kraft ist größer als innere Kraft Bsp.: - Senken aus dem Ballenstand in den Stand - Amortisationsphase bei Sprüngen	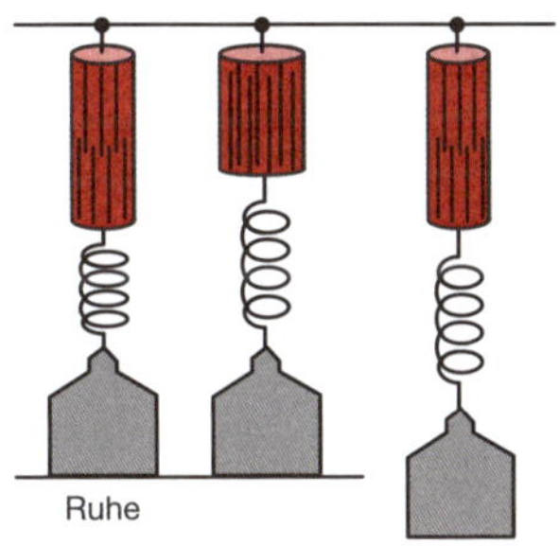	**Spannungs- zunahme** mit **Verlängerung** (Dehnung)
nachgebend-überwindend (Kombination) = reaktiv zunächst äußere Kraft größer als innere Kraft, dann innere Kraft größer als äußere Kraft Bsp.: - Laufen, - Absprung auf nachgebenden Unterlagen (z.B. Beachvolleyball) **explosiv-reaktiv** Bsp.: - Absprungphase bei Sprüngen (DVZ)* - Schmetterschläge	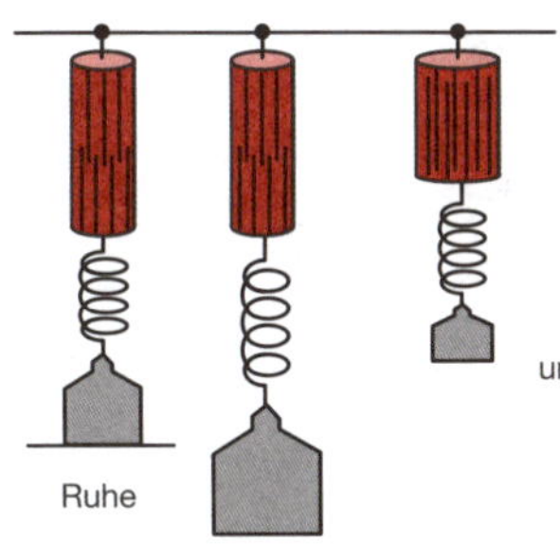	**Spannungs- zunahme** mit **Verlängerung** (Dehnung) und anschließender **Verkürzung**
Statische Arbeitsweise **haltend** innere Kraft = äußere Kraft Bsp.: - Kreuzhang - Handstand meist **haltend-bewegend** Bsp.: Handstandabrollen	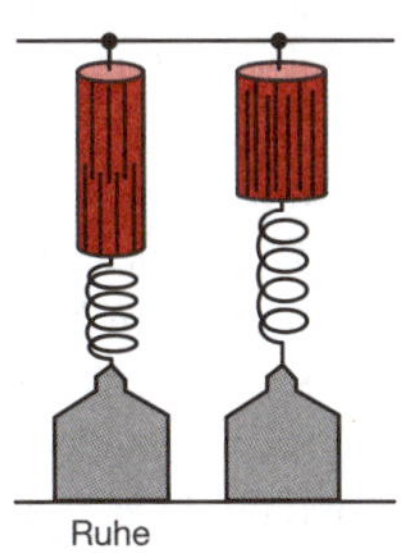	**Spannungs- zunahme** ohne Längenänderung

Die Größe der Gewichte beschreibt die unterschiedliche Krafteinwirkung auf den Muskel.

***Tab. 16:** Arbeitsweisen der Muskulatur und Ablauf der Kontraktion; *DVZ = Dehnungs-Verkürzungs-Zyklus.*

2.6 Muskelfasertypen

Die Skelettmuskulatur ist aus verschiedenen Muskelfasertypen zusammengesetzt. Die Kraftentwicklung wird nicht nur über die Zahl der motorischen Einheiten gesteuert, sondern auch über die Aktivierung unterschiedlicher Muskelfasertypen. Auf Grund ihres Kontraktionsverhaltens unterscheidet man schnell kontrahierende, helle Fasern (**FT** = fast-twitch und langsam kontrahierende, dunkle Fasern (**ST** = slow-twitch). Die Farbunterschiede beruhen auf der verschieden großen Menge an Myoglobin (roter Muskelfarbstoff). Auf Grund ihrer Stoffwechseleigenschaften (Energiegewinnung) lassen sich die FT-Fasern weiter differenzieren: **FTO** = fast-twitch-oxidativ und **FTG** = fast-twitch-glykolytisch (siehe Abbildung 42, S. 75).

Alle Muskelfasern einer motorischen Einheit gehören immer zu einem Fasertyp. Allerdings besitzt der Mensch keine Muskeln, die nur aus einem Fasertyp zusammengesetzt sind. Die Zusammensetzung zeigt eine gewisse Funktionsbezogenheit, so lassen sich typische Schnelligkeitsmuskeln und typische Haltemuskeln unterscheiden. Schnelle Muskeln sind z.B. der äußere Oberschenkelmuskel (m. vastus lateralis), Bizeps und Trizeps am Oberarm; Haltemuskeln sind z.B. der Schollenmuskel (Teil des Wadenmuskels) und der Deltamuskel (siehe Anhang S. 152).

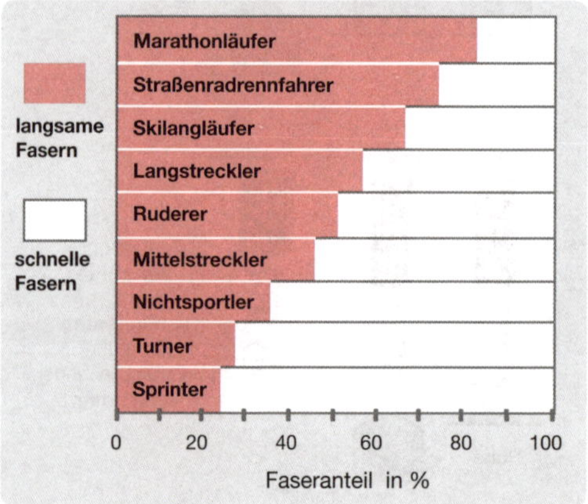

Abb. 41: *Faserverteilung in Abhängigkeit von den motorischen Anforderungen bei Erwachsenen (verändert nach Zintl/Eisenhut 2013, 78).*

Die Verteilung der Fasertypen in der Muskulatur ist stark anlagebedingt. Bei den meisten Menschen ist der Anteil der beiden Fasertypen etwa gleich groß. Beim „geborenen Sprinter" überwiegen jedoch die FT-Fasern, beim „geborenen Marathonläufer" die ST-Fasern. Da das Fasertypenmuster Trainierter von dem Untrainierter abweicht, muss neben den anlagebedingten Unterschieden eine selektive Beeinflussung durch spezielle Trainingsreize möglich sein. Hierzu muss man wissen, dass der Fasertyp einer Muskelzelle im wesentlichen durch das Motoneuron bestimmt wird. Vertauscht man im Experiment das Motoneuron einer motorischen Einheit für FT-Fasern mit dem motorischen Neuron einer motorischen Einheit für ST-Fasern, so werden die Muskelfasern vollständig in den jeweils anderen Fasertyp umgewandelt. Aus diesem Grund ist zur Veränderungen eines Fasertyps ein hoher Trainingsaufwand erforderlich. Werden die Trainingsmaßnahmen ausgesetzt, so wird die Anpassung rückgängig gemacht und die alte Faserverteilung wieder hergestellt. Durch längerfristiges Ausdauertraining können FTO-Fasern zu ST-Fasern moduliert werden. Umgekehrt können sich durch intensives Krafttraining ST-Fasern in Richtung FTO-Fasern entwickeln. Durch Muskelaufbautraining (s. S. 84 ff) verändern sich FTG-Fasern in Richtung FTO-Fasern, die sich nach Ende des Muskelaufbautrainings z.T. selbständig oder auch durch Schnellkrafttraining wieder zurückverwandeln.

Fasertypen der quergestreiften Muskulatur			
Eigenschaften	**ST-Fasern** (Slow-Twitch-Fasern; langsame, rote Fasern)	**FT-Fasern** (Fast-Twitch-Fasern; schnelle, weiße Fasern)	
	⟷	**FTO**-Fasern (oxidative Ausprägung) ⟷	**FTG**-Fasern (glykolytische Ausprägung)
physiologisch • Kontraktion • Spannungsentwicklung • Reizschwelle (Erregung) • Ermüdung	• langsam • gering • niedrig • langsam	• schnell • hoch • hoch • schnell	• sehr schnell • sehr hoch • sehr hoch • sehr schnell
biochemisch • Myoglobin[1] • energiereiche Phosphate • Enzymgehalt für Stoffwechsel	**hohe aerobe Kapazität** • viel (rot) • wenig • hoch für aeroben Stoffwechsel	**aerobe/anaerobe Kapazität** • mäßig • viel • aerober und anaerober Stoffwechsel	**hohe anaerobe Kapazität** • wenig (weiß) • sehr viel • hoch für anaeroben Stoffwechsel
morphologisch • Mitochondrien • Kapillaren • Faserquerschnitt	• sehr viele • sehr viele • klein	• viele • viele • groß	• wenig • wenig • mittel
Eignung	**lange Dauerleistungen**	**kurze Dauerleistungen und explosive Bewegungen** (z.B. Mittelstrecken und Sprint-, Sprung-, Wurfdisziplinen)	

⟷ : selektive Veränderung durch Training

Abb. 42: *Verschiedene Fasertypen der quergestreiften Muskulatur und ihre Eigenschaften; ([1]roter Muskelfarbstoff (O_2-Speicher)).*

Aufgaben

35. Beschreiben Sie die verschiedenen Arten dynamischer Arbeitsweisen der Muskulatur und den Verlauf der Kontraktion anhand von Beispielen.
36. Welche Bedeutung hat die spezifische Zusammensetzung der Muskulatur aus FT- und ST-Fasern für die sportliche Leistung?
37. Nennen Sie Trainingsreize, die eine selektive Beeinflussung der ST- Fasern ermöglichen und damit die aerobe Kapazität verbessern.
38. Bei welchen Disziplinen / Sportarten kommen häufig exzentrische bzw. konzentrische Arbeitsweisen der Muskulatur vor?
39. Erläutern Sie die kurze Haltezeit bei maximaler Muskelkontraktion.

3. KRAFTFÄHIGKEITEN UND LEISTUNGSBESTIMMENDE FAKTOREN

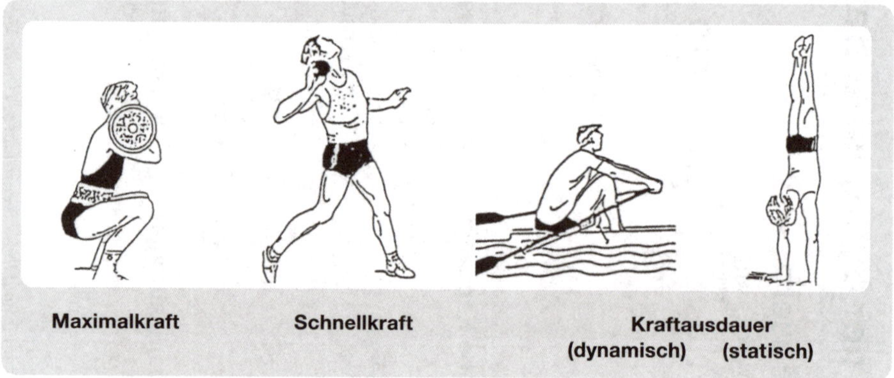

Abb. 43: Kraftfähigkeiten.

Kraft tritt in den verschiedenen Sportarten nie in einer abstrakten „Reinform" sondern stets in einer mehr oder weniger ausgeprägten Mischform der konditionellen physischen Leistungsfaktoren auf.
In der Trainingspraxis bestimmen im Wesentlichen drei Parameter die Differenzierung der Kraftfähigkeiten:

- Die erforderliche Krafthöhe,
- die Zeit bis zum Erreichen der Krafthöhe,
- die Zeitdauer, während der die Kraft eingesetzt werden muss.

Entsprechend dieser Parameter wird die Kraft in drei verschiedene Kraftfähigkeiten eingeteilt: Maximalkraft (maximale Krafthöhe), Schnellkraft (möglichst schnelle Kraftentwicklung) und Kraftausdauer (Krafteinsatz möglichst lange aufrecht halten)[1].

[1] Ehlenz u.a. 1995.

3.1 Maximalkraft

Maximalkraft ist die größtmögliche Kraft, die willkürlich gegen einen Widerstand ausgeübt werden kann.

Je größer der äußere Widerstand, desto mehr nimmt die Bedeutung der Maximalkraft zu (Gewichtheben). Die Bedeutung der Maximalkraft ist daher in verschiedenen Sportarten recht unterschiedlich.

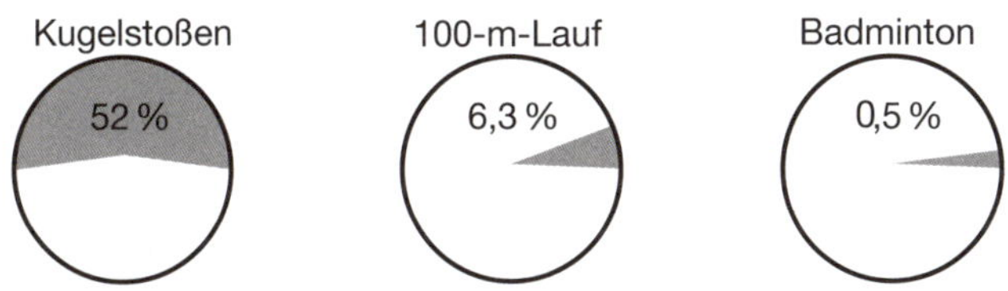

***Abb. 44:** Einfluss der Maximalkraft auf die Wettkampfleistung in ausgewählten Sportarten (Letzelter 1986, 80).*

Im Bereich der Gesundheit spielt die Optimierung einer Leistung keine Rolle. Es ist deshalb ausreichend, wenn die Maximalkraft der einzelnen Muskeln so gut entwickelt ist, dass der Bewegungsapparat vor degenerativen Erkrankungen und Verletzungen geschützt ist.

Wesentliche **leistungsbestimmende** Faktoren der Maximalkraft:

1. **Energiereiche Phosphate** (ATP, KP) müssen in ausreichender Menge vorhanden sein. Da der Zeitraum der maximalen Kraftentwicklung im Bereich von wenigen Sekunden liegt, kann die Energie nur anaerob-alaktazid bereitgestellt werden.
2. **Muskelquerschnitt**: Je größer der Muskelquerschnitt, desto höher ist die Zahl der kontraktilen Elemente Aktin und Myosin.
3. **Intramuskuläre Koordination**: Je mehr motorische Einheiten gleichzeitig kontrahiert werden, desto größer ist die entwickelte Kraft.
4. **Intermuskuläre Koordination**: Durch ein gutes Zusammenspiel der an einer Bewegung beteiligten Muskeln (Agonisten und Antagonisten) kann sich die Kraft der Agonisten optimal entwickeln.
5. **Motivation:** Eine möglichst große Kraftentfaltung durch willkürliche Kontraktion erfordert hohe Motivation und Willenskraft.
6. **Anthropometrische Merkmale** wie z.B. Armlänge, Beinlänge, bestimmen die Hebelverhältnisse und dadurch das bei jeder Muskelkontraktion entstehende Drehmoment.

Eine Verbesserung der Maximalkraft kann vor allem durch eine Vergrößerung des Muskelquerschnitts und durch die Verbesserung der intra- und intermuskulären Koordination erreicht werden.
Neben den genannten Faktoren beeinflussen auch Geschlecht und Alter die Maximalkraft (siehe Abb. 8, S. 14, und Abb. 9, S. 15).

Maximalkraft und Körpergewicht

In Sportarten wie Laufen, Gerätturnen, Eiskunstlauf muss das eigene Körpergewicht bewegt werden, dabei kommt es auf die maximale Kraft im Verhältnis zum Körpergewicht an:

$$\textbf{Relative Kraft} = \frac{\textbf{Maximalkraft}}{\textbf{Körpergewicht}}$$

Die relative Kraft ist die maximale Kraft, die ein Sportler im Verhältnis zu seinem Körpergewicht entwickeln kann. Die Steigerung der relativen Kraft kann über die Verbesserung der Maximalkraft (intra- und intermuskuläre Koordination) oder durch Gewichtsabnahme erfolgen.
Entscheidend ist die relative Kraft z.B. im Gerätturnen oder bei Zweikampfsportarten, wie z.B. Judo oder Ringen, in denen nach Gewichtsklassen gekämpft wird.
Im Gesundheitsbereich ist die relative Kraft als Schutz vor degenerativen Erkrankungen und vor Verletzungen von Bedeutung.

3.2 Schnellkraft

Schnellkraft ist die Fähigkeit, den eigenen Körper oder ein Gerät in der zur Verfügung stehenden Zeit auf eine möglichst hohe Geschwindigkeit zu bringen.

In den meisten Sportarten bzw. Disziplinen kommt es darauf an, dem eigenen Körper oder einem Sportgerät eine hohe Geschwindigkeit zu verleihen. Bei einer Stoßweite von 20 m beträgt z.B. die Abfluggeschwindigkeit der Kugel 13-14 m/s. Die Geschwindigkeit eines Schmetterballs beim Volleyballspiel erreicht weit über 100 km/h. In den verschiedenen Sportarten oder Disziplinen wird Schnellkraft realisiert als Sprintkraft, Sprungkraft, Schusskraft, Wurfkraft, Zugkraft, Schlagkraft, Stoßkraft. Die Größe der Schnellkraft äußert sich in der schnellen Kraftentwicklung (Kraftanstieg = Explosivkraft), der Kraftmaximierung (F_{max}) und der für die Maximierung benötigten Zeit (t_{max}). Je größer die Explosivkraft, desto schneller wird das Kraftmaximum erreicht (siehe Abb. 45, S. 79). Beim Absprung eines Spitzenweitspringers werden innerhalb von 0,12 Sekunden bis zu 5.000 Newton (ca. 500 kp) aufgebracht.[2]

[2] Bauersfeld-Schröter 1986, 226.

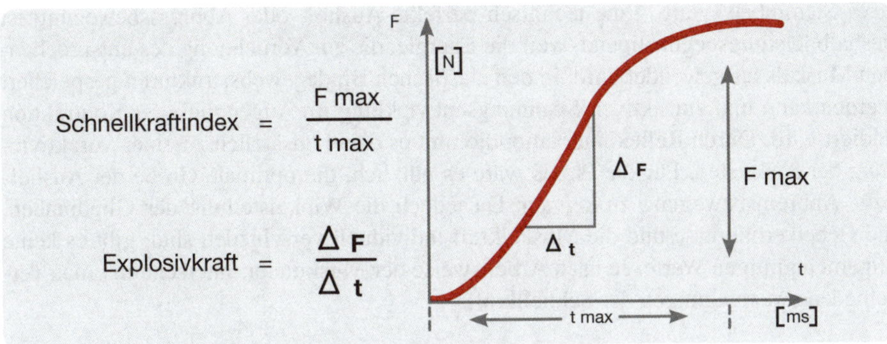

Abb. 45: Schema zur Schnellkraftbestimmung nach Bührle (1979, S. 37).

Leistungsbestimmend sind im Wesentlichen die der Maximalkraft und der Explosivkraft zu Grunde liegenden Strukturen und Prozesse. Die Optimierung der einzelnen leistungsbestimmenden Faktoren führt jeweils zur einer Erhöhung der Kontraktionsgeschwindigkeit und damit auch zu einer Verbesserung der Schnellkraft. Folgende Faktoren sind leistungsbestimmend:

1. **Alle leistungsbestimmenden Faktoren der Maximalkraft**: Je größer die Kraft, desto schneller kann eine bestimmte Masse beschleunigt werden.
2. **Intra- und intermuskuläre Koordination zu Kontraktionsbeginn**: Je mehr Motorische Einheiten unmittelbar zu Beginn der Kraftentwicklung gleichzeitig aktiviert werden können (Rekrutierung und Frequenzierung) und je besser die Muskelaktionen aufeinander abgestimmt sind, desto schneller kann sich eine hohe Kraftspitze entwickeln (Explosivkraft).
3. **Muskelfaserstruktur:** Die für schnellkräftige Aktionen erforderliche Kontraktionsgeschwindigkeit der Muskulatur wird in hohem Maße vom Anteil der FTG-Fasern bestimmt.
4. **Körpertemperatur:** Erhöht sich die Muskeltemperatur z.B. um 2°C, dann wird die Kontraktionsgeschwindigkeit der schnellkräftigen Muskulatur um ca. 20% gesteigert (Bedeutung des Aufwärmens, siehe Weineck 2010, S. 940 f).
5. **Vorspannung des Muskels:** Durch Vordehnung wird im Muskel eine Spannung erzeugt. Diese Vorspannung begünstigt eine schnelle und hohe Spannungsentwicklung (siehe DVZ). Die Höhe der Vorspannung ist abhängig von der Dehnfähigkeit der Agonisten und bei Ausholbewegungen auch von der Kraft der jeweiligen Antagonisten.

Dehnungs-Verkürzungs-Zyklus (DVZ)

Für eine größtmögliche Spannungsentwicklung spielt neben der intramuskulären Koordination auch die Vorspannung (Vordehnung) des Muskels eine Rolle. Bei sportlichen Bewegungen (z. B. Würfe und Sprünge) wird eine Vorspannung oft durch eine der Bewegungsrichtung entgegengesetzte Bewegung erzeugt. Die Vordehnung entsteht durch die aktive Kontraktion der jeweiligen Antagonisten oder passiv durch eine Abbrems-

bzw. Stemmbewegung. Eine technisch perfekte Aushol- oder Abbremsbewegung ist deshalb leistungsbegünstigend, weil die Energie, die zur Vordehnung des entsprechenden Muskels aufgewendet wird, in den elastischen Bindegewebsstrukturen gespeichert werden kann und zur aktiven Spannungsentwicklung im Augenblick der Kontraktion addiert wird. Durch Reflexinnervation kommt es dabei zusätzlich zu einer Voraktivierung der Agonisten. Für die Praxis wäre es nützlich, die optimale Größe der Ausholbzw. Abbremsbewegung zu kennen. Da jedoch die Winkelstellung der Gliedmaßen, die Hebelverhältnisse und die Muskelkraft individuell verschieden sind, gibt es keine allgemeingültigen Werte. Je nach Arbeitsweise der Muskulatur unterscheidet man verschiedene Ausprägungen der Schnellkraft.

Explosivkraft ←	**Ausprägung** der **Schnellkraft**	→ **Reaktivkraft**
explosiv-konzentrisch	← **Arbeitsweisen** →	explosiv-reaktiv
mit höchstem Krafteinsatz z.B.: Hauptphase bei Wurf, Stoß und Sprung		mit höchstem Krafteinsatz **nach Vordehnung (DVZ)** z.B.: alle Sprint- und Sprungbewegungen, Ausholbewegungen

Tab. 17: *Ausprägung der Schnellkraft.*

3.3 Kraftausdauer

Kraftausdauer ist die Ermüdungswiderstandsfähigkeit bei langandauernden oder sich wiederholenden Krafteinsätzen mit überwiegend anaerob-laktazider Energiegewinnung.

Intensive Belastungen mit hoher Frequenz, die länger als 7 Sekunden dauern, können nur mit Hilfe anaerob-laktazider Energiegewinnung aufrechterhalten werden. Bei Belastungszeiten zwischen 15 Sekunden und 2 Minuten ist diese Energiegewinnung dominierend. Bei längeren Belastungszeiten überwiegt die aerobe Energiegewinnung.

Aus Gründen der Übersichtlichkeit und Vereinfachung wird hier die **Kraftausdauer auf einen Zeitraum zwischen 7 Sekunden und 2 Minuten** beschränkt. Ausnahmen sind Belastungenmit relativ langsamer Bewegungsausführung, wie z. B. Rudern, Schwimmen, Eisschnelllauf und Radfahren. Die anaerob-laktazide Energiegewinnung ist hier auch bei längeren Belastungszeiten (bis etwa 6 Minuten) von großer Bedeutung. Wie lange Kraftleistungen aufrechterhalten oder wie oft sie wiederholt werden können, hängt vom Kraftniveau und von der Energienachlieferung ab.

In der Sportpraxis wird zwischen **dynamischer** und **statischer Kraftausdauer** unterschieden. Die statische Kraftausdauer wird nur in wenigen Sportarten wie Ringen, Gerätturnen und Gewichtheben wirksam. Bei den meisten Sportarten überwiegt die dynamische Kraftausdauer. In einigen Sportarten wie z.B. im Gerätturnen, Alpinen Skilauf und Eiskunstlauf sind beide Kraftausdauerarten notwendig.

Leistungsbestimmend für die Kraftausdauer sind Maximalkraft, Schnellkraft und die anaerobe Kapazität:

1. **Alle leistungsbestimmenden Faktoren** der **Maximalkraft und/oder Schnellkraft**: Je besser diese Kraftfähigkeiten ausgeprägt sind, um so länger können spezifische Kraftanforderungen aufrecht erhalten werden, da die Muskulatur bei gleichen Anforderungen insgesamt geringer belastet ist.
2. **Anaerob-laktazide Energiegewinnung**: Unabhängig vom Kraftniveau kann sich ein Muskel nur so gut und so lange mit hoher Spannung kontrahieren, wie eine schnelle Nachlieferung von ATP durch den anaerob-laktaziden Abbau der Kohlenhydrate möglich ist.

Für die **Gesundheit hat die Kraftausdauer keine größere Bedeutung**, da bei entsprechend ausgeprägter Maximalkraft die Belastungen der Alltagsmotorik gut bewältigt werden können. In vielen Berufen und auch in der Schule sind die Anforderungen an die Muskulatur jedoch häufig sehr einseitig. Beim Sitzen muss oft über Stunden die gleiche Körperhaltung eingenommen werden. Hier kommt es schnell zur Ermüdung bestimmter Muskelgruppen und dadurch langfristig zu Fehlhaltungen und degenerativen Erkrankungen. Kraftausdauertraining vor allem für die Rumpfmuskulatur kann dieses Risiko verringern.

Im **Bereich der Fitness ist die Kraftausdauer eine wichtige Fähigkeit**. Viele Belastungen sind gekennzeichnet durch einen Wechsel der Belastungsintensität, typisch ist dies vor allem bei den Ballspielen. Wichtig ist, sich in den Phasen mit geringerer Belastungsintensität möglichst schnell erholen zu können (Grundlagenausdauer). Ebenso wichtig ist aber auch, dass es in den Phasen intensiver Belastung nicht zur schnellen Erschöpfung kommt. Hier hat die Kraftausdauer eine entscheidende Bedeutung. Bei längeren Belastungen kann die Kraftausdauer umso effektiver eingesetzt werden, je besser die aerobe Ausdauer ausgeprägt ist. Durch eine hohe aerobe Kapazität kann die Laktatbildung hinausgezögert werden.

3.4 Zusammenhang zwischen den verschiedenen Kraftfähigkeiten

Maximalkraft und Schnellkraft

Abbildung 45 zeigt den Zusammenhang von Maximalkraft und Schnellkraft. Je größer die Maximalkraft, desto schneller kann eine bestimmte Masse beschleunigt werden. Bei schnellkraftabhängigen Bewegungsabläufen wie Sprint, Sprung oder Wurf ist ein Maximalkrafttraining wichtige Voraussetzung für die Verbesserung der Schnellkraft.

Maximalkraft und Kraftausdauer

Da bei Kraftausdauerleistungen in der Regel nicht alle Muskelfasern aktiviert werden, bedeutet ein größerer Muskelquerschnitt (Maximalkrafttraining) eine geringere Belastung der arbeitenden Muskulatur. Folglich kann der Krafteinsatz länger bzw. in derselben Zeit mit höherem Widerstand aufrechterhalten werden.

Schnellkraft und Kraftausdauer

Für viele Wiederholungen während des Trainings oder im Wettkampf wird die entsprechende Ausdauerform gebraucht: Schnellkraftausdauer, z.B. als Sprungkraftausdauer beim Volleyball- oder Basketballspieler.

Aufgaben

40. Nennen Sie Bewegungsabläufe in den Schulsportarten, für die die Kraft eine wichtige Voraussetzung ist. Welche Kraftfähigkeiten sind dabei vorrangig?
41. Stellen Sie Testaufgaben zusammen, die Aussagen über die einzelnen Kraftfähigkeiten zulassen. Bedingung: Der Test muss unter gleichen Voraussetzungen wiederholbar sein.
    Beispiel: „Jump-and-Reach" - Schnellkraft der Beinmuskulatur.
42. Definieren Sie den Begriff „Relative Kraft". Nennen Sie Bewegungen bzw. Sportarten, bei denen die relative Kraft leistungsbestimmend ist.
43. Erläutern Sie den Zusammenhang zwischen Maximalkraft und Schnellkraft, bzw. Maximalkraft und Kraftausdauer, und geben Sie jeweils ein Beispiel an.
44. Weshalb schneiden Bodybuilder im Vergleich zu Kraftsportlern mit gleichem Muskelquerschnitt bei typischen Kraftsportarten schlechter ab?
45. Warum können sportliche Leistungen durch Muskelvordehnung verbessert werden? Nennen Sie Anwendungsbeispiele

4. KRAFTTRAINING

4.1 Ziele und Methoden des Krafttrainings

Allgemeine Prinzipien des Krafttrainings

Muskelkraft ist die Grundlage für jegliche Aktivität, in sportlicher sowie im gesundheitlicher Hinsicht. Soll die Kraft allgemein verbessert werden, so muss zunächst als Basis die Maximalkraft aufgebaut werden.

Primäres Ziel eines Krafttrainings ist die Verbesserung der Maximalkraft.

Bei jedem Krafttraining müssen Agonisten und Antagonisten gleichermaßen trainiert werden. Eine Verschiebung des Kräftegleichgewichts zwischen Agonisten und Antagonisten führt neben einer Leistungsminderung auch zur Verletzungsanfälligkeit. So bewirkt z.B. ein einseitiges Training der Rückenstrecker eine Verkürzung der Rückenmuskulatur, die dadurch entstehende Hohlkreuzhaltung verursacht langfristig Schäden an der Wirbelsäule.

Allgemeines und Spezielles Krafttraining

In Theorie und Praxis wird Krafttraining differenziert in allgemeines Krafttraining und spezielles Krafttraining. Dabei werden folgende Ziele gesetzt:

- **Allgemeines Krafttraining** steuert eine vielseitige athletische Ausbildung an, die alle Kraftfähigkeiten und alle Muskelgruppen erfasst. Das allgemeine Krafttraining wird als Grundlagentraining im Kinder- und Jugendsport, Fitnesstraining, in Prävention und Rehabilitation sowie im Leistungssport angewandt.
- **Spezielles Krafttraining** ist gekennzeichnet durch Übereinstimmung der Bewegungsstruktur von Kraftübungen und der ausgewählten Sportart/Disziplin. Ziel ist der Kraftgewinn in Bezug auf einen ganz bestimmten Bewegungsablauf.

Belastungsintensität und Bewegungsausführung

Da es in Abhängigkeit von der Belastungsintensität und der Bewegungsausführung zu einer selektiven Beanspruchung der Muskelfasern kommt (siehe S.71 f), sind diese beiden Parameter bei der Festlegung von Zielen und Methoden des Krafttrainings entscheidend. Bei Belastungsintensitäten bis 50% der Maximalkraft und bei langsamer Bewegungsausführung werden hauptsächlich ST-Fasern aktiviert. Sollen auch die FT-Fasern angesprochen werden, muss bei langsamer Bewegungsausführung die Intensität deutlich über 60% der Maximalkraft liegen. Eine möglichst schnelle Bewegungsausführung führt ebenfalls zur verstärkten Aktivierung der FT-Fasern, dabei kann je nach Trainingsziel die Belastungsintensität bis auf 30-35% reduziert werden.

Bodybuilding und Körpergewicht

Beim Krafttraining im Bodybuilding und beim Krafttraining zur Regulierung des Körpergewichts spielt die Verbesserung von Kraftfähigkeiten nur eine untergeordnete Rolle. Im **Bodybuilding** kommt es darauf an, die einzelnen Muskeln so zu trainieren, dass der Muskelquerschnitt zunimmt. Die funktionale Bedeutung der Muskulatur für Bewegung ist hier völlig untergeordnet.

Ein weiteres Ziel von Krafttraining kann es auch sein, bei Übergewicht durch Fettabbau das Körpergewicht zu normalisieren (siehe S. 132) oder umgekehrt bei Untergewicht durch allgemeines Muskeltraining eine Steigerung des Körpergewichts zu erreichen.

Methoden des Krafttrainings im Überblick

Methoden / Arten Charakterisierung	**Wirkung**	**Kraftfähigkeit**
ALLGEMEINES KRAFTTRAINING dynamisch **- Muskelaufbautraining (MA)** - hohe Wiederholungszahlen - geringe bis mittlere Intensität	Muskelfaserverdickung (Hypertrophie)	**MAXIMALKRAFT**
SPEZIELLES KRAFTTRAINING dynamisch **- Intramuskuläres Koordinationstraining (IK)** hohe bis höchste Intensitäten	Verbesserung der synchronen Aktivierung motorischer Einheiten	**MAXIMALKRAFT** **SCHNELLKRAFT** (Explosivkraft)
- Pyramidentraining Kombinierte Methode **(MA- + IK-Training)**	MA- und IK-Wirkung	**MAXIMALKRAFT** **SCHNELLKRAFT** (Explosivkraft)
- Schnellkraftmethoden **explosiv-reaktives Schnellkrafttraining** hohe bis höchste Intensität **disziplinspezifisches Schnellkrafttraining** geringe bis mittlere Intensität	Verbesserung der Kontraktionsgeschwindigkeit zusätzlich IK- Wirkung zusätzlich intermuskuläre Koordination	**REAKTIVKRAFT**
- Kraftausdauermethoden - höchste Wiederholungszahlen und lange Belastungszeit - geringe bis mittlere Intensität **allgemeines Kraftausdauertraining** **disziplinspezifisches Kraftausdauertraining**	Erhöhung der anaeroben Kapazität und der lokalen Muskelausdauer möglichst viele Muskelgruppen bewegungsspezifische Muskelgruppen	**KRAFTAUSDAUER**
- statisches Krafttraining (isometrisch)* - mittlere bis hohe Spannungsentwicklung - lange Anspannungszeit * isometrisch: Spannungsänderung des Muskels bei gleichbleibender Muskellänge	MA- und IK-Wirkung	**MAXIMALKRAFT** **KRAFTAUSDAUER**

***Tab. 18:** Überblick über die Methoden des Krafttrainings.*

4.2 Training der Maximalkraft

Muskelaufbautraining (MA)

Methode geringer bis mittlerer Intensitäten und hoher Wiederholungszahlen.

Das Muskelaufbautraining ist die Haupttrainingsmethode des allgemeinen Krafttrainings und dient in allen Bereichen (Gesundheitsbereich, Fitnessbereich und im Leistungssport) der Maximalkraftsteigerung durch Hypertrophie.
Um eine Muskelquerschnittsvergrößerung zu erreichen, ist eine entsprechend lange Reizdauer erforderlich, d.h. es muss mit hohen Wiederholungszahlen bei geringer bis mittlerer Widerstandsgröße trainiert werden (siehe Tab. 19).
Aufgrund der relativ geringen Intensitäten ergeben sich keine hohen physischen oder psychischen Belastungen, sodass das Muskelaufbautraining besonders für Jugendliche, aber auch für Fortgeschrittene in bestimmten Trainingsperioden geeignet ist.

Intramuskuläres Koordinationstraining (IK)

Methode hoher und höchster Intensitäten bei geringen Wiederholungszahlen.

Untrainierte können nur einen geringen Teil der motorischen Einheiten eines Muskels synchron aktivieren (geringe Maximalkraft). Durch ein Training mit submaximalen und maximalen Belastungen (80% und mehr) bei geringen Wiederholungszahlen kann die Zahl der sich gleichzeitig kontrahierenden motorischen Einheiten erhöht werden. Diese Methode führt zu einem schnellen Kraftgewinn ohne Muskelzuwachs bzw. Körpergewichtszunahme.
Aufgrund der hohen Intensitäten kommt es leicht zu Fehlern im Bewegungsablauf (Verletzungsgefahr!), deshalb ist das IK-Training für Anfänger nicht geeignet.

Pyramidentraining

Methode der progressiv steigenden Widerstände: Mit zunehmendem Gewicht nimmt die Zahl der Wiederholungen ab.

Das Pyramidentraining kann je nach Durchführung und Ausführungsart verschiedene Akzente setzen. Wird mehr die Spitze mit geringen Wiederholungszahlen (1-5) und hoher Intensität (75-100%) betont, dominiert die Entwicklung der Maximalkraft durch die **Verbesserung der intramuskulären Koordination**. Liegt der Akzent auf einer mittleren Wiederholungszahl (8-12) und mittlerer Intensität (40-60%), kommt es zu einer Kraftsteigerung durch Muskelmassenzunahme **(Muskelaufbautraining)**.
Die verschiedenen Formen des Pyramidentrainings können innerhalb eines längeren Trainingsabschnitts kombiniert werden. Stehen z.B. vier Wochen für ein Krafttraining zur Verfügung, wird zwei Wochen nach Variante 2 (Muskelaufbau) und zwei Wochen nach Variante 1 (intramuskuläre Koordination) trainiert.
Werden dabei z.B. nur die Sätze[3] 1-4 (80-95%) trainiert, ist die Wiederholungszahl (4+3+2+1) zu gering. Die Pyramide muss wiederholt werden, um einen Trainingseffekt

[3] Satztraining: Organisationsform zur Gestaltung des Krafttrainings. Serien mit Belastung unterschiedlicher Muskelgruppen werden zu einem Satz zusammengefasst. Ein Satz enthält zwei bis vier Serien mit jeweils 5 Wiederholungen, z. B. jeweils eine Fünfer-Serie Bankdrücken, Kniebeugen, Klimmzüge.

zu erreichen, da der Muskelaufbau abhängig ist von der Ausschöpfung der Energiespeicher (wirksamer Trainingsreiz!). Der wirksame Trainingsreiz muss individuell nach der maximal möglichen Wiederholungszahl festgestellt werden.[4]

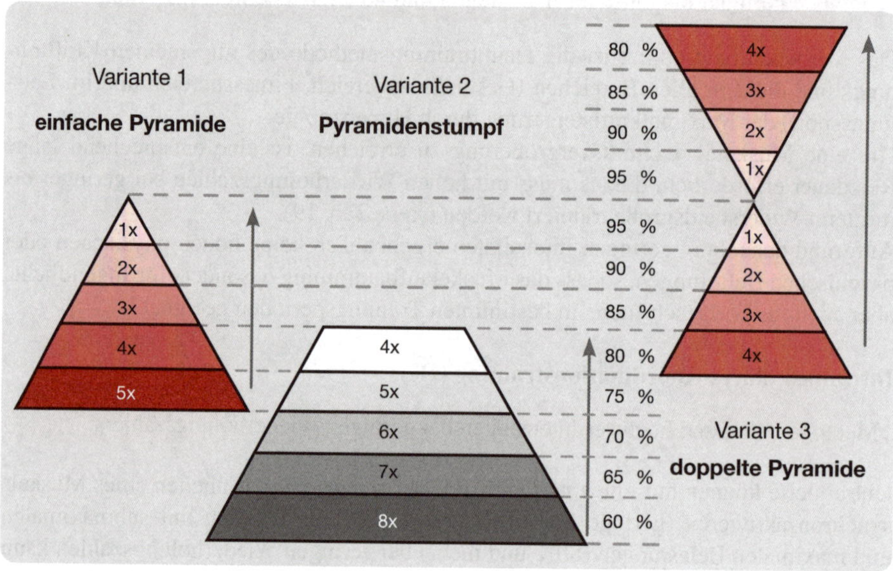

Abb. 46: Beispiele zum Pyramidentraining.

[4] Werte aus Ehlenz u.a. 1995, 117.

MAXIMALKRAFTTRAINING

Methode	Muskelaufbautraining	Intramuskuläres Koordinationstraining	Pyramidentraining Kombiniertes Training
Charakte-risierung	• hohe Wiederholungszahlen • geringe bis submaximale Intensität	• geringe Wiederholungszahlen • hohe und höchste Intensität	• abnehmende Wiederholungszahlen • progressiv steigende Widerstände
Wirkung	Muskelfaserverdickung (Hypertrophie)	Synchroner Einsatz möglichst vieler motorischer Einheiten	Hypertrophie und synchroner Einsatz vieler motorischer Einheiten
Vorteile	• ständige Kraftsteigerung • keine hohen physischen und psychischen Belastungen	• hoher und schneller Kraftzuwachs • Verbesserung der Relativkraft	• geeignet bei beschränkter Zeit • optimale Ausnutzung des Muskelpotentials
Nachteile	• Kraftentwicklung geringer und langsamer als bei IK-Training • Erhöhung des Muskeltonus, Dehnübungen erforderlich! • keine explosive Kraftentfaltung möglich	• hohe physische u. psychische Belastung • Hohe Kraftspitzenwerte bei reaktiven Belastungen; Schädigungen möglich; wirksamer Schutz: gekräftigte Muskulatur durch Muskelaufbautraining	• geringer Kraftzuwachs, da für die einzelne Zielrichtung relativ kurze Reizdauer
Anwendung	Gesundheits-, Fitness- und Leistungssport, Rehabilitation	Fitness und Leistungssportv	orwiegend Leistungssport

Belastungsgefüge:	Muskelaufbautraining A*	Muskelaufbautraining F	Muskelaufbautraining L	Intramuskuläres Koordinationstraining A	Intramuskuläres Koordinationstraining F	Intramuskuläres Koordinationstraining L	Pyramidentraining Kombiniertes Training
Intensität	40 - 60 %	60 - 80 %	80 - 85 %	nicht geeignet	80 - 90 %	90 - 100 %	60 - 100 %
Wiederholungen	15 - 8	10 - 6	6 - 5		6 - 3	3 - 1	8 - 1
Serien	6 - 4	8 - 6	10 - 6		8 - 6	10 - 6	10 - 5
Pausen		2 - 4 min			3 - 5 min		5 min
Ausführung		langsam			zügig / explosiv		langsam / zügig / explosiv

* A = Untrainiert, F = Fitness, L = Leistungssport

Tab. 19

Statisches Krafttraining

Methode mittlerer und hoher Spannungsentwicklung und langer Anspannungszeit durch statische Belastung.

Die einfache Durchführung, der hohe Trainingseffekt in kurzer Zeit und die zielgerichtete Einflussnahme auf bestimmte Muskelgruppen machen das statische Training besonders geeignet für Rehabilitation und Bodybuilding.
Bei sportlichen Leistungen sind maximale statische Anspannungen selten. Sie sind z.B. erforderlich bei einigen Übungsteilen im Gerätturnen, beim Ringen, Judo und alpinen Abfahrtslauf. Meist sind die statischen Krafteinsätze jedoch submaximal bis gering.

Methode	STATISCHES TRAINING
Wirkung	- Verbesserung der intramuskulären Koordination - Zunahme des Muskelquerschnitts
Belastungsgefüge	
Intensität	50-100% (MA: 50-80%, IK: 80-100%)
Wiederholungen	20-1 je nach Anspannungszeit und Intensität
Anspannungszeit	6-8 s im Fitnessbereich bis ca. 10 min im Leistungssport je nach Intensität
Pausen	1-2 min zwischen den Übungen
Durch Änderung von Anspannungszeit und Intensität pyramidenförmiges Training möglich	
Vorteile	- einfache Durchführung - geringer Zeitaufwand, schneller Muskelaufbau - lokale, zielgerichtete Trainingsmaßnahme
Nachteile	- kein Training spezieller Bewegungsabläufe - negativer Einfluss auf die Dehnfähigkeit der Muskeln - Gefahr der Pressatmung - schnelle Stagnation der Kraftzunahme - Trainingsmonotonie
Anwendung	Rehabilitation, Kompensation; Sportarten mit statischen Kraftanforderungen: Schießen, Ringen, Skiabfahrt, Turnen, Judo, Rodeln, Surfen.

Tab. 20: Charakterisierung des Statischen Krafttrainings.

4.3 Training der Schnellkraft

Eine effektive Verbesserung der Schnellkraft ist nur in Kombination mit einer Steigerung der Maximalkraft möglich. Dem speziellen Schnellkrafttraining muss deshalb immer ein Maximalkrafttraining vorgeschaltet werden. Besonders das Training der intramuskulären Koordination (IK-Training) ist eine wesentliche Voraussetzung für die Entwicklung der Schnellkraft. Durch die hohen Intensitäten werden auch die „schnellen" Muskelfasern (FT) angesprochen; dies führt zu einer Verbesserung der Explosivkraft. Ziel eines Schnellkrafttrainings ist vor allem die Verbesserung der Kontraktionsgeschwindigkeit bei explosiv-reaktiver Arbeitsweise.

Explosiv-reaktives Schnellkrafttraining, Training der Reaktivkraft

Schneller Dehnungs-Verkürzungs-Zyklus der Muskulatur mit sehr hoher Intensität, z.B. Mehrfachsprünge über Geräte.

Die große Wirksamkeit dieser Methode beruht auf der schnellen Verknüpfung von exzentrischer und konzentrischer Arbeitsweise der Muskulatur (siehe DVZ S. 79). Dadurch wird schon zu Beginn der Kontraktion eine hohe Zahl motorischer Einheiten synchron aktiviert (intramuskuläre Koordination, Reflexinnervation). Durch die Addition von Vorspannung und konzentrischer Aktion der Muskulatur können Intensitäten von über 100% auftreten. Diese hohen Kraftspitzenwerte können bei nicht vorbereiteten Sportlern zur Schädigung des passiven Bewegungsapparates führen.

Wirkung:	Verbesserung der explosiv-reaktiven Arbeitsweise der Muskulatur (maximale Rekrutierung der motorischen Einheiten).	
Belastungsgefüge:	- Intensität:	100% und mehr
	- Wiederholungen:	10 - 6 pro Serie
	- Serien:	3 - 6
	- Pausen:	2 -5 Minuten oder länger
	- Ausführung:	explosiv-reaktiv

Disziplinspezifisches Schnellkrafttraining

Bewegungsformen der Wettkampfdisziplin unter erleichterten Bedingungen, z.B. Stoßen mit leichteren Kugeln, Bergabläufe.

Durch dieses Training soll vor allem die Kontraktionsgeschwindigkeit disziplinspezifischer Bewegungsabläufe erhöht werden. Da die Kontraktionsgeschwindigkeit lastabhängig ist, wird in der Regel unter erleichterten Bedingungen (mit geringeren Widerständen) trainiert. Dieses Training verbessert auch die intermuskuläre Koordination, der Bewegungsablauf wird schneller und flüssiger.

Wirkung:	Verbesserung der Kontraktionsgeschwindigkeit der Muskulatur und der intermuskulären Koordination.	
Belastungsgefüge[5]:	- Intensität:	35 - 85% der Maximalkraftfähigkeit
	- Wiederholungen:	15 - 1 je nach Intensität
	- Serien:	ca. 7 - 3
	- Pausen:	5 - 1 Minuten je nach Intensität
	- Ausführung:	explosiv

Eine etwas unspezifischere, aber ähnliche Wirkung kann durch das Pyramidentraining erreicht werden, wenn man die Bewegungen bei entsprechend geringer Hublast explosiv ausführt.

4.4 Training der Kraftausdauer

Kraftausdauer kann allgemein und disziplinspezifisch trainiert werden.[6]

Allgemeines Kraftausdauertraining

Die verschiedenen Muskelgruppen werden je nach Leistungsfähigkeit mit zunehmenden Wiederholungszahlen und kurzen Pausen trainiert.

Eine allgemeine, d.h. möglichst viele Muskelgruppen umfassende Verbesserung der Kraftausdauer kann z.B. durch ein Circuittraining erreicht werden. Dabei muss jedoch darauf geachtet werden, dass eine Muskelgruppe pro Rundgang mehrmals belastet wird.

Belastungsgefüge: (Beispiel)	- Stationen:	6 - 12
	- Belastungszeit pro Station:	20 s, Anfänger (A) 40 s, Fortgeschrittene (F)
	- Pausen:	
	zwischen den Stationen:	40 - 80 s (A), 20 - 40 s (F)
	zwischen den Rundgängen:	2 - 4 min (lohnende Pause)
	- Rundgänge:	2 - 6

Disziplinspezifisches Kraftausdauertraining

Phasenhaftes oder komplexes Training der disziplinspezifischen Bewegungsabläufe (auch mit Zusatzlasten) in höheren Wiederholungszahlen oder etwas längerer Belastungszeit als wettkampfmäßig erforderlich.

[5] Die Angaben für die Belastungsgrößen differieren stark, da sie individuell nach den Defiziten bzw. spezifischen Trainingszielen zusammengestellt werden müssen.

[6] Beispiele zu diesen Methoden sind unter dem Kapitel Trainingsmittel (S. 94 f) dargestellt (die angegebenen Werte sind aus Ehlenz 1995).

Belastungen bis zu 2 Minuten

Die Energiebereitstellung erfolgt vorwiegend anaerob-laktazid (im Gegensatz zum MA-Training). Eine Steigerung der Kurzzeitkraftausdauer wird durch Verbesserung der Maximalkraft erreicht. Durch Belastungen, die leicht über den Wettkampfanforderungen liegen, wird versucht, eine maximale Ausschöpfung der energiereichen Substrate zu erzielen.
Anwendungsbeispiele: Gerätturnen, Zwischenspurts bei Crossläufen oder Skilangläufen, Skiabfahrtslauf.

Belastungen von 2 bis 6 Minuten

Ausdauer- und Kraftfähigkeiten sind hier gleichrangig. Die Energiegewinnung erfolgt anteilig anaerob und aerob, sodass neben dem Maximalkrafttraining spezielle Kraftausdauermaßnahmen zur Verbesserung der anaeroben und aeroben Kapazität erforderlich sind (siehe Mittelzeitausdauer S. 51). Ähnlich wie beim Intervalltraining werden Belastungen häufig wiederholt, die Pausen sind unvollständig und es kommt zu einer Ermüdungsaufstockung (siehe Beispiel).

Wesentliche Wirkung:	Verbesserung der Energiebereitstellung	
Belastungsgefüge:	- Intensität:	20 - 50%
	- Wiederholungen:	10 oder wesentlich mehr
	- Serien:	10 - 4
	- Pausen:	ca. 1 Minuten zwischen den Serien

Bei einem Wechsel der Intensitäten (zwischen 20 - 50%) und entsprechenden Wiederholungszahlen kann das Belastungsgefüge auch pyramidenförmig gestaltet werden.

4.5 Leistungssteuerung im Krafttraining

Um die Zielgrößen des Krafttrainings zu präzisieren, sind drei Fragen zu klären[7]:

1. Welche Funktion kommt der Kraft bei der konkreten Sportart zu?
(Bsp. Absprünge oder Läufe).

2. Wie groß ist die Last, der eine maximale Geschwindigkeit erteilt werden soll?
(Bsp. eigener Körper oder Gerät).

3. In welcher Weise wird die erforderliche Kraft realisiert?
(Bsp. Rudern oder Sprünge).

Bei leichtathletischen Sprüngen werden sich beispielsweise folgende Zielgrößen für die Trainingsplanung ergeben:

Einer relativ hohen Last muss innerhalb eines schnellen Dehnungs-Verkürzungs-Zyklus eine hohe Endgeschwindigkeit erteilt werden. Daraus ist zu schließen, dass auf der Basis einer gut ausgebildeten Maximalkraft die explosiv-reaktive Ausprägung der Schnellkraft maximiert werden muss. Der aktuelle Ausprägungsgrad der Kraftfähig-

[7] Grosser 1986, 92f.

keit wird in der Regel mit ausgewählten Testübungen festgestellt. So lässt sich z.B. die reaktive Kraftfähigkeit über die Sprunghöhe bei einem „Jump-and-Reach-Test" nach Niedersprüngen abschätzen. Da die Zuverlässigkeit solcher Testergebnisse relativ störanfällig ist, werden im Hochleistungssport sportwissenschafliche Verfahren zur Diagnose von Kraftfähigkeiten angewandt.[8]
In Abbildung 47 ist ein exemplarischer Trainingsplan zur Verbesserung der Schnellkraft bzw. Kraftausdauer dargestellt.

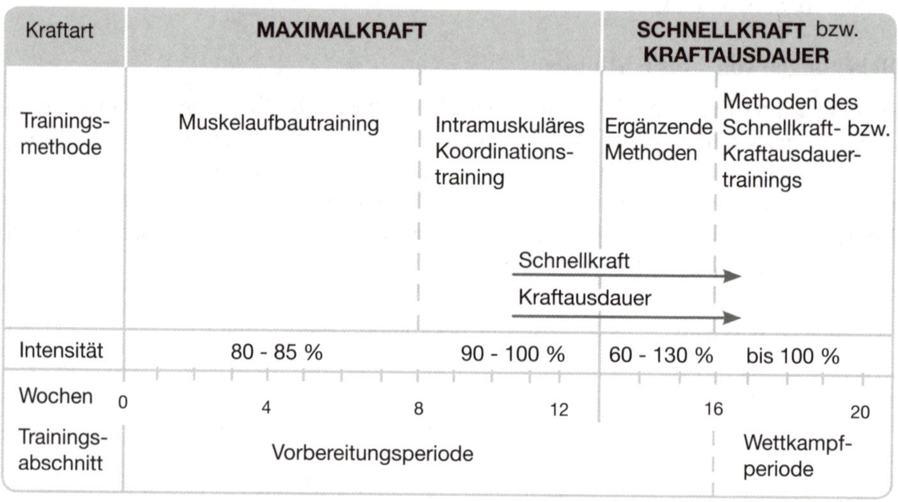

***Abb. 47:** Kombination verschiedener Krafttrainingsmethoden im Leistungssport über einen Zeitraum von 20 Wochen (verändert nach Ehlenz 1995, 134).*

Aufgaben

46. Ein Gerätturner soll nach sechswöchigem Gips an Unterarm und Hand rasch die Kraft seiner Fingerbeuger wieder aufbauen. Empfehlen Sie ihm eine einfache Übung, die die Grifffestigkeit wiederherstellt. Machen Sie Angabe zum Belastungsgefüge.
47. Vergleichen Sie die speziellen Methoden des Krafttrainings mit den Trainingsmethoden für die Ausdauer. Inwiefern lassen sich diese einander zuordnen?
48. Welche Methode sollte nach Ihrer Ansicht schwerpunktmäßig angewandt werden, wenn es darum geht
    a) die relative Kraft zu verbessern,
    b) im Rahmen eines Fitnesstrainings ein höheres Kraftniveau zu erreichen,
    c) die intermuskuläre Koordination zu fördern?
    Begründen Sie jeweils Ihre Entscheidung.
49. Stellen Sie je ein Belastungsgefüge für zwei Varianten des Pyramidentrainings zusammen, und geben Sie an, welche Wirkung dadurch erzielt wird.

[8] Vergl. Fachliteratur: Grosser, Leistungssteuerung 1986; Letzelter, Krafttraining 1986.

5. TRAININGSWIRKUNGEN DURCH KRAFTTRAINING

Die durch Training richtig belasteten Muskeln zeigen in Abhängigkeit von Qualität und Quantität des Trainings bestimmte Anpassungen, die ihre Funktion erhöhen.

1. **Hypertrophie** der Muskelfasern durch Muskelaufbautraining

   Bei überschwelliger Muskelbeanspruchung kommt es in der Erholungsphase zu einer Vermehrung von Aktin, Myosin und Titin sowie zu einer Vergrößerung des Glykogen-, ATP- und KP-Speichers. Der trainierte Muskel wird dicker. Treffen nach der richtig dosierten Regenerationsphase (Superkompensation) erneut Reize auf die Muskulatur, verteilen sich diese auf eine größere Zellmasse.

2. **Intramuskuläre Koordination** durch Maximalkraft- und Schnellkrafttraining

   Bei submaximalen und maximalen Intensitäten kann ein hoher und schneller Kraftzuwachs erreicht werden. Der Kraftzuwachs wird dadurch erzielt, dass eine möglichst hohe Anzahl von motorischen Einheiten synchron aktiviert wird. Die intramuskuläre Koordination führt zu einer „geballten Ladung" und ermöglicht dadurch explosive Bewegungen.

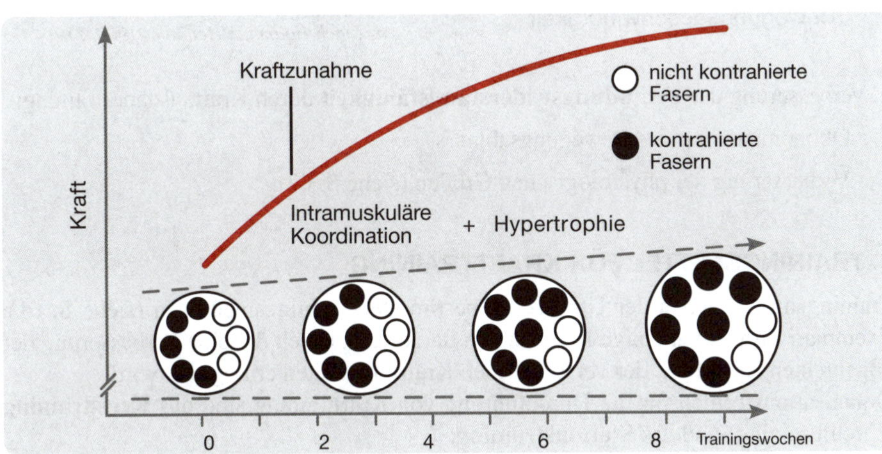

***Abb. 48:** Wirkungen des Krafttrainings (verändert nach de Marees 1981 Bd. 1, 88).*

3. **Intermuskuläre Koordination** durch Automatisierung des Bewegungsablaufs

   Durch häufiges Wiederholen kommt es innerhalb eines Bewegungsablaufs zu einem besseren Zusammenwirken der agonistischen und antagonistischen Muskulatur. Entscheidend dabei ist der Abbau des hemmenden Einflusses der jeweiligen Antagonisten. Durch häufigeres Üben kann die intermuskuläre Koordination automatisiert werden, so dass es zur Ausbildung eines dynamisch-motorischen Stereotyps kommt. Werden Störgrößen ausgeschaltet, erfolgt eine Ökonomisierung, d.h. die vorhandene Kraft kann optimal eingesetzt werden. Ein Beispiel ist das lockere Laufen - Antagonisten vollständig entspannt - im Gegensatz zum verkrampften Laufen - Antagonisten nicht entspannt -.

4. Verbesserung der **Kontraktionsgeschwindigkeit** durch Schnellkrafttraining

Die Kontraktionsgeschwindigkeit der Skelettmuskulatur hängt vorrangig von der zu bewegenden Last ab. Je geringer die Last ist, desto weniger ST-Fasern werden benötigt. Eine Kontraktion läuft somit bei gleicher Last umso schneller ab, je mehr FT-Fasern zur Verfügung stehen. Einige Untersuchungen zeigten, dass durch Schnellkrafttraining bestimmte Muskelfasern ihre Eigenschaften in Richtung FTG-Fasern verändern (siehe S. 75).

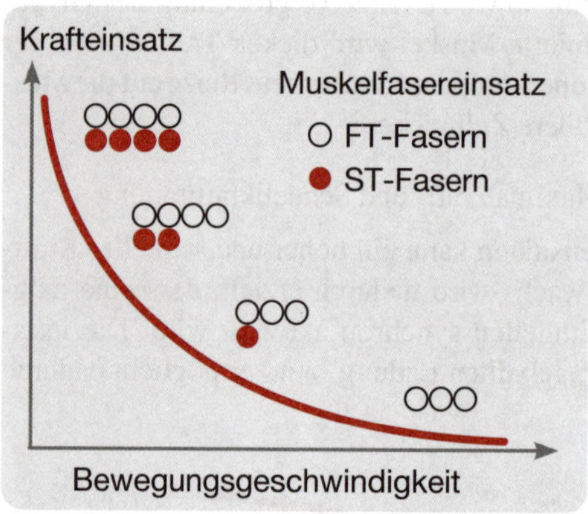

Abb. 49: Zusammenhang zwischen Krafteinsatz, Bewegungsgeschwindigkeit und Muskelfasereinsatz (nach Hollmann/Hettinger 1980, 179).

5. Verbesserung der **Ermüdungswiderstandsfähigkeit** durch Kraftausdauertraining:

- Ökonomisierung des Bewegungsablaufs,
- Verbesserung der physiologischen Größen (siehe S. 62).

6. TRAININGSMITTEL FÜR KRAFTTRAINING

Trainingsmittel dienen der Umsetzung bestimmter Trainingsmethoden (siehe S. 61). Exemplarisch werden einige Maßnahmen dargestellt, durch die eine Verbesserung der allgemeinen Kraft bzw. der verschiedenen Kraftfähigkeiten ermöglicht wird.
Organisationsformen für die Durchführung von Krafttraining sind das **Kreistraining** (Circuittraining) und das **Stationstraining**.

Kreistraining (Circuittraining)

Die Zusammenstellung der Übungen erfolgt je nach dem beabsichtigten Trainingseffekt. Kennzeichnend für das Kreistraining ist die abwechselnde Beanspruchung einzelner Muskelgruppen (Arme, Beine, Rücken- und Bauchmuskulatur).

Durch diese Art der wechselnden Belastung wird eine hohe Belastungsintensität des Gesamtkörpers erreicht, während sich für die einzelne Muskelgruppe eine relativ lange Pause ergibt. Bei acht Stationen beispielsweise beträgt die Erholungszeit für eine Muskelgruppe ca. sieben Minuten. Ist das wesentliche Ziel die Kraftausdauer, müssen innerhalb eines Rundgangs die einzelnen Muskelgruppen jeweils mehrmals belastet werden.

wesentliches TRAININGSZIEL	**Belastungs-intensität** an der Station	**Belastungsdauer** an der Station	**Pausenlänge** zwischen den Stationen	**Anzahl der Rundgänge** (Pause zwischen den Rundgängen)
Allgemeine aerobe Ausdauer	niedrig	lang ca. 30 - 45 s	sehr kurz, unvollständige Erholung ca. 20 - 30 s	2-3 (entspricht der Pause zwischen den Stationen)
Allgemeine anaerobe Ausdauer	mittel	mittel ca. 15 - 30 s	mittel ca. 30 - 45 s	1-2 / 3-5* (3-5 min)
Kraftausdauer	ca. mittel (wechselnd)	20 - 30 s	mittel-lang ca. 40 - 50 s	1-3 / 2-6* (ca. 3 min)
Kraft Maximalkraft Schnellkraft	hoch	kurz 6-8 Wiederholungen oder ca. 10 - 20 s	lang ca. 45 - 90 s	1-2 / 3-5* (3-5 min)

* Wert nach dem Schrägstrich für Fortgeschrittene

Tab. 21: *Belastungsgrößen beim Kreistraining (Zusammenstellung aus der Literatur).*

Bei niedriger Intensität und relativ kurzen Pausen kann durch ein Circuittraining auch die aerobe und anaerobe Ausdauer verbessert werden.

Beispiel 1 - Kreistraining (Abb. 50)

Trainingsziel: **Allgemeine Kraftausdauer**
Zielgruppe: Schüler und Jugendliche

Belastungsgefüge:
- Belastungszeit: 20 s, Anfänger (A)
- Pausen:
  - zwischen den Stationen: 30 - 45 s
  - zwischen den Rundgängen: ca. 3 min
- Umfang: 3 - 2 Rundgänge

Trainingsinhalte: Allgemeine Kraftübungen mit und ohne Zusatzlasten

Ü1: Hochhangeln (Arme lang, Beine angehockt oder in Vorhalte) an schräg gestellten Barrenholmen.
Ü2: Mattenspringen; Schlusssprünge über die Matte mit halber Drehung.
Ü3: Einarmiges Liegestützprellen im Wechsel, je 3 mal rechts und 3 mal links.
Ü4: Rückenlage, Lendenwirbelsäule auf den Boden drücken; Hüft- und Kniewinkel etwas größer als 90°, Beine halten.
Ü5: Liegestütz und Strecksprung im Wechsel.
Ü6: Langbankziehen; Langbank schräg gestellt, in Bauchlage hochziehen.
Ü7: Banklauf im Liegestütz seitwärts zum anderen Bankende und zurück.
Ü8: Aus der Bauchlage Pendellauf zur Wand und zur Ausgangsposition zurück.

Abb. 50: Übungsfolge für das Training der allgemeinen Kraftausdauer an acht Stationen.

Beispiel 2 - Kreistraining (Abb. 51a und 51b)

Trainingsziel:	**Schnellkraft**	
Zielgruppe:	Jugendliche ab der Pubertät	
Belastungsgefüge:	- Belastungszeit:	10 - 20 s
	- Pausen:	
	zwischen den Stationen:	45 - 90 s
	zwischen den Rundgängen:	2 - 5 min
	- Umfang:	5 - 3 Rundgänge
	- Ausführung:	explosiv

Trainingsinhalte: **Kraftübungen für Springer und Sportspieler**

Ü1: Beidbeinige Kastensprünge mit Sandsack in Nackenhalte.
Ü2: Rückenlage auf der Schrägbank, Sandsack in Nackenhalte; Anheben des Oberkörpers bis ca. 30°, Bauchmuskulatur ständig angespannt.
Ü3: Kastenaufsteiger rechts und links mit Sandsack.
Ü4: Bauchlage auf Kasten, Arme fixiert; Heben der Beine bis zur Waagrechten mit Medizinball zwischen den Füßen.
Ü5: Hockstrecksprünge mit Ausstoßen eines Medizinballs bis zur Hochhalte.

Abb. 51a: Kreistraining für Schnellkraft.

Trainingsinhalte: **Kraftübungen für Stoßer und Werfer** (Abb. 51b)

Ü1: Stoßen einer eingehängten Langbank aus dem Hockstand bis zur Hochhalte, Streckung bis in den Zehenstand.
Ü2: Medizinballwurf aus der Rückenlage mit angewinkelten Beinen gegen die Wand, Bauchmuskulatur ständig angespannt.
Ü3: Medizinballstoß gegen die Wand aus der tiefen Stoßauslage.
Ü4: Bauchlage auf Kasten, Beine fixiert; Schwimmbewegungen (Brust) mit den Armen, Gewicht in den Händen.
Ü5: Stoßen einer Reckstange von der Brust im Wechsel nach vorn und nach oben (Vorsicht!).

Abb. 51b: *Kreistraining für Maximalkraft.*

Stationstraining

Werden alle Serien einer Übung (z.B. 4 x 6 beidbeinige Hocksprünge) abgeschlossen, bevor mit den Serien der folgenden Übung begonnen wird, spricht man von **Stationstraining**. Aufgrund der hohen Belastung einer Muskelgruppe an einer Station sind relativ lange Pausen notwendig. Im Gegensatz zum Kreistraining kann das Belastungsgefüge an den einzelnen Stationen verschieden sein. Für verschiedene Muskelgruppen können deshalb unterschiedliche Fähigkeiten trainiert werden, z.B. Schnellkraft für die Beinstrecker und Maximalkraft für die Bauchmuskulatur.

Beispiel (siehe Abb. 52)

Trainingsziel:	**Schnellkraft** der unteren Extremitäten (explosiv-reaktiv) (Nicht für Anfänger geeignet!)
Zielgruppe:	Jugendliche Sportspieler, Hoch-, Weit-, Dreispringer.
Trainingsinhalte:	Vertikale Kastensprünge mit und ohne Zusatzbelastung.

Belastungsgefüge:	- Intensität:	100% (maximale Weite, Höhe oder Geschwindigkeit)
	- Dauer:	6 - 10 Wiederholungen pro Serie
	- Pause:	ca. 2 min zwischen den Serien
	- Umfang:	6 - 3 Serien pro Übung/Station

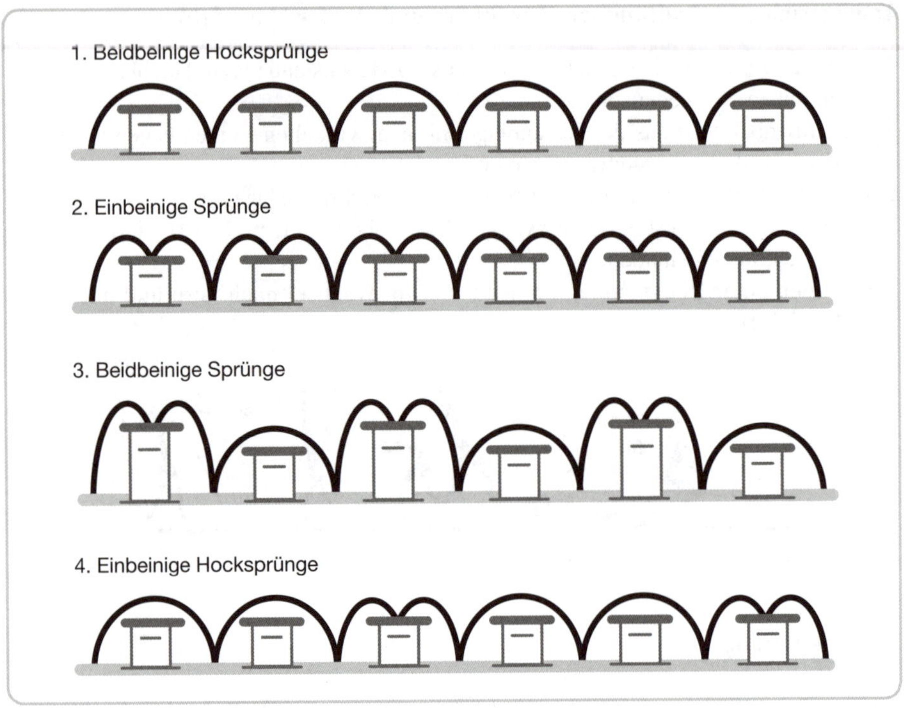

Abb. 52: *Schnellkrafttraining (verändert nach Letzelter 1986, 378).*

Aufgaben

50. Nennen Sie die Vorteile des Circuittrainings und geben Sie dabei auch an, weshalb diese Organisationsform besonders für den Einsatz in der Schule geeignet ist (siehe S. 94 ff).
51. Erstellen Sie eine Übungsfolge für ein Circuittraining. Legen Sie fest, für welchen Personenkreis dieses Training bestimmt sein soll und welche Zielsetzung vorrangig verfolgt wird.
52. Unter welchen Bedingungen halten Sie ein Krafttraining für Ausdauer fördernd bzw. hemmend? Welche Konsequenzen ergeben sich daraus für das Training bestimmter Sportarten?

7. GEFAHREN BEIM KRAFTTRAINING

Häufig wird unterschätzt, welche Gefahren für das Bewegungssystem durch ein einseitiges, mit falscher Technik oder zu hoher Belastung durchgeführtes und zu frühes Krafttraining entstehen. In Abbildung 53 sind die wichtigsten Regeln zur Vermeidung von Verletzungen zusammengefasst.

9 Regeln zur Vermeidung von Verletzungen beim Krafttraining

1. Dosiere anfangs jede für den Organismus neue Kraftübung vorsichtig! Kraftübungen mit schwerem Gerät verlangen eine entsprechende Technik. Darum muss der Bewegungsablauf erst mit geringeren Lasten erlernt werden, bevor man allmählich zu trainingsintensiven Zusatzlasten übergeht.
2. Schütze Fußgelenk und Fußgewölbe beim Heben großer Lasten durch einwandfreies, festes Schuhwerk!
3. Halte die Wirbelsäule bei allen sie belastenden Übungen gerade!!!

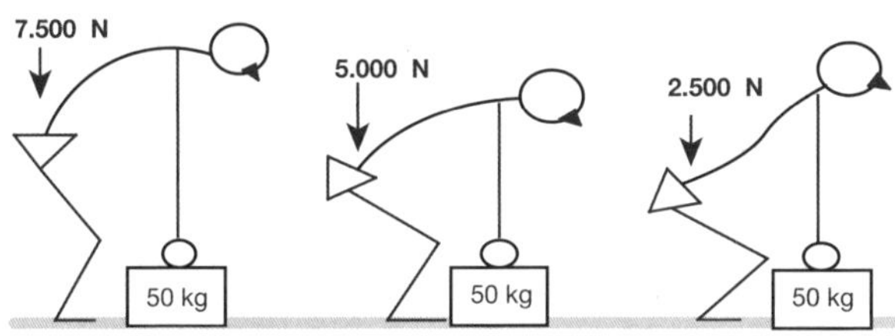

Zugbelastung der Lendenwirbelsäule beim Heben einer konstanten Last (verändert nach Letzelter 1986, 309).

4. Vermeide zu häufige Wirbelsäulenbelastungen in einer Trainingseinheit; entlaste die Wirbelsäule durch Übungen im Liegen (Bankdrücken, Bankziehen u. a.)!
5. Vermeide Pressatmung!
6. Schone das Ellbogengelenk durch abwechslungsreiche Übungen!
7. Schmerzen in der Muskulatur während des Übens können auf einen Muskelfaserriss hindeuten. Beende daher die verursachende Übung!
8. Ein Stechen im Handgelenk und im Unterarm deutet auf Überforderung hin. Entlaste das Handgelenk durch veränderte Griffhaltung!
9. Die Beinstrecker lassen sich nicht nur durch Tiefkniebeugen kräftigen (hohe Belastung für die Kniegelenke). Benutze auch die halbe oder dreiviertel Kniebeuge, die für fast alle Absprünge wettkampfspezifisch ist!

Abb. 53: *Vermeidung von Verletzungen beim Krafttraining (verändert nach Harre 1973, 144 f).*

SCHNELLIGKEIT

1. BEDEUTUNG DER SCHNELLIGKEIT IM SPORT

Schnelligkeit ist die Fähigkeit des Nerv-Muskel-Systems, motorische Aktionen in einem unter den gegebenen Bedingungen minimalen Zeitabschnitt zu vollziehen.

In der Evolution des Menschen hat sich die Fähigkeit, in bestimmten Situationen schnell handeln und schnell laufen zu können, als elementare Eigenschaft entwickelt. Situationen, in denen es auf Schnelligkeit ankam, waren z. B. bei einer Gefahr schnell zu reagieren, zu fliehen oder etwas oder jemanden zu fangen. Diese Formen der Schnelligkeit werden auch heute noch im Kindesalter in vielen kleinen Fang- und Staffelspielen geübt. Im Sport hat sich aus diesen elementaren Schnelligkeitshandlungen eine Vielfalt von „schnellen Aktivitäten" entwickelt: Im Sprint, Sprung und bei leichtathletischen Würfen, aber auch bei vielen Aktionen in Sportspielen wie bei Antritten, Sprüngen, Würfen und Angriffs- und Abwehraktionen werden Bewegungen maximal schnell ausgeführt. Schnelligkeitsfähigkeiten haben im Leistungssport, hier vor allem in Schnellkraft- und Spielsportarten, eine große Bedeutung. Im Gesundheitssport hingegen spielt Schnelligkeit kaum eine Rolle.

Anwendungsbereich / Schnelligkeitsfähigkeiten	Gesundheitssport	Fitnesssport	Leistungssport: Kraftsportarten	Leistungssport: Schnellkraftsportarten	Leistungssport: Spielsportarten	Leistungssport: Ausdauersportarten
Reaktionsschnelligkeit	*	*	*	*	***	*
Aktionsschnelligkeit		*	**	***	***	*
Schnelligkeitsausdauer		*	**	***	***	*

*** = hohe Bedeutung ** =mittlere Bedeutung * = geringe Bedeutung

Tab. 22: Bedeutung der Schnelligkeitsfähigkeiten in verschiedenen Bereichen.

2. BIOLOGISCHE GRUNDLAGEN und LEISTUNGSBESTIMMENDE FAKTOREN

Eine Grundvoraussetzung für schnelle Bewegungen ist eine schnelle Kontraktionsfähigkeit der Muskulatur. Für den physischen Leistungsfaktor Schnelligkeit sind deshalb zunächst einmal alle Faktoren leistungsbestimmend, welche die Kontraktionsgeschwindigkeit beeinflussen. Darüber hinaus kommt es in vielen Sportarten/Disziplinen auch darauf an, auf bestimmte Signale möglichst schnell zu reagieren (Reaktionsschnelligkeit) oder die Schnelligkeitsleistung über eine längere Zeit aufrecht erhalten zu können (Schnelligkeitsausdauer). Im Folgenden sind die wichtigsten leistungsbestimmenden

Faktoren zusammengestellt. Faktoren, die die Kontraktionsgeschwindigkeit beeinflussen, wurden teilweise schon bei der Schnellkraft dargestellt, sie werden aus Gründen der Übersichtlichkeit und des Zusammenhangs aber noch einmal erläutert:

1. **Reaktionsgeschwindigkeit:** Man versteht darunter die Zeit vom Auftreten eines Reizes bis zur ersten Kontraktion der Muskulatur. Die Reaktiongeschwindigkeit ist größtenteils **genetisch festgelegt** und kann nur in engen Grenzen verbessert werden. Sie ist davon abhängig, wie schnell Sinnesreize aufgenommen, an das Zentralnervensystem weitergeleitet und verarbeitet werden und mit welcher Geschwindigkeit Kontraktionssignale an die Muskeln weitergegeben werden. Die Geschwindigkeit der Erregungsleitung ist bei FT-Fasern wesentlich höher als bei ST-Fasern. Die Zeit vom Auftreten eines Reizes bis zur Reaktion beträgt z.B. bei akustischen Signalen ca. 0,17-0,20 s; bei weltbesten Sprintern reduziert sich diese Zeit auf 0,07 bis 0,13 s (Grosser et al. 2004).

2. **Körpertemperatur:** Die optimale Arbeitstemperatur der Muskulatur beträgt 38,5°-39°C, in diesem Bereich haben die für die Muskelarbeit erforderlichen physiologischen Reaktionen den besten Wirkungsgrad. So kann sich z.B. bei einer Temperaturerhöhung von 36°C auf 38°C die Kontraktionsgeschwindigkeit um bis zu 20% erhöhen (Weineck, 2010). Durch Temperaturerhöhung wird auch die Reizleitungsgeschwindigkeit und die Dehnfähigkeit verbessert. Außerdem wird die innere Reibung im Muskel geringer.

3. **Muskelfaserstruktur:** Die Kontraktionsgeschwindigkeit wird in hohem Maße durch das Verhältnis von schnellen (FT) zu langsamen (ST) Muskelfasern bestimmt. Es besteht eine positive Korrelation zwischen der Aktionsschnelligkeit und dem Anteil von FT-Fasern in der Muskulatur. Das Verhältnis ist größtenteils **genetisch festgelegt**, Sprintertalente besitzen einen höheren Anteil an FT-Fasern als Langstreckenläufer (siehe S. 74).

4. **Intramuskuläre Koordination:** Bei optimaler intramuskulärer Koordination wird die Kraftentwicklung **zu Beginn der Kontraktion** durch den Einsatz einer hohen Zahl motorischer Einheiten beschleunigt und somit bei gleicher äußerer Kraft eine höhere Kontraktionsgeschwindigkeit (Bewegungsschnelligkeit) erreicht. Außerdem erfolgt durch ein spezifisches Koordinationstraining eine Ökonomisierung: Für eine bestimmte Leistung werden nur so viele motorische Einheiten aktiviert, wie für die optimale Realisierung der Aufgabe benötigt werden.

5. **Intermuskuläre Koordination:** Die optimale Abstimmung/Koordination aller an einer Bewegung beteiligten Muskeln (Agonisten und Antagonisten) ist ein wichtiger Einflussfaktor für die Schnelligkeit. Dabei wird die Feinkoordination durch Bewegungsautomatisierung stabilisiert. Die Steuerung erfolgt durch spezifische Erregungsmuster des zentralen Nervensystems. Diesen neuronalen Erregungsmustern liegen größtenteils **angeborene Zeitprogramme** zu Grunde.[1]

6. **Muskelquerschnitt:** Ein größerer Muskelquerschnitt bewirkt zusammen mit einer Verbesserung der intra- und intermuskulären Koordination eine Zunahme von Maximal- und Schnellkraft. Dadurch wird die Kontraktionsgeschwindigkeit bei gleicher äußerer Kraft erhöht.

[1] Siehe Grosser u.a. 2004, 96 ff.

7. **Gute Dehnfähigkeit** der Muskulatur verringert den Widerstand für die jeweiligen Agonisten und ermöglicht somit eine größere Bewegungsschnelligkeit.
8. **Vorspannung des Muskels:** Durch Vordehnung wird im Muskel eine Spannung erzeugt. Diese Vorspannung begünstigt eine schnelle und hohe Spannungsentwicklung (DVZ). Die Höhe der Vorspannung ist abhängig von der Dehnfähigkeit der Agonisten und bei Ausholbewegungen auch von der Kraft der jeweiligen Antagonisten.
9. **Anaerob-alaktazide Energiegewinnung:** Für Schnelligkeitsleistungen bis etwa 7 Sekunden (azyklische und zyklische Aktionsschnelligkeit) sind die Größe des ATP/KP-Speichers und die Menge der zur Phosphatspaltung notwendigen Enzyme von entscheidender Bedeutung.
10. **Anaerob-laktazide Energiegewinnung und Pufferkapazität:** Liegt die Belastungszeit über 7 Sekunden, kann ATP nur durch Glykolyse schnell genug und in größeren Mengen bereitgestellt werden. Die Übersäuerung kann durch eine hohe Pufferkapazität des Blutes hinausgezögert werden, die Kontraktionsgeschwindigkeit bleibt dadurch länger auf hohem Niveau.
11. **Anthropometrische Merkmale:** Angeborene körperliche Eigenschaften, wie z.B. Beinlänge, Armlänge und Körpergewicht, haben auf die Bewegungsamplituden und die Bewegungsfrequenz und damit auch auf die Schnelligkeit einen großen Einfluss.

3. SCHNELLIGKEITSFÄHIGKEITEN

Schnelligkeit ist ein sehr komplexer physischer Leistungsfaktor, der jeweils sehr sportartspezifisch ausgeprägt ist. Je nach Bedeutung der einzelnen leistungsbestimmenden Faktoren gibt es fließende Übergänge zu den Kraftfähigkeiten (Schnellkraft), zu den Ausdauerfähigkeiten (Kurzzeitausdauer) und auch zu den koordinativen Fähigkeiten. Die Forschungsergebnisse über die Bedeutung der verschiedenen Einflussfaktoren auf die Schnelligkeitsleistung sind uneinheitlich und führen zu unterschiedlicher Strukturierung und Gewichtung der Einflussfaktoren.[2]
Im Rahmen dieser Trainingslehre wird aus Gründen der Übersichtlichkeit die Schnelligkeit nach folgenden Kriterien strukturiert:

- Bedeutung von leistungsbestimmenden Faktoren der Kraft und der Ausdauer.
- Bewegungsstruktur zyklisch oder azyklisch.

Mit Hilfe dieser Kriterien können vereinfacht vier Schnelligkeitsfähigkeiten gegeneinander abgegrenzt werden.

Reaktionsschnelligkeit

Reaktionsschnelligkeit ist die Fähigkeit, auf einen Reiz in kürzester Zeit zu reagieren.

Die Reaktionsschnelligkeit ist unabhängig von Kraft- und Ausdauerfähigkeiten, sie wird fast ausschließlich von der Reaktionsgeschwindigkeit und Körpertemperatur bestimmt. Messgröße ist die Reaktionszeit, d.h. die Zeit vom Setzen eines Signals bis zur

[2] Das Problem der Strukturierung des komplexen Leistungsfaktors Schnelligkeit in Schnelligkeitsfähigkeiten wird bei versch. Autoren unterschiedlich gelöst (Vergl. Letzelter, Jonath, Weineck).

ersten Muskelreaktion. In Abhängigkeit vom Signal und der erforderlichen Reaktion unterscheidet man Einfach- und Auswahlreaktionen:

- **Einfachreaktionen:** Signal und Reaktion sind festgelegt, z.B. Tiefstart, Schwimmstart. Die Wahrnehmung des Signals ist stark von der Konzentration abhängig (Wahrnehmungsschnelligkeit, siehe Tab. 23).
- **Auswahlreaktionen:** Reaktionsauslösendes Signal und auch die Reaktion selbst können variieren; entsprechend der Situation muss eine passende Aktion ausgewählt werden, z.B. bei Torwartaktionen, Angriffs- und Abwehraktionen in Ballspielen und Kampfsportarten. Die Reaktionsgeschwindigkeit wird dabei in starkem Maße von der Antizipationsfähigkeit bestimmt (Antizipationsschnelligkeit, siehe Tab. 23).

Azyklische Aktionsschnelligkeit

Azyklische Aktionsschnelligkeit ist die motorische Ablaufschnelligkeit bei azyklischen Bewegungen bis zu einer Belastungsdauer von 7 Sekunden.

Azyklische Bewegungen sind entweder Einzelbewegungen des ganzen Körpers oder einzelner Körperteile. In vielen Sportarten werden solche Einzelbewegungen (Aktionen) oft ohne Pause aneinandergereiht, z.B. Boxen, Fechten, Angriffs- und Abwehrhandlungen in den Ballspielen usw. Da hierbei in einem Zeitraum bis 7 s fast ausschließlich die anaerob-alaktazide Energiebereitstellung eine Rolle spielt, werden in dieser Trainingslehre solche Aktionsfolgen (motorische Abläufe) mit einbezogen (bis 7 s). In Abhängigkeit von der Größe des Widerstandes, der bei der Aktion überwunden werden muss, sind unterschiedliche Faktoren leistungsbestimmend.

- **Geringer Widerstand:** Hier sind vor allem leistungsbestimmende Faktoren bedeutend, die unabhängig von der Krafthöhe die Kontraktionsgeschwindigkeit beeinflussen (Bewegungsschnelligkeit, Tab. 23). Dies sind vor allem der Anteil der FT-Fasern, die Körpertemperatur, die Vorspannung und Dehnfähigkeit der Muskulatur und die intermuskuläre Koordination. Azyklische Aktionen mit geringen Widerständen sind z.B. Tischtennis- und Badmintonschläge und die Armarbeit beim Fechten.
- **Hoher Widerstand:** Hier sind vor allem die leistungsbestimmenden Faktoren der Maximal- und Schnellkraft, insbesondere Muskelquerschnitt und Muskelfaserstruktur (Zahl der FT-Fasern), intra- und intermuskuläre Koordination, Körpertemperatur und anaerob-alaktazide Energiegewinnung von Bedeutung. Dies erklärt auch, dass bei hohen Widerständen die azyklische Aktionsschnelligkeit überwiegend von der Schnellkraft bestimmt wird (Kraftschnelligkeit, Tab. 23).

Zyklische Aktionsschnelligkeit

Zyklische Aktionsschnelligkeit ist die motorische Ablaufschnelligkeit bei zyklischen Bewegungen bis zu einer Belastungsdauer von 7 Sekunden.

Bei zyklischen Bewegungen werden gleiche Bewegungen aneinandergereiht (z.B. Sprinten, Radfahren). In Abhängigkeit von der Größe des Widerstandes, der bei diesen

Bewegungszyklen überwunden werden muss, sind die gleichen Faktoren leistungsbestimmend wie bei der azyklischen Aktionsschnelligkeit. Unabhängig von der Höhe des Widerstands hat die **intermuskuläre Koordination eine besondere Bedeutung:** Um die Einzelbewegungen zu einem schnellen zyklischen Bewegungsablauf verknüpfen zu können, müssen im zentralen Nervensystem entsprechende Erregungsmuster erzeugt werden (Zeitprogramme).

- **Geringer Widerstand:** Leistungsbestimmend sind zunächst die gleichen Faktoren wie bei der Bewegungsschnelligkeit, ganz entscheidend ist aber die Fähigkeit in einer bestimmten Zeit möglichst viele zyklische Bewegungen aneinanderzureihen (Frequenzschnelligkeit, Tab. 23). Beispiele hierfür sind Schrittfrequenz, Tretfrequenz, Schlagfrequenz, Armzug- u. Beinschlagfrequenz. Voraussetzung für die Frequenzschnelligkeit ist der schnelle Wechsel von Anspannung und Entspannung der Muskulatur. Dies ist nur möglich, wenn man bei der Bewegung locker bleibt. (Beispiele: Skippings, fliegende Sprints).
- **Hoher Widerstand:** Wie bei azyklischen Bewegungen mit hohen Widerständen (Kraftschnelligkeit) hat die Schnellkraft eine grundlegende Bedeutung, aber erst die Fähigkeit zur schnellen Aneinanderreihung der zyklischen Bewegungen durch entsprechende neuronale Erregungsmuster ermöglicht eine hohe Aktionsschnelligkeit (Antrittsschnelligkeit, Tab. 23). Diese Schnelligkeitsfähigkeit wird vor allem in der Beschleunigungsphase nach Starts und bei Antritten in Ballspielen benötigt.

Schnelligkeitsausdauer

Schnelligkeitsausdauer bezeichnet die Widerstandsfähigkeit gegen Geschwindigkeitsabfall bei zyklischen Schnelligkeitsleistungen zwischen 7 Sekunden und 2 Minuten (Stehvermögen).

Leistungsbestimmend sind zunächst alle Faktoren der zyklischen Aktionsschnelligkeit. Um die Schnelligkeitsleistungen aber länger als 7 Sekunden aufrecht erhalten zu können, sind zusätzlich die anaerob-laktazide Energiegewinnung und die Pufferkapazität von großer Bedeutung. Schnelligkeitsausdauer ist für alle Laufdisziplinen von 100 bis 800 Meter eine wichtige Schnelligkeitsfähigkeit. In einem Belastungszeitraum zwischen 25 Sekunden und 2 Minuten kommt es zu einer zeitlichen und begrifflichen Überschneidung mit der Kurzzeitausdauer (siehe S. 50). Müssen in diesem Zeitraum nur geringe Widerstände überwunden werden, d.h. spielt die Schnellkraft nur eine untergeordnete Rolle, wäre Schnelligkeitsausdauer unter Umständen die spezifischere Bezeichnung.

4. SCHNELLIGKEITSTRAINING

Die leistungsbestimmenden Faktoren der Schnelligkeit erklären, warum der physische Leistungsfaktor Schnelligkeit wesentlich mehr durch angeborene Eigenschaften bestimmt wird als die physischen Leistungsfaktoren Kraft und Ausdauer. Dies ist vor allem darauf zurückzuführen, dass bei hoher Bewegungsgeschwindigkeit fast nur FT-Fasern zur

SCHNELLIGKEITSFÄHIGKEITEN	**Spezielle Ausprägungen der Schnelligkeitsfähigkeiten**	**Motorische Form Beispiele**
zyklische AKTIONS-SCHNELLIGKEIT als Fortbewegungsschnelligkeit bis 7 s	**geringer Widerstand** Frequenzschnelligkeit **hoher Widerstand** Antrittsschnelligkeit	Schnelligkeit bei **zyklischen** Bewegungsabläufen: Tappings, fliegende Sprints; Läufe bis 800 m (Schnell.-ausdauer) Beschleunigung nach Starts, Antritte in Ballspielen
SCHNELLIGKEITS-AUSDAUER (7 s - 2 min)		
REAKTIONS-SCHNELLIGKEIT	**Einfachreaktionen** Wahrnehmungsschnelligkeit **Auswahlreaktionen** Antizipationsschnelligkeit	Akustischer Reiz bei Starts Abwehraktionen in Ballspielen, Torwartaktionen, Zweikampfsportarten
azyklische AKTIONS-SCHNELLIGKEIT als motorische Ablaufschnelligkeit bis 7 s	**geringer Widerstand** Bewegungsschnelligkeit **hoher Widerstand** Kraftschnelligkeit	Schnelligkeit bei **azyklischen** Bewegungsabläufen: Ballwürfe, Speerwurf, Schmetterschläge Absprünge, Kugelstoß, Angriffs- und Abwehrhandlungen in Ballspielen

Tab. 23: *Schnelligkeitsfähigkeiten.*

Kontraktion eingesetzt werden können und die Geschwindigkeit der Erregungsleitung und die neuronalen Zeitprogramme entscheidende leistungsbestimmende Faktoren sind. Aus diesem Grund ist Schnelligkeit im Vergleich zu Ausdauer und Kraft deutlich weniger trainierbar. Ein untrainierter Erwachsener kann seine 100-m-Bestzeit noch um ca. 15-20% verbessern (Weineck 2010, 615). Das Sprichwort „Laufen lernt man durch Laufen" stimmt nur teilweise. Laufen mit maximaler Geschwindigkeit in der Leichtathletik, im Spiel oder auch schnelle Aktionen in Zweikampfsportarten sind jeweils von mehreren spezifischen und teils angeborenen Faktoren abhängig. Im Leistungssport müssen alle leistungsbestimmenden Faktoren entsprechend der sportartspezifischen Gewichtung gezielt trainiert und im Rahmen der angeborenen Grenzen verbessert werden. Im Breitensport und Kindersport dagegen wird Schnelligkeit unspezifisch in Spielen und verschiedenen Spielformen mittrainiert.

4.1 Allgemeine Trainingsgrundsätze

- **Erwärmung:** Im nicht aufgewärmten Zustand beträgt die Muskeltemperatur ca. 34° C. Dem Schnelligkeitstraining muss deshalb eine gründliche Aufwärmphase vorausgehen (siehe leistungsbestimmende Faktoren).
- **Dehnung:** Die gedehnte Muskulatur ermöglicht eine größere Bewegungsamplitude und bereitet den Organismus auf Belastungen vor. Vor Schnelligkeitsbelastungen sollte allerdings nur dynamisch gedehnt werden (siehe Beweglichkeitstraining). Am Ende der Trainingseinheit sollte die Entmüdung der Muskulatur durch Auslaufen und spezielle Dehnübungen unterstützt werden.
- **Belastungsphase:** Das Schnelligkeitstraining soll abgebrochen werden, sobald die Geschwindigkeit nicht mehr aufrecht erhalten werden kann bzw. sich die Technik des Bewegungsablaufs verschlechtert.
- **Pausengestaltung:** Da die Intensität immer hoch sein muss (submaximal bis supramaximal), können Belastungen nur in nahezu vollständig erholtem Zustand durchgeführt werden. Bei der Pausengestaltung ist auf Folgendes zu achten:
  - Die Erregbarkeit des Nervensystems darf nicht zu stark absinken, deshalb wird eine **aktive Pause** empfohlen.
  - Die **Pausenlänge** wird durch die Wiederauffüllung der Phosphatspeicher (1,5-2 min) und die 50%ige Laktatbeseitigung (15 min) bestimmt (siehe S. 45).
  - Zwischen den spezifischen Schnelligkeits-Trainingseinheiten sollten Pausen von **ca. 72 Stunden** eingehalten werden.

4.2 Training der Reaktionsschnelligkeit

Eine Verbesserung der Reaktionsschnelligkeit wird vorwiegend durch Stabilisierung der aktuellen Reaktionsfähigkeit und Optimierung der Bewegungstechnik erreicht. Da im Sport Reaktionsschnelligkeit in der Regel verknüpft ist mit einer oder mehreren Folgeaktionen (z.B. Start und explosiver Antritt) wird die Reaktionsschnelligkeit je nach Sportart in Kombination mit anderen Fähigkeiten geschult.

Training von Einfachreaktionen

Wiederholtes Reagieren unter gleichen Bedingungen.

Einfachreaktionen (Starts) sind festgelegte Bewegungsantworten auf ein Signal. Durch Training ist eine Verbesserung um 10 bis 15% möglich (Weineck, 2010). Das Training erfolgt häufig durch die Schulung einzelner Teilbewegungen, z.B. Druckbein, Schwungbein, Armbewegungen zuerst beim Hochstart und anschließend beim Tiefstart. Auch über eine Schulung des Zeitempfindens kann die Reaktionsschnelligkeit beim Start verbessert werden.

Training von Auswahlreaktionen

Wiederholtes Reagieren unter variablen Bedingungen.

Die ständigen und schnellen Wechsel der Handlungssituationen erfordern in Spielen oder in Zweikämpfen sehr schnelle **Auswahlreaktionen**. Auswahlreaktionen werden durch technisches und taktisches Training in Übungsformen und Spielsituationen eingeübt, ebenso die Fähigkeit, Aktionen des Gegners oder des Mitspielers vorauszusehen (Antizipation), um Zeit für eigene Aktionen zu gewinnen. Beispiele hierfür sind der Block im Volleyballspiel oder Position und Schlägerhaltung des Tennisspielers vor dem Rückschlag. Durch häufiges, jahrelanges Üben der variablen Bedingungen, kann die richtige Auswahl der Reaktion um 30-40% verbessert werden.

Beim Training der Reaktionsschnelligkeit (Einfach- und Auswahlreaktionen) sollte etwa folgendes Belastungsgefüge eingehalten werden:

Belastungsgefüge:	- Intensität:	submaximale bis maximale Bewegungsgeschwindigkeit
	- Wiederholungen:	ca. 8 - 10 (je nach Übung)
	- Pause:	10 - 15 s
	- Umfang:	1 Durchgang

4.3 Training der Aktionsschnelligkeit

Die Aktionsschnelligkeit kann nur durch ein sinnvoll abgestimmtes Training der einzelnen leistungsbestimmenden Faktoren verbessert werden. Für die azyklische und zyklische Aktionsschnelligkeit sind dies vor allem die intra- und intermuskuläre Koordination, die Dehnfähigkeit der Muskulatur und als Basis die Verbesserung der Maximal- und Schnellkraft.
Ein langfristiger Trainingsaufbau beginnt deshalb mit Maximalkrafttraining, dann folgt Schnellkraft- und Techniktraining und anschließend das disziplinspezifische Training (vgl. Abb. 47, S. 92). Das **disziplinspezifische Training** wird ausschließlich mit der **Wiederholungsmethode** gestaltet.

Zyklische Aktionsschnelligkeit

Belastungsgefüge:	***Wiederholungsprinzip*** lange Strecke/Belastungszeit	***Serienprinzip*** kurze Strecke/Belastungszeit
- Intensität:	ca. 95-100 %	100 %
- Strecke / Dauer:	50 - 70 m / ca. 7 s	20-30 m / ca. 3 - 4 s
- Umfang:	3 - 5 Wiederholungen	3 - 4 Wiederhol. in 3 - 4 Serien
- Pause:	zwischen den Wh 15 - 20 min	zwischen den Wh 1,5 - 2 min, Serienpause ca. 10 min

Azyklische Aktionsschnelligkeit

Belastungsgefüge:	- Intensität:	100 %
	- Dauer / Wiederholungen:	6 - 7 s / 6-12 Wiederholungen
	- Umfang:	3 - 5 Serien
	- Pause:	Serienpause 2 - 4 min

Trainingsmittel

Für ein abwechslungsreiches Training der zyklischen Aktionsschnelligkeit, z.B. Laufen, Schwimmen, Radfahren, kann eine Vielzahl von Strecken- und Technikvarianten verwendet werden. Beim Laufen sind dies z.B. Läufe mit fliegenden Starts, Steigerungsläufe, Skippings, Tappings, Innervationstraining (plötzlich maximal schnelle Antritte im Wechsel mit Traben), Bergabläufe, Laufbandläufe. Als sehr effektiv haben sich Läufe mit unterschiedlichen Widerständen erwiesen, z.B. bergauf-bergab-flach oder auf dem Laufband mit variablen Widerständen. Für das Training der azyklischen Aktionsschnelligkeit können zunächst allgemeine Übungen wie z.B. Sprungübungen, Wurfübungen mit unterschiedlichen Geräten, Gewichten und schnellen Drehungen verwendet werden. Das Training der Feinform muss jedoch in der sportartspezifischen Technik erfolgen.

Geschwindigkeitsbarriere

Unter Geschwindigkeitsbarriere versteht man eine unerwünschte Stabilisierung der Schnelligkeit. Durch monotone Reizsetzung kommt es über Gewöhnung zu einem Bewegungsstereotyp, sodass keine entsprechenden Anpassungen mehr ausgelöst werden können. Ein möglichst vielseitiges Schnelligkeitstraining ist die beste Voraussetzung, um eine Geschwindigkeitsbarriere zu vermeiden.

Ist ein Bewegungsstereotyp eingetreten, muss durch Verbesserung möglichst aller leistungsbestimmenden Bereiche (Schnellkraft, Beweglichkeit, anaerobe Ausdauer usw.) und durch Schnelligkeitstraining unter erleichterten Bedingungen die stagnierende Aktionsgeschwindigkeit erhöht werden. Die Stabilisierung auf dem neuen Niveau dauert ungefähr 3-4 Monate (Weineck 2010, 695 ff).

4.4 Training der Schnelligkeitsausdauer

Zusätzlich zu den Zielen beim Training der zyklischen Aktionsschnelligkeit müssen für die Verbesserung der Schnelligkeitsausdauer folgende leistungsbestimmenden Faktoren verbessert werden:

- Anaerob-alaktazide Energiewinnung
- Anaerob-laktazide Energiegewinnung
- Steigerung der Laktattoleranz (Pufferkapazität)

Trainingsmethoden

Schnelligkeitsausdauer wird mit der intensiven Intervallmethode und der Wiederholungsmethode trainiert. Die Belastungsgefüge entsprechen denen des Ausdauertrainings. Die Belastungsdauer eines Einzelreizes ist jedoch auf 7 bis 25 Sekunden beschränkt.

Trainingsmittel und Belastungsbeispiele (Wiederholungsmethode):

- **Tempolaufläufe** - 3 x 200 m annähernd maximal
  - jeweils 15 min Pause
- **Tempowechselläufe** (Ins and Outs): 3 x 200 m, dabei werden abwechselnd 20 m maximal und 15 m submaximal durchlaufen (3 Serien); Pausen zwischen den Wiederholungen 2-3 min; Pause zwischen den Serien ca. 6 min.
- **Überdistanzläufe** (Intensive Intervallmethode): 3 x120 m, 2 Serien; Intensität ca. 85%; Pause zwischen den Wiederholungen 2-3 min; Pause zwischen den Serien ca. 6 min.

5. TRAININGSWIRKUNGEN DURCH SCHNELLIGKEITSTRAINING

Durch die anlagebedingte Ausprägung wesentlicher leistungsbestimmender Faktoren der Schnelligkeit ist die Effektivität des Schnelligkeitstrainings begrenzt. Die stark anlagebedingte Reaktionsschnelligkeit kann bei Einfachreaktionen maximal 10-15% verbessert werden. Verbesserungen der Aktionsschnelligkeit und der Schnelligkeitsausdauer werden größtenteils durch anatomisch-physiologische Anpassungen erreicht. Wesentliche Trainingswirkungen sind:

- Bei akustischen Einfachreaktionen lässt sich die Reaktionsschnelligkeit um ca. 10-15% verbessern. Bei Auswahlreaktionen kann auf Grund einer größeren Wiederholungsstabilität und Antizipationsfähigkeit eine Verbesserung bis zu 30-40% erreicht werden.
- Verbesserung der intermuskulären Koordination durch Techniktraining und Schulung spezieller Bewegungsfolgen.
- Hypertrophie der FT-Fasern durch selektive Beanspruchung mit gleichzeitiger Verbesserung der intramuskulären Koordinaton; dadurch kommt es zu einer Verbesserung der Schnellkraft.
- Vergrößerung der ATP/KP- und Glykogenspeicher.

- Steigerung der Enzymaktivität für die anaerob-alaktazide Energiegewinnung um etwa 30% (Weineck, 2010, S. 624).
- Verbesserung der anaerob-laktaziden Energiebereitstellung und der Pufferkapazität.

Aufgaben

53. Erläutern Sie den Satz: „Zum Sprinter wird man geboren." Gehen Sie dabei auf die biologischen Grundlagen der Schnelligkeit und auf die unterschiedliche Trainierbarkeit der Schnelligkeitsfähigkeiten ein.
    In welchen Schnelligkeitsdisziplinen sind demnach durch Training größere bzw. weniger große Leistungssteigerungen zu erzielen?
54. Welche Auswirkungen eines Ausdauertrainings sind für die Schnelligkeit zu erwarten?
    Berücksichtigen Sie dabei die Bedeutung der intermuskulären Koordination für das Verhältnis von Energieaufwand und erzielter Wirkung (Bewegungsökonomie).
55. Nennen Sie die leistungsbestimmenden Faktoren der Schnelligkeit, die durch Training gut bzw. wenig zu beeinflussen sind.
56. Erfahrene Trainer behaupten: „Schnelligkeit entsteht nur durch Schnelligkeit. Zuviel Schnelligkeit macht stumpf." Überprüfen Sie diese Aussagen.
57. Vergleichen Sie die Bedeutung der einzelnen Schnelligkeitsfähigkeiten für die verschiedenen Sprintstrecken in der Leichtathletik.
58. Welche Schnelligkeitsfähigkeiten sollten Sie für das Basketballspiel vorrangig trainieren? Nennen Sie dafür verschiedene basketballspezifische Trainingsmittel.
59. Kann die Geschwindigkeitsbarriere auch im Schülerbereich auftreten?
    Begründen Sie Ihre Antwort.

BEWEGLICHKEIT

1. BEDEUTUNG DER BEWEGLICHKEIT

Beweglichkeit ist die Fähigkeit, Bewegungen mit großer Schwingungsweite ausführen zu können.

Beweglichkeit und sportliche Leistung

Nur mit Hilfe einer gut ausgeprägten Beweglichkeit können Ausdauer-, Kraft- und Schnelligkeitsfähigkeiten und auch koordinative Fähigkeiten effektiv umgesetzt werden. Insofern ist der physische Leistungsfaktor Beweglichkeit eine Grundvoraussetzung für alle sportlichen Leistungen. Ist eine große Bewegungsamplitude vorhanden, können Übungen einerseits leichter, fließender und ausdrucksvoller, also mit höherer Qualität, andererseits aber auch kräftiger, schneller und weiter ausgeführt werden (höhere Quantität). Wie sich eine **sportliche Leistung** durch eine gute Beweglichkeit **quantitativ verbessern** lässt, wird in folgenden beiden Bereichen besonders deutlich:

- **Beschleunigungsweg**: Je länger der Beschleunigungsweg, umso länger kann der Körper- oder ein Gerät durch die kontrahierenden Muskeln beschleunigt werden; Höhe, Weite und Geschwindigkeit nehmen zu. Bei einer großen Schwingungsweite kann durch die Ausholbewegung der Beschleunigungsweg optimal lang gestaltet werden.
- **Dehnfähigkeit der Agonisten**: Bei allen Bewegungen, speziell aber bei Ausholbewegungen, müssen die Agonisten zunächst durch die Antagonisten gedehnt werden. Bei einer guten Beweglichkeit wird hierzu wesentlich weniger Energie benötigt, die Aktionen können schneller und ökonomischer ausgeführt werden.

Beweglichkeit im Bereich Gesundheit

Durch Technisierung und Automatisierung der Arbeitswelt und durch verändertes Freizeitverhalten sind die Anforderungen an die Beweglichkeit unseres Körpers in den letzten Jahrzehnten immer geringer geworden. Wird die Beweglichkeit nicht durch gezielte Trainingsmaßnahmen erhalten oder verbessert, kommt es zu einem Verlust der Beweglichkeit. Dies bleibt nicht ohne Folgen:

- **Einschränkung der Alltagsmotorik**: In vielen Alltagssituationen ist nach wie vor eine gute Beweglichkeit erforderlich, z.B. beim Ankleiden, rückwärts Einparken.
- **Verletzungsgefahr**: Es gibt im Alltag immer wieder unvorhergesehene Situationen, in denen ein schnelles und geschicktes Reagieren erforderlich ist, z.B. Stolpern, Hindernissen ausweichen beim Radfahren. Je größer die Beweglichkeit umso besser kann die erforderliche motorische Reaktion gelingen und eine Verletzung vermieden werden.
- **Haltungsschäden**: Die fehlende Ausnutzung der Bewegungsweite eines Gelenks hat langfristig degenerative Veränderungen zur Folge: Die Muskulatur wird kürzer und auch das Binde- und Stützgewebe im Bereich der Gelenke verliert seine Elastizität. Dies führt zu einer Abnahme der Beweglichkeit. Oft werden **Schon- und**

Fehlhaltungen eingenommen (muskuläre Dysbalancen siehe Anhang S. 146), die langfristig zu degenerativen Veränderungen des Skeletts führen. Eine sehr häufige Erkrankung ist z.B. die Degeneration der Bandscheiben im Bereich der Lendenwirbelsäule. Wesentliche Ursache hierfür ist eine Verkürzung der Hüftbeugemuskulatur durch die einseitige Körperhaltung im Sitzen. Auch nach Verletzungen entstehen häufig Schonhaltungen, die langfristig zu Schäden am Skelettsystem führen. In der Rehabilitation wird deshalb versucht, durch entsprechende Maßnahmen die Beweglichkeit möglichst rasch wieder herzustellen.

- **Gefühl der Verspannung**: Bei allgemein eingeschränkter Beweglichkeit entsteht bei vielen Aktionen des Drehens, Streckens und Beugens ein Gefühl der Steifheit. Eine gute Beweglichkeit kann deshalb auch die Lebensqualität verbessern („sich wohl fühlen“).

2. BIOLOGISCHE GRUNDLAGEN und LEISTUNGSBESTIMMENDE FAKTOREN

Die Beweglichkeit in einem Gelenk wird durch eine Reihe von Faktoren begrenzt, die durch Training nicht oder nur wenig beeinflusst werden können. Man nennt diese Faktoren auch **konstitutionelle Faktoren**. Innerhalb des Spielraums, den diese Faktoren für eine maximale Schwingungsweite vorgeben, wird die Beweglichkeit von der Muskulatur bestimmt. Sie begrenzt i.d.R. die Schwingungsweite und schützt dadurch Gelenkbänder und Gelenkkapseln vor Verletzungen. Im Gegensatz zu den konstitutionellen Faktoren kann die Muskulatur durch ein entsprechendes Training beeinflusst und die Beweglichkeit innerhalb des vorgegebenen Spielraums verbessert werden.

2.1 Konstitutionelle Faktoren

Gelenktypen
Die größte Bewegungsfreiheit erlauben Kugelgelenke, Bewegungen sind in alle Richtungen möglich (z.B. Hüftgelenk und Schultergelenk). Die kleinste Bewegungsfreiheit ist bei so genannten Scharnier- oder Walzengelenken vorhanden, die Bewegung ist nur in einer Ebene möglich (Beugen und Strecken, z.B. Fingergelenke).

Gelenkkapsel und **Gelenkbänder**
Sie begrenzen durch Straffung die Bewegungsweite in einem Gelenk. Werden die Bindegewebsstrukturen der Gelenkkapsel und der Gelenkbänder durch zu hohe Krafteinwirkungen gedehnt, kommt es zu Instabilitäten und Verletzungen.

Eine weitere, sehr starre Hemmung der Beweglichkeit ist durch Knochenfortsätze möglich (z.B. Fortsatz der Elle am Ellbogengelenk). In manchen Fällen kann auch eine zu große Muskel- oder Fettmasse die Beweglichkeit einschränken (Massenhemmung).

2.2 Dehnfähigkeit des Muskelsystems

Bei der aktiven Muskelkontraktion und bei der passiven Dehnung des Muskels sind folgende Strukturen beteiligt (siehe Abb. 54):

- Die Myofibrillen Aktin und Myosin als kontraktile Elemente der Muskelzelle,
- die elastischen Titinfilamente,
- die bindegewebigen Strukturen der Muskelzelle und die Faserhüllen (Sarkolemm[1] und Bindegewebe),
- die Sehnen.

Werden erschlaffte Muskeln gedehnt, z.B. bei Ausholbewegungen, gleiten die Aktin- und Myosinfilamente fast widerstandslos auseinander. Dabei werden die Myosinfilamente immer mehr von den Z-Scheiben entfernt und die **hochelastischen Titinmoleküle** werden in die Länge gezogen. Wird die Überlappungsgrenze von Aktin und Myosin überschritten, setzen die Titinmoleküle der zunehmenden Dehnung einen immer schneller wachsenden Widerstand entgegen. Dabei werden gleichzeitig auch die bindegewebigen Strukturen der Muskelzelle und die Faserhüllen gedehnt (parallelelastisches Element). Beide Strukturen sind aber erst in extremen Dehnbereichen am elastischen Widerstand des Muskels beteiligt. Entfallen die dehnenden Kräfte, werden die Sarkomere durch die elastische Spannung der Titinfilamente wieder auf die Ruhelänge verkürzt und der Muskel nimmt ohne Energieverbrauch wieder seine normale Länge ein. Während ein Muskel auf 160 % seiner Ruhelänge gedehnt werden kann, lassen sich Sehnen, ebenso wie Bänder und Kapseln nur auf etwa 103 bis 105 % ihrer normalen Länge dehnen.

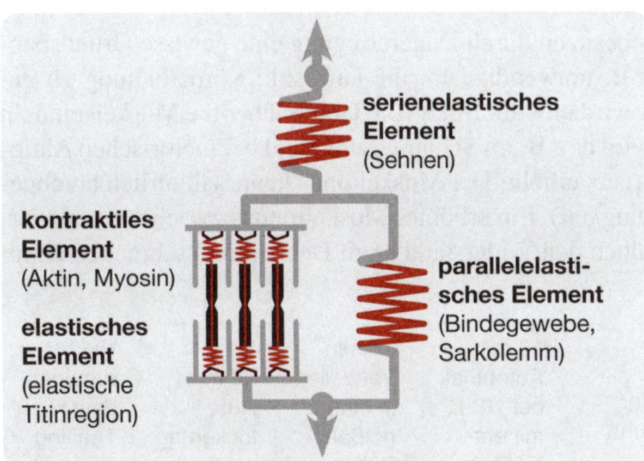

***Abb. 54:** Muskelmodell (verändert nach Markworth 2007, 52).*

2.3 Neuronale Einflüsse

Nicht nur die physiologischen Eigenschaften des Muskelgewebes haben einen großen Einfluss auf die Beweglichkeit sondern auch das Nervensystem beeinflusst durch die Steuerung der Muskelkontraktion die Beweglichkeit:

- **Dehnungsreflex**: Bei der Dehnung kommt es reflektorisch zur Aktivierung von motorischen Einheiten des gedehnten Muskels. Dadurch wird die Muskelspannung erhöht und der Dehnung ein größerer Widerstand entgegengesetzt. Je schneller die Dehnung erfolgt, umso höher ist die Aktivierung der motorischen Einheiten. Der Dehnungsreflex kann durch verschiedene Maßnahmen reduziert werden (siehe Kapitel 2.4).

[1] Zellmembran der Muskelzelle.

- **Hemmung der Antagonisten**: Kommt vom Gehirn ein Signal zur Kontraktion eines Muskels (Agonisten), dann werden gleichzeitig die motorischen Nervenzellen der Antagonisten gehemmt. Dadurch können die Antagonisten leichter gedehnt werden.
- **Spannungsreflex/Eigenhemmung**: Spannungsempfindliche Organe in den Sehnen hemmen bei zu starker Belastung (Spannung) die motorischen Nervenzellen, dadurch wird die Kontraktionskraft verringert.
- **Hemmung/Aktivierung der Muskulatur durch das Zentralnervensystem (ZNS):** Ruhe, Anspannung, Aufregung, Angst usw. können zu einer verminderten oder verstärkten Aktivierung der Muskulatur führen. Bei einer verstärkten Aktivierung ist die Beweglichkeit eingeschränkt.

Ein Muskel (Muskelfasern) kann dann am besten gedehnt werden, wenn während der Dehnung von den motorischen Nervenzellen keine Signale zur Kontraktion erfolgen. Durch verschiedene zusätzliche Maßnahmen wird bei einigen Dehnmethoden versucht, die Aktivität der motorischen Nervenzellen möglichst zu unterdrücken (siehe Trainingsmethoden Kapitel 4.2).

Erläuterungen zum Dehnungsreflex und weiteren Reflexen siehe Anhang S. 145.

2.4 Muskeltonus und Entspannungsfähigkeit

Die Muskeln unseres Körpers besitzen durch Dauererregung eine gewisse Grundspannung (Ruhetonus). Dies ist z.B. notwendig, um die aufrechte Körperhaltung zu gewährleisten. Der Muskeltonus wird unwillkürlich vom Gehirn über die Muskelspindeln reguliert (siehe Anhang): So wird er z.B. im Schlaf gesenkt und bei motorischen Aktionen zur Stabilisierung des Körpers erhöht. Der Muskeltonus kann willkürlich herabgesetzt werden (Entspannungsfähigkeit). Ein erhöhter Muskeltonus bzw. eine verminderte Entspannungsfähigkeit erhöhen den Widerstand beim Dehnen und schränken damit die Beweglichkeit ein.

Bedingungen	Nach der Nachtruhe		10 min Aufenthalt bei 10° C mit entblößtem Körper	10 min Verweilen in einem heißen Bad von 40° C	Nach 20 min Auflockerung	Nach ermüdendem Training
	früh	mittags				
Uhrzeit der Messung	8.00	12.00	12.00	12.00	12.00	12.00
Änderung der **Beweglichkeit** in mm	**- 15**	**+ 35**	**- 36**	**+ 78**	**+ 89**	**- 35**

Tab. 24: *Veränderung der Beweglichkeit unter verschiedenen Bedingungen (nach Weineck 2010, 746).*

Muskeltonus und Entspannungsfähigkeit unterliegen vielfältigen Einflüssen: Eine deutlich erhöhte Beweglichkeit ist um die Mittagszeit, nach einem Aufwärmen und nach einem Lockerungstraining zu beobachten; früh morgens, bei niederen Temperaturen und

bei Ermüdung ist die Beweglichkeit dagegen deutlich reduziert. Die Erhöhung des Muskeltonus bei niederen Temperaturen hat den Sinn, Wärme zu produzieren.
Um sportliche Leistungen zu optimieren, müssen tonusverändernde Einflüsse erkannt und im Training und Wettkampf beachtet werden. Dazu einige Beispiele:

- Dehnungsübungen und Lockerungsmaßnahmen wirken tonussenkend.
- Neue oder schwierige Übungen erhöhen den Tonus bis zur Verkrampfung (siehe S. 114).
- Kältereize führen zu einer Zunahme des Muskeltonus, insbesondere der Beugemuskulatur (Bewegungseinschränkung).
- Der Vorstartzustand kann zu erhöhtem oder vermindertem Tonus führen (Startnervosität oder Startapathie).

2.5 Beweglichkeit in Abhängigkeit von Alter und Geschlecht

Die Muskulatur ist den altersbedingten Veränderungen besonders stark unterworfen. So kommt es z.B. durch Wasserverlust zu einer Abnahme der Dehnfähigkeit. Dadurch wird mit zunehmendem Alter die Beweglichkeit stark eingeschränkt. Fasst man die Beweglichkeit der wichtigsten Gelenke (Rumpf, Schulter-, Ellbogen-, Hand-, Hüft-, Knie- und Sprunggelenk) zusammen (Flexindex), dann zeigt sich, dass die Beweglichkeit mit 5 Jahren am höchsten ist und danach stetig absinkt. Weibliche Personen haben allgemein eine größere Beweglichkeit (Freiwald 2013, 146 ff). Als Ursache für die bessere Beweglichkeit der Frauen werden die geringere Muskelmasse, der höhere Fettgewebsanteil und die vermehrte Wasserretention genannt. Der erhöhte Wassergehalt erniedrigt die Gewebsdichte und bewirkt eine größere Beweglichkeit.

In einzelnen Bereichen kann die Veränderung der Beweglichkeit aber durchaus anders verlaufen. Abbildung 53 zeigt die Rumpfbeuge-
fähigkeit in Abhängigkeit von Alter und Geschlecht. Bei Männern ist mit ca. 20 Jahren der Maximalwert erreicht, während bei Frauen die Beweglichkeit insgesamt größer ist und der Rückgang erst mit ca. 25 Jahren einsetzt.

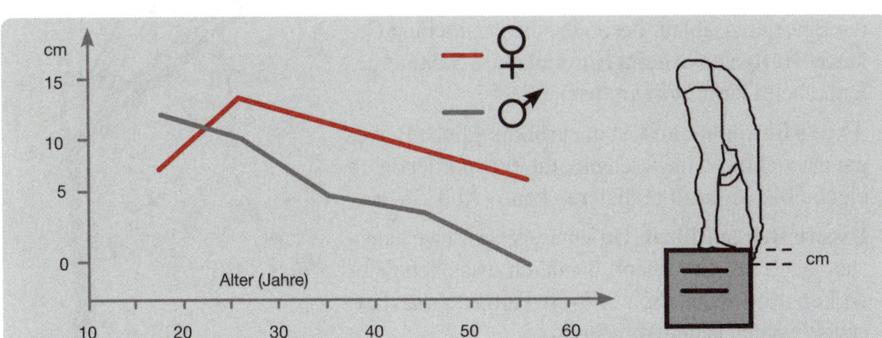

Abb. 55: Beweglichkeit in Abhängigkeit von Alter und Geschlecht (verändert nach Weineck 1987, 350).

2.6 Beweglichkeit und Krafttraining

Fehlt beim Überblick

Kraft und Beweglichkeit - insbesondere die Dehnfähigkeit - stehen in enger Wechselbeziehung zueinander. Für die im Sport wichtige aktive Beweglichkeit spielt die Kraft der jeweiligen Agonisten eine entscheidende Rolle. Die Agonisten sollten in der Lage sein, die Antagonisten zu dehnen. Deshalb müssen Agonisten und Antagonisten so trainiert werden, dass sie sich in einem Kräftegleichgewicht befinden (siehe Anhang, S. 146). Je größer der Muskelquerschnitt umso höher ist die Zahl der Titinfilamente. Dadurch ist der Widerstand gegen eine Dehnung größer und ein schwacher Agonist kann den starken Antagonisten nur wenig dehnen.

Ein Sarkomer kann bei mittlerem Überlappungsgrad der Filamente die größte Kraft entwickeln. Wird beim Krafttraining nicht die volle Bewegungsamplitude genutzt, sondern in einem eingeschränkten Bewegungssektor gearbeitet (Arbeitssektor), kommt es langfristig zu einer Abnahme der in Serie geschalteten Sarkomere und damit zu einer Verkürzung der Muskulatur. Durch eine Reduktion der Sarkomerenzahl kann der Muskel auch in verkürztem Zustand in einem mittleren Überlappungsgrad und somit mit größter Kraft arbeiten. Eine Abnahme der in Reihe geschalteten Sarkomere bewirkt aber eine Verkürzung des Muskels und dadurch eine deutliche Einschränkung der Beweglichkeit. Deshalb sollte beim Kraft- und Schnellkrafttraining immer über die volle Bewegungsamplitude gearbeitet werden.

3. ARTEN DER BEWEGLICHKEIT / FÄHIGKEITEN

Die Beweglichkeit kann nach drei verschiedenen Aspekten strukturiert werden: allgemein/speziell, aktiv/passiv und dynamisch/statisch:

- **Allgemeine Beweglichkeit** ist die Beweglichkeit in den wichtigsten Gelenksystemen (Schulter- und Hüftgelenke, Wirbelsäule), die je nach Anspruchsniveau verschieden ausgeprägt ist.
- **Spezielle Beweglichkeit** betrifft die Beweglichkeit eines bestimmten Gelenks oder die bei einem bestimmten Bewegungsablauf besonders beanspruchten Gelenke (Hüftgelenke beim Hürdenläufer, Schultergelenke beim Kraulschwimmer).
- **Aktive Beweglichkeit** ist die größtmögliche Bewegungsamplitude eines Gelenks, die ein Sportler durch eigene Muskelkraft realisieren kann (Abb. 56, a).
- **Passive Beweglichkeit**: Größtmöglicher Bewegungsausschlag in einem Gelenk, der durch zusätzliche Einwirkung von außen (Schwerkraft, Partner, Zusatzlast) erzielt werden kann (Abb. 56, b).
- **Statische Beweglichkeit** ist gekennzeichnet durch die Bewegungsweite, die statisch eingenommen werden kann, d.h. die belastet oder unbelastet eine gewisse Zeit gehalten werden kann (Spagat, Rumpfbeuge).

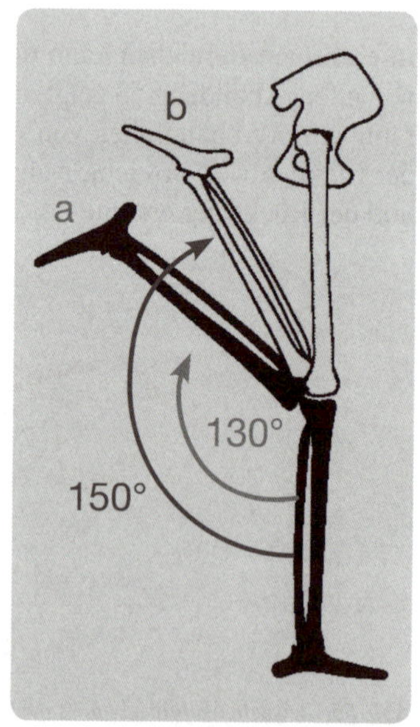

***Abb. 56:** a = aktive-, b = passive Beweglichkeit. (verändert nach Knebel 1988, 86).*

- **Dynamische Beweglichkeit** betrifft die dynamisch erreichbare Bewegungsweite. Die dynamische Beweglichkeit ist i.d.R. größer als die statische Beweglichkeit.

Diese Beweglichkeitsfähigkeiten können nur selten in Reinform beobachtet werden, in der Regel treten sie als **Mischformen** auf:

- **Aktiv-statische Beweglichkeit**: Durch Kontraktion des Agonisten wird eine Dehnstellung eingenommen und gehalten, z.B. Standwaagen im Gerätturnen.
- **Passiv-statische Beweglichkeit**: Die Dehnstellung wird nicht durch Kontraktion des Agonisten sondern durch Krafteinwirkung von außen (Person, eigenes Körpergewicht) erreicht, z.B. Spagat im Gerätturnen. Da im Gegensatz zur aktiv-statischen Beweglichkeit die Dehnung nicht von der Kraft des Agonisten begrenzt wird, ist die passiv-statische Beweglichkeit größer als die aktiv-statische Beweglichkeit (siehe Abb. 56).
- **Aktiv-dynamische Beweglichkeit**: Ähnlich wie bei der aktiv-statischen Beweglichkeit wird die Dehnstellung durch Kontraktion des Agonisten erreicht. Die Kontraktion geschieht jedoch schnell und schwungvoll und die Dehnstellung wird nicht gehalten. Durch die Trägheit des beschleunigten Körperteils wird die Dehnstellung verstärkt, die Schwingungsweite ist größer als bei der aktiv-statischen Beweglichkeit, z.B. Vor-Hoch- oder Rück-Schwingen des Beins, Ausholbewegungen.
- **Passiv-dynamische Beweglichkeit**: Sie erfolgt wie die passiv-statische Beweglichkeit ohne Muskelkontraktion. Da die äußeren Kräfte wie z.B. Schwerkraft, Fliehkraft oder Trägheitsmoment dynamisch auf die jeweiligen Körperteile einwirken, werden bei dieser Mischform die größten Schwingungsweiten erreicht, z.B. Wippen im nicht vollständigen Spagat.

4. TRAINING DER BEWEGLICHKEIT

Die positiven Effekte einer guten Beweglichkeit für die sportliche Leistung, für die Bewältigung der Alltagsmotorik und auf die Gesundheit sind unbestritten. Entsprechend vielfältig waren in der Vergangenheit auch die Wirkungen, die einem regelmäßig durchgeführten Muskeldehnungstraining zugeschrieben wurden.

4.1 Trainingsziele

Inwiefern die in der Literatur genannten Ziele eines Muskeldehnungstrainings auch tatsächlich erreicht werden können, ist wissenschaftlich nicht für alle Aspekte nachgewiesen, z.T. sogar widerlegt. Nach Erkenntnissen, die durch Untersuchungen in den letzten 15 Jahren gewonnen wurden, ergibt sich folgendes Bild (Klee 2005):

Erreichbare Trainingswirkungen:

- Erhaltung und Verbesserung der Beweglichkeit durch langfristiges Training als Voraussetzung für sportliche Leistungen,
- Als Teil des Aufwärmprogramms zur Schaffung optimaler Voraussetzungen für die sportliche Leistungsfähigkeit im Wettkampf oder Training,

- Steigerung von Wohlbefinden und Körpergefühl,
- Wiederherstellung der Beweglichkeit nach Verletzungen.

Nicht erreichbare Trainingswirkungen:

- Verringerung der Verletzungsgefahr,
- Absenken der Muskelspannung, Verbesserung der Entspannungsfähigkeit,
- Behebung von muskulären Dysbalancen durch Beseitigung von Muskelverkürzungen (siehe Anhang S. 146).

4.2 Trainingsmethoden

Die Dehnfähigkeit eines Muskels wird von einer Vielzahl unterschiedlicher Faktoren bestimmt. Beim aktuellen Dehnvorgang stehen dabei besonders neuromuskuläre Steuerungsmechanismen im Vordergrund. Um diese gezielt im Sinne einer besseren Dehnfähigkeit zu beeinflussen, wurde vor allem das statische Dehnen durch eine Reihe zusätzlicher Maßnahmen weiterentwickelt. Es lassen sich in Bezug auf die Bewegungsausführung grundsätzlich vier verschiedene Trainingsmethoden unterscheiden.

Dynamisches Dehnen (aktiv und passiv)

Federn, wippen oder schwingen mit möglichst großer Schwingungsweite, 5 -10 Wiederholungen, danach 10 -20 s Pause, 2 -3 Serien.

Man unterscheidet aktives Dehnen durch die eigene Kraft und passives Dehnen durch die Schwerkraft oder mit Hilfe eines Partners bzw. eines Geräts.

Frühere Annahmen gingen davon aus, dass beim dynamischen Dehnen reflektorisch eine Kontraktion des gedehnten Muskels ausgelöst wird und dieser Dehnungsreflex eine optimale Muskeldehnung verhindert, ja sogar zu Verletzungen führen kann („Zerrgymnastik"). Neuere Untersuchungen haben gezeigt, dass dieser Reflex aber erst bei sehr schnellen und ruckartigen Bewegungen ausgelöst wird. Bei moderater Ausführung kann dieses traditionelle Beweglichkeitstraining also sinnvoll eingesetzt werden. Im Gegensatz zum statischen Dehnen hat es den Vorteil, dass die Bewegungsstruktur der Zielübung imitiert werden kann. So ist z.B. zur Vorbereitung bestimmter sportlicher Bewegungsabläufe in der Sportgymnastik oder bestimmter sportartspezifischer Techniken dynamisches Dehnen unerlässlich (siehe auch Trainingswirkungen).

Passiv statisches Dehnen (Stretching)

Dehnstellung langsam einnehmen, 10-20 s halten („easy stretch"); nimmt das Spannungsgefühl ab, dann 10-20 s nachdehnen („developement stretch"), danach 10 -20 s Pause, 2-3 Wiederholungen.

Der große Vorteil dieser Methode im Gegensatz zum dynamischen Dehnen wurde bisher darin gesehen, dass kein Dehnungsreflex ausgelöst wird. Allerdings haben Untersuchungen gezeigt, dass das passiv statische Dehnen in Bezug auf die Bewegungsweite nicht so effektiv ist wie die anderen Dehnmethoden. Dennoch hat die Methode ihre Berechtigung, da sie vor allem im Anfängerbereich einen einfachen Zugang zum Dehnen einzelner Muskeln und zum Entwickeln eines Körpergefühls ermöglicht.

Aktiv statisches Dehnen (AC - Stretching)

Dehnstellung durch Kontraktion der Antagonisten (AC = Antagonist-Contract) einnehmen und 10-20 s halten, anschließend langsam entdehnen, danach 10 -20 s Pause, 2-3 Wiederholungen.

Die Dehnung des Muskels durch Kontraktion seiner Antagonisten (**aktiv**) soll bewirken, dass der Dehnungsreflex im gedehnten Muskel unterdrückt wird. Dadurch ist die Einnahme einer tieferen Dehnposition möglich. Das aktiv-statische Dehnen wird häufig im Gerätturnen angewandt, um z.B. bei statischen Übungen eine extreme Dehnposition halten zu können (Grätschwinkelstütz am Boden, Standwaage).

Anspannungs-Entspannungs-Dehnen (CR - Stretching)

Den zu dehnenden Muskel in Dehnstellung ca. 3-7 s maximal anspannen, anschließend sofort entspannen und ca. 10 s passiv-statisch dehnen; 10 -20 s Pause, Vorgang 2-3 mal wiederholen (Anspannen-Entspannen, CR = Contract-Relax).

Durch die vorausgehende maximale Anspannung des zu dehnenden Muskels soll über die Sehnenorgane eine Eigenhemmung ausgelöst werden, die den Dehnungsreflex unterdrückt und den Muskeltonus senkt. Ähnlich wie beim AC-Stretching soll dadurch eine tiefere Dehnstellung eingenommen werden können. Durch die Kontraktion des Muskels wird gleichzeitig eine Kräftigung erreicht.

Bei allen Stretching-Methoden wird der **Zielmuskel statisch gedehnt**. Beim AC- und CR-Stretching wird versucht, über neuromuskuläre Einflüsse die Effektivität des Dehnens zu erhöhen. Diese beiden Methoden werden deshalb auch als PNF-Methoden bezeichnet (**P**ropriozeptive[2] **n**euromuskuläre **F**azilitation[3]). Eine weitere PNF-Methode ist die Kombination des CR- und AC-Stretchings (**CR-AC-Stretching**); dabei wird zunächst der Zielmuskel angespannt und dann mit AC-Stretching gedehnt. Hierbei sollen die unterschiedlichen neuromuskulären Effekte der beiden Methoden gleichzeitig genutzt werden. Die neuromuskulären Effekte sind allerdings nicht eindeutig nachgewiesen.

Allgemeine Hinweise zum Training der Beweglichkeit:

Um eine dauerhafte Verbesserung der Beweglichkeit zu erreichen, sollte man in der Woche regelmäßig 3 -5 mal trainieren. Im Hochleistungssport wird tägliches Dehnen empfohlen. Je höher die Intensität der einzelnen Dehnungen ist, umso besser wirkt das Training. Im Leistungssport gehen die Dehnungen bis an die Schmerzgrenze.

[2] Propriozeptive Sinnesorgane (Sinnesorgane für Meldungen aus dem eigenen Körper) sind hier die Muskelspindeln, Sehnenorgane und Gelenksinnesorgane.

[3] Fazilitation = Erleichterung.

5. TRAININGSWIRKUNGEN und TRAININGSEMPFEHLUNGEN

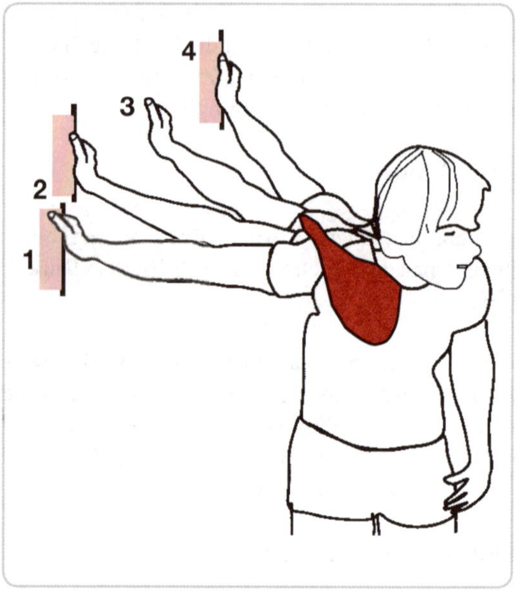

Abb. 57: Unterschiedliche Wirkung verschiedener Dehnmethoden; 1= statisches Dehnen, 2= CR-Stretching, 3= dynamisches Dehnen und AC-Stretching, 4= CR-AC-Stretching.

5.1 Effektivität der Dehnmethoden

Mit allen Dehnmethoden lässt sich sowohl kurzfristig als auch langfristig eine **Verbesserung der Bewegungsreichweite** und eine Verringerung des Widerstandes bei der Dehnung (Dehnungstoleranz) erreichen. Die einzelnen Methoden sind jedoch unterschiedlich effektiv. Fasst man die kurz- und langfristige Wirkung (aktive und passive Beweglichkeit) der einzelnen Dehnmethoden zusammen, ergibt sich aus einem Vergleich verschiedener Untersuchungen die in Abb. 57 dargegestellte Rangfolge (Klee 2005, 70). Am effektivsten ist die Kombination von CR-und AC-Stretching (Position 4), dynamisches Dehnen und AC-Stretching sind etwa gleich effektiv (Position 3), etwas weniger wirksam ist das CR-Stretching (Position 2) und die geringste Wirkung hat das statische Dehnen (Position 1). Das dynamische Dehnen ist also wirksamer als das statische Dehnen und wird nur vom CR-AC-Stretching übertroffen. Gründe für die Überlegenheit dieser Methode konnten noch nicht eindeutig geklärt werden.

Aufwärmen und Dehnen

Die Körpertemperatur hat einen großen Einfluss auf die Beweglichkeit. Wie effektiv ein Aufwärmen in Verbindung mit dynamischem und/oder statischem Dehnen sein kann, ist in Tabelle 25 (S. 121) zusammengefasst. Gemessen wurde die Rumpfbeugefähigkeit (siehe Abb. 55, S. 115) nach einem Aufwärmen von drei Minuten (Laufen, Hüpfen) und anschließendem dynamischen oder statischen Dehnen. Obwohl das Aufwärmen nur drei Minuten dauerte, hatte es einen wesentlich größeren Einfluss auf die Beweglichkeit als das sich anschließende Dehntraining. Darüber hinaus zeigt sich, dass die Beweglichkeit nach dem Aufwärmen durch dynamisches Dehnen noch einmal deutlich gesteigert werden kann; durch statisches Dehnen wird dagegen nur noch eine geringe Zunahme der Beweglichkeit erreicht (siehe auch Abb. 57).

	Dehnfähigkeit nach verschiedenen Maßnahmen			
Versuchspersonen (Alter: 18-55 Jahre) n= 140 (58 w, 82 m)	Vor dem Aufwärmen	Nach dem Aufwärmen (3 min)	Aufwärmen u. dynamisches Dehnen	Aufwärmen u. statisches Dehnen
Rumpfbeuge-fähigkeit	+ 3,4 cm	+ 6,15 cm	+ 7,53 cm	+ 6,56 cm

Tab. 25: Rumfpbeugefähigkeit nach unterschiedlichen Maßnahmen (Friedmann, eigene Untersuchung).

5.2 Muskuläre Dysbalancen

Es gibt bislang noch keinen Nachweis dafür, dass mit den Dehnmethoden eine Verlängerung von Muskelfasern durch einen Einbau von Sarkomeren erreicht werden kann. Auch eine langfristige Absenkung des Muskeltonus ist nicht nachgewiesen. Dementsprechend ist **Dehnen kein geeignetes Mittel zur Beseitigung muskulärer Dysbalancen** (Klee 2005, 53).

Erläuterungen zu muskulären Dysbalancen und deren Behandlung siehe Anhang S. 147.

5.3 Trainingsempfehlungen für den Fitnessbereich

Aus der Vielfalt der Befunde zur Wirkung von Trainingsmethoden zur Muskeldehnung lassen sich folgende Hinweise ableiten:

Trainingsziele

Von den in Kapitel 4.1 genannten möglichen Trainingszielen kann, wie schon erwähnt, durch Dehntraining nur ein Teil erreicht werden (siehe S. 117 f).

Eine Verringerung der Verletzungsgefahr, eine Absenkung der Muskelspannung und eine Muskelverlängerung konnten nicht bestätigt werden.

Dehnen und/oder Aufwärmen

Durch Aufwärmen kann die Dehnfähigkeit deutlich gesteigert werden. Zusätzliches Dehnen ist nur dann sinnvoll, wenn die Zielübungen eine große/spezielle Gelenkreichweite erfordern.

Statisch oder dynamisch

Das dynamische Dehnen ist dem statischen Dehnen vorzuziehen. Die Verbesserung der Dehnfähigkeit ist größer und die Bewegungsstruktur der Zielübung kann imitiert und die Koordination mittrainiert werden. Statisches Dehnen verringert Schnellkraft- und Schnelligkeitsleistungen. Wird vor einem Krafttraining statisch gedehnt, erhöht sich das Risiko eines Muskelkaters. Auch nach einer Belastung sollte dynamisch gedehnt werden. Durch statisches Dehnen wird die Durchblutung der Muskulatur verringert und dadurch die Regeneration verlangsamt. Statisches Dehnen ist dann sinnvoll, wenn bei geringem Körpergefühl ein einfacher Zugang zur gezielten Muskeldehnung erforderlich ist. Die zu dehnende Muskelgruppe kann genauer erfühlt werden als beim dynamischen Dehnen. Auch zur Verbesserung des Wohlbefindens ist statisches Dehnen geeignet.

Passiv oder aktiv

AC-Stretching (aktiv) ist effektiver als Stretching (passiv). Aus diesem Grund sollte nach Möglichkeit aktiv gedehnt werden. Untersuchungen haben gezeigt, dass es auf jeden Fall effektiver ist, wenn man sich selbst dehnt. Die vielfältigen sensorischen Rückmeldungen ermöglichen eine größere Reduktion der Dehnungsspannung und eine größere Bewegungsreichweite (siehe Abb. 57, S. 120).

Belastungsgefüge

Grundsätzlich gilt, je höher der Dehnungsreiz umso effektiver ist die Wirkung. Beim dynamischen Dehnen genügen 5 – 7 Wiederholungen und 2 Serien. Bei den statischen Methoden sollte der Dehnungsreiz zwischen 10 und 20 Sekunden dauern und mindestens einmal wiederholt werden. In der Woche sollte man mindestens 3 mal trainieren.

Aufgaben

60. Begründen Sie, weshalb die Kraftfähigkeiten und die Beweglichkeit sich gegenseitig beeinflussen.
61. Nennen Sie Übungen aus dem Schulsport, bei denen aktive, passive und/oder statische Beweglichkeit erforderlich ist.
62. Sprinter lockern vor dem Startkommando die Beine hüpfend aus. Handelt es sich dabei um Überreaktion, um ein Ritual oder um leistungsfördernde Lockerung der Muskulatur? Erklären Sie Ihre Entscheidung.
63. Welchen Stellenwert (in %) nimmt nach Ihrer Einschätzung die Beweglichkeit in den Schulsportarten ein?
64. Überprüfen Sie die verschiedenen Trainingsmethoden zur Verbesserung der Beweglichkeit auf ihre Brauchbarkeit im Schulsport.
65. Erläutern Sie am Beispiel einer Disziplin/Sportart den Begriff „spezielle Beweglichkeit", und stellen Sie ein Übungsprogramm zur Verbesserung dieser speziellen Beweglichkeit zusammen.

KOORDINATION

1. KOORDINATIVE FÄHIGKEITEN

Koordination bezeichnet das Zusammenwirken von Zentralnervensystem und Skelettmuskulatur (Neuromuskuläres System). Die koordinativen Prozesse des neuromuskulären Systems ermöglichen es, Bewegungen, die ein schnelles und/oder zielgerichtetes Handeln erfordern, sicher, ökonomisch und harmonisch durchzuführen und relativ schnell zu erlernen[1].

Übergeordnete Steuerungs- und Regelungsprozesse des Zentralnervensystems koordinieren das Zusammenspiel der für eine bestimmte Bewegungshandlung erforderlichen Kontraktion einzelner Muskelfasern und Muskeln. Hierbei wird sowohl der Zeitpunkt, die Höhe des Krafteinsatzes als auch das Ausmaß der Verkürzung vorgegeben. Bei den leistungsbestimmenden Faktoren von Kraft-, Schnelligkeits- und Beweglichkeitsfähigkeiten wurde ein Teilbereich dieser koordinativen Prozesse als intra- und intermuskuläre Koordination beschrieben (motorische Realisierung). Auch bei der Realisierung von disziplinspezifischen Fertigkeiten (Techniken) spielen diese Faktoren eine wichtige Rolle. Im Gegensatz zu diesen größtenteils automatisierten Prozessen beschreiben koordinative Fähigkeiten die Gesamtsteuerung motorischer Prozesse und können folgendermaßen charakterisiert werden:

- **Steuerung der motorischen Realisierung durch Sinneswahrnehmung**
  Die Steuerung und Regelung eines Bewegungsablaufs basieren auf sensorischen Meldungen verschiedenster Sinnesorgane. So werden z.B. bei der Gleichgewichtsfähigkeit die motorischen Aktionen, die zur Wiederherstellung des Gleichgewichts erforderlich sind, durch optische, kinästhetische[2] und vestibuläre[3] Wahrnehmung gesteuert.
- **Koordinative Fähigkeiten sind grundlegende und technikübergreifende Voraussetzungen für Bewegungshandlungen.**
  Koordinative Fähigkeiten sind die Basis für das Erlernen motorischer Fertigkeiten. Während die Bewegungshandlung bei einer disziplinspezifischen Fertigkeit (Technik) relativ konstant und größtenteils automatisiert abläuft, können koordinative Fähigkeiten für eine ganze Gruppe von Bewegungshandlungen als Grundlage dienen. So ermöglicht z.B. eine gut ausgeprägte Reaktionsfähigkeit, in allen Situationen, in denen Anforderungen an das Reaktionsvermögen gestellt werden, schnell und zielgerichtet zu reagieren.

Koordinative Fähigkeiten können nur in konkreten Bewegungshandlungen wirksam werden. Aus der Zuordung zu einer Vielzahl unterschiedlicher motorischer Handlungen lassen sich fünf fundamentale koordinative Fähigkeiten ableiten (Hirtz u.a., 1985). Die Eigenständigkeit und sportartübergreifende Wirksamkeit dieser Fähigkeiten konnte allerdings noch nicht eindeutig nachgewiesen werden. Da aber auch neuere Modelle wie z.B. das Anforderungsmodell von Neumaier/Mechling (1995) wissenschaftlich noch nicht eindeutig belegt sind, wird auf Grund seiner einfacheren Struktur in dieser Trainingslehre das Modell der koordinativen Fähigkeiten (Fähigkeitsmodell) verwendet.

[1] Definition nach Weineck 2010, 793.
[2] Sinneswahrnehmung über die Gelenkstellung, die Muskellänge (Muskelspindel) und die Muskelspannung (Sehnenorgane).
[3] Sinneswahrnehmung des Gleichgewichts- und Drehsinnesorgans im Innenohr.

Die einzelnen koordinativen Fähigkeiten sind für sportliche Leistungen nicht isoliert sondern immer zusammen wirksam. Entsprechend dem Anforderungscharakter der Sportart können sowohl einzelne als auch mehrere Fähigkeiten zusammen dominieren. Differenzierungs-, Orientierungs- und Gleichgewichtsfähigkeit stehen in enger Beziehung zueinander und sind z.T. wichtige Voraussetzungen für die jeweils anderen koordinativen Fähigkeiten.

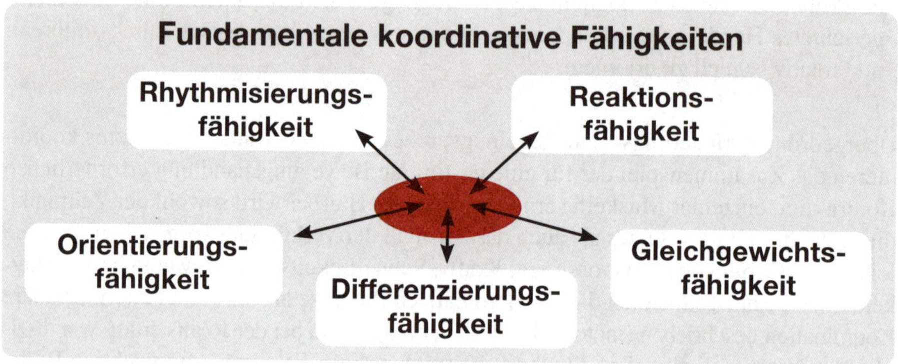

Abb. 58: *Koordinative Fähigkeiten, ihre Wechselbeziehung und ihr Zusammenwirken bei einer Bewegungshandlung (verändert nach Hirtz u.a. 1985).*

1.1 Differenzierungsfähigkeit

Differenzierungsfähigkeit ermöglicht eine zweckentsprechende Feinabstimmung einzelner Bewegungsphasen und Teilkörperbewegungen. Sie sichert eine hohe Genauigkeit und Ökonomie der Bewegungshandlung.

Differenzierungsfähigkeit ist in den meisten Sportarten eine leistungsbestimmende Fähigkeit. Sie ist erforderlich für einen feindifferenzierten und räumlich und zeitlich präzisen Krafteinsatz. Durch zweckmäßiges Kontrahieren und Entspannen der Muskelfasern wird die Ökonomie von Bewegungen erhöht. Die Differenzierungsfähigkeit entwickelt sich schon im Kindesalter (siehe Anhang, S. 136) und äußert sich allgemein z.B. als Ballgefühl, Wassergefühl, Schneegefühl.

1.2 Orientierungsfähigkeit

Orientierungsfähigkeit ermöglicht es, die Veränderung der Lage und Bewegung des Körpers in Raum und Zeit in Bezug auf seine Umgebung zu bestimmen und zu regulieren. Sie sichert die raumorientierte Realisierung von Bewegungshandlungen.

Die Orientierungsfähigkeit ist vor allem in technisch-akrobatischen (z.B. Gerätturnen) und in situativen Sportarten (z.B. Ball- und Kampfsportarten) leistungsbestimmend.

In den Ballspielen ist z.B. das richtige „Timing“ für eine erfolgreiche Spielaktion oft von entscheidender Bedeutung. So muss z.B. beim Kopfball, beim Pass in den freien Raum und beim Angriffsschlag im Volleyball die eigene Bewegungshandlung räumlich und zeitlich sowohl auf den Ball, den Mitspieler, den Gegenspieler und das Spielfeld abgestimmt werden.

1.3 Gleichgewichtsfähigkeit

Gleichgewichtsfähigkeit ermöglicht es, den gesamten Körper sowohl in Ruhe als auch während und nach Bewegungshandlungen im Gleichgewichtszustand zu halten oder das Gleichgewicht wiederherzustellen.

Die Gleichgewichtsfähigkeit ist eine grundlegende Voraussetzung für jede Bewegungshandlung. Besondere Bedeutung hat sie in allen Bewegungssituationen, bei denen durch Lageveränderung des Körperschwerpunktes in Bezug auf die Stützfläche das Gleichgewicht gestört wird: z.B. Balancieren, Drehungen, Sprünge, Landungen, Richtungsänderungen, Skilaufen, Judo. Ähnlich wie die Differenzierungsfähigkeit entwickelt sich die Gleichgewichtsfähigkeit schon im frühen Kindesalter.

1.4 Rhythmisierungsfähigkeit

Rhythmisierungsfähigkeit ermöglicht es, sowohl einen von außen vorgegebenen als auch einen „verinnerlichten“, in der Vorstellung existierenden, Rhythmus in der eigenen Bewegungshandlung zu realisieren.

Die Rhythmisierungsfähigkeit ist besonders wichtig bei Bewegungen, die mit musikalischer Begleitung ausdrucksstark dargeboten werden (z.B. Tanz, Rhythmische Sportgymnastik, Bodenturnen, Eiskunstlauf). Darüber hinaus hat sie grundlegende Bedeutung für alle zyklischen Bewegungen (z.B. Laufen) und Bewegungen, die nur bei einem speziellen Rhythmus zu optimaler Leistung führen: z.B. Anlauf- und Absprungrhythmen im Hoch- und Weitsprung, Rhythmisierung von Wurf- und Stoßbewegungen.

1.5 Reaktionsfähigkeit

Reaktionsfähigkeit ermöglicht es, Signale oder Bewegungssituationen schnell zu erkennen und zum richtigen Zeitpunkt mit aufgabenadäquater Geschwindigkeit eine zweckmäßige Antworthandlung einzuleiten und durchzuführen.

Die Reaktionsfähigkeit steht in enger Beziehung zur Reaktionsschnelligkeit. In Ergänzung zur Reaktionsschnelligkeit ist aber auch die zweckmäßige Antworthandlung entscheidend. Dies wird vor allem in komplexen Spielsituationen deutlich. So muss z.B.

ein Angriffsspieler im Fußball in Bruchteilen von Sekunden entscheiden können, ob entweder ein Torschuss oder ein Abspiel zu einem gut positionierten Mitspieler die bessere, zweckmäßigere Lösung ist.

2. BEDEUTUNG DER KOORDINATION

Koordination und sportliche Leistung

Aus der Charakterisierung der koordinativen Fähigkeiten wird deutlich, dass nur mit Hilfe gut ausgeprägter koordinativer Fähigkeiten Ausdauer-, Kraft- und Schnelligkeitsfähigkeiten und auch die Beweglichkeit effektiv umgesetzt werden können. Insofern ist die Koordination wie die Beweglichkeit eine Grundvoraussetzung für alle sportlichen Leistungen, ihre Wirkung wird in folgenden Bereichen deutlich:

- **Ökonomie durch präzise Bewegungssteuerung**
  Gleiche Bewegungen können mit geringerem Kraftaufwand und damit energiesparend durchgeführt werden. Auf diese Weise bestimmen die koordinativen Fähigkeiten den Ausnutzungsgrad der konditionellen Fähigkeiten Kraft-/Schnellkraftausdauer und Schnelligkeitsausdauer sowie aller Ausdauerfähigkeiten.
- **Optimierung des Krafteinsatzes**
  Vor allem bei Sportarten, in denen die Leistung von der Schnellkraft bestimmt wird, ist es wichtig, dass die Schnellkraftfähigkeit durch eine gute Koordination optimal genutzt werden kann.
- **Perfektion von Bewegungen**
  In allen technisch-akrobatischen Sportarten wird durch eine gute Koordination die Qualität der technischen Ausführung verbessert und gesichert. Dadurch können die ästhetische Ausstrahlung und die Flüssigkeit der Bewegungskombinationen optimiert werden.
- **Situativ zweckmäßige Bewegungshandlungen**
  In allen situativen Sportarten gewährleisten die koordinativen Fähigkeiten die Anpassung an sich ständig ändernde Situationen und ermöglichen so eine situativ zweckmäßige und richtige Bewegungshandlung im Angriffs- oder Verteidigungsverhalten.
- **Bessere motorische Lernfähigkeit**
  Je höher das Niveau der koordinativen Fähigkeiten, desto schneller und effektiver können neue bzw. schwierige Bewegungen erlernt werden. Die für eine Sportart/Disziplin erforderlichen sportmotorischen Fertigkeiten/Techniken können schneller und mit höherer Qualität gelernt werden. Auch das Umlernen wird erleichtert.

Koordination im Bereich Gesundheit

Gut ausgeprägte Koordinationsfähigkeiten sind in allen Bereichen des Lebens hilfreich. Sie ermöglichen es, Bewegungshandlungen im Alltag, bei der Arbeit und auch in der Freizeit zweckmäßig, effektiv und sicher auszuführen. Dadurch können Kräfte geschont und gefährliche Situationen vermieden oder besser beherrscht werden (Unfall- und Verletzungsprophylaxe).

Die koordinativen Fähigkeiten werden etwa ab dem 50. Lebensjahr geringer und sinken dann zunehmend ab. Aus diesem Grund ist es besonders wichtig, dass man in dieser Lebensphase die koordinativen Fähigkeiten durch Training stabilisiert.

3. TRAINING DER KOORDINATIVEN FÄHIGKEITEN

3.1 Trainingsmethoden und Verfahren

Die koordinativen Fähigkeiten sind vor der Pubertät besonders gut trainierbar („goldenes Koordinationsalter" zwischen dem 8. und 10. Lebensjahr, siehe Anhang S. 136). Für das Training werden allgemein folgende Methoden und Verfahren eingesetzt (nach Hirtz 1985):

1. **Steigerung der Koordinationsschwierigkeit**: Stetes Üben auf dem gleichen Niveau bringt keinen Lernzuwachs, höchstenfalls Automatisierung (Fertigkeitstraining). Aus diesem Grund sollte die Koordinationsschwierigkeit von Übung zu Übung gesteigert werden. Koordinativ anspruchsvoller sind entweder neue, ungewohnte oder komplexe und knifflige Übungen. Einfache Übungen können durch Kombination erschwert werden.
2. **Variationsmethode**: Die Variation der Bewegungsausführung und der Übungsbedingungen ist eine der Hauptmethoden des Koordinationstrainings. Dadurch wird die Verallgemeinerung der Steuerungs- und Regelprozesse gefördert und es werden neue Bewegungserfahrungen gesammelt.
3. **Kontrastmethode**: Bei dieser Methode werden die Ausführungsbedingungen gegensätzlich und abrupt gewechselt. Ein Wechsel ist vor allem durch unterschiedliche Schwierigkeitsgrade (leicht/schwer), unterschiedliche Krafteinsätze (hoch/niedrig) und unterschiedliche Bewegungsgeschwindigkeiten (schnell/langsam) möglich.
4. **Überpotentialmethode**: Am Ende einer Übungsreihe mit zunehmender koordinativer Schwierigkeit sollten die Anforderungen an die Koordinationsfähigkeit über der Bewegungshandlung des Wettkampfs liegen. Nur so können Verbesserungen der wettkampfspezifischen Koordination erreicht werden.

3.2 Trainingsmittel und Regeln zur Verbesserung der koordinativen Fähigkeiten

- **Differenzierungsfähigkeit**
  Die Übungen sollten vor allem in Bezug auf die räumlichen und zeitlichen Bedingungen variiert werden. Übungsbeispiele: Zielwerfen, Zielhüpfen, Zonenspringen, Tempowechselläufe, Zeitläufe, Ballprellen mit unterschiedlichen Bällen und in unterschiedlichen Höhen. Darüber hinaus sollte auch die Stellung der Gelenke und die Muskelanspannung und Entspannung erfühlt und unterschieden werden können. Übungsbeispiele: Spannungsübungen, Anspannungs-/Entspannungsdehnen.
- **Orientierungsfähigkeit**
  Die Übungen sollten so gestaltet sein, dass vor allem optische Informationen verarbeitet werden müssen. Dies sind z.B. verschiedene Stellungen im Raum/Spielfeld, Bewegungen der Mit- und Gegenspieler und Ballweg.

Übungsbeispiele: Balldribbling auf Linien; Aufnehmen rollender Reifen; Laufen, Hüpfen oder Springen um oder über rollende Reifen oder Bälle; Gelände- und Hindernisläufe, Parteiball.

- **Gleichgewichtsfähigkeit**
  Die Übungen müssen Anforderungen an die Erhaltung oder Wiederherstellung des Köpergleichgewichts stellen.
  Übungsbeispiele: Gehen und Laufen auf schmaler Unterstützungsfläche, z.T. erschwert durch Zusatzaufgaben; Hahnenkampf; Bewegungshandlungen auf weichem oder instabilem Untergrund.

- **Rhythmusfähigkeit**
  Die Bewegungshandlungen müssen entweder nach einem vorgegebenen Rhythmus durchgeführt werden oder die zeitlich dynamische Gliederung muss selbständig erfolgen.
  Übungsbeispiele: Prellen und Werfen eines Balles nach vorgegebenem Rhythmus; paarweise rhythmisch Seilspringen; Läufe über Hindernisse im Zweier-, Dreier-, Viererrhythmus.

- **Reaktionsfähigkeit**
  Die Bewegungsaufgaben müssen so gestellt sein, dass mit schnellen und zweckmäßigen Bewegungshandlungen auf verschiedene Signale reagiert werden muss.
  Übungsbeispiele: Katz und Maus; Schattenlaufen; Nummernwettläufe.

Aufgaben

66. Charakterisieren Sie die koordinativen Fähigkeiten und erläutern Sie ihre Bedeutung für die sportliche Leistung in den Schulsportarten.
67. Erläutern Sie, warum Ballspiele für das allgemeine Koordinationstraining besonders geeignet sind.
68. Zeigen Sie anhand einer koordinativen Fähigkeit, durch welche Übungen sich die unterschiedlichen Methoden umsetzen lassen.

ZIELBEREICHE DES SPORTS

1. TRAINING

Sportliches Training umfasst planmäßiges Üben unter leistungsfördernden Bedingungen zur Steigerung und zum Erhalt der sportlichen Leistung.

Die Tatsache, dass sich mehrere Wissenschaftsdisziplinen intensiv mit dem Problem der sportlichen Leistung befassen, zeigt, wie vielschichtig das Phänomen Training ist. Die Biomechanik analysiert die Bewegungsabläufe, die Sportmedizin und die Physiologie befassen sich mit den biologischen Grundlagen der physischen Leistungsfaktoren und der Belastbarkeit des menschlichen Organismus sowie den Auswirkungen von Trainingsmaßnahmen. Die Sportpsychologie und die Sportsoziologie untersuchen die Person-Umwelt-Wechselbeziehungen und die zwischenmenschlichen Beziehungen im Handlungsfeld Sport.

2. TRAININGSZIELE

Um alle Problemfelder des sportlichen Trainings zu erfassen, muss die Trainingslehre allgemeine Aussagen machen, die für alle Bereiche gültig sind, für den Wettkampfsport ebenso wie für den Fitness-, Breiten- und Gesundheitssport.
Die Trainingslehre orientiert sich an den allgemeingültigen biologischen Gesetzmäßigkeiten und formuliert die Trainingsprinzipien und Methoden relativ. So werden z.B. 80 % der maximalen Wiederholungszahl gefordert, um ein bestimmtes Trainingsziel anzusteuern.
Der **Wettkampfsport** ist durch eine möglichst maximale Ausprägung der sportart- und disziplinspezifischen Fähigkeiten gekennzeichnet.
Im **Fitnessbereich und im Breiten- und Gesundheitssport** stehen die Freude an der Bewegung, die Verbesserung des sportlichen Könnens und die Festigung der Gesundheit im Mittelpunkt.

3. ZIELBEREICH WETTKAMPFSPORT

Bei der Festlegung der Trainingsziele ergeben sich je nach Sportart verschiedene Probleme, die eine konsequente Analyse und Planung nach biologischen Gesetzmäßigkeiten und Trainingsprinzipien erforderlich machen.
Einige wichtige Fragen sollen exemplarisch die Problematik der Trainingsplanung zeigen:

- Welche konditionellen Fähigkeiten sind vorrangig?
  (z.B. beim Kugelstoß, Hochsprung, 10.000-m-Lauf)
- Welche konditionellen Fähigkeiten sind nahezu gleichrangig zu trainieren?
  (z.B. beim Kunstturnen, 800-m-Lauf)

- Sind konkurrierende konditionelle Fähigkeiten zu trainieren? (z.B. Maximalkraft und Grundlagenausdauer)
- Für welche Situationen sind welche konditionellen Fähigkeiten erforderlich? (z.B. bei den Mannschaftsspielen)
- Welcher Zeitraum steht für die Trainingsmaßnahmen zur Verfügung? (z.B. Spielsaison, Wettkampfhöhepunkte)
- Hat der Athlet spezifische Defizite? (z.B. in den Mannschaftsspielen im technisch-taktischen Bereich oder in Bezug auf eine konditionelle Fähigkeit)

Die Wahl der Trainingsziele hängt von der genauen Analyse der Struktur der Sportart/Disziplin, dem Leistungsprofil des Athleten und der zur Verfügung stehenden Zeit ab.

4. ZIELBEREICH GESUNDHEITSSPORT

Die sportlichen Aktivitäten sollen

- die Gesundheit fördern,
- Krankheiten vorbeugen,
- körperliche Leistungsfähigkeit erhöhen bzw. wiederherstellen,

um eine **Erhöhung der Lebensqualität** zu ermöglichen.

Die Trainingsziele sind sportart- und disziplinübergreifend und weniger differenziert als im Wettkampfsport. Der zivilisationsbedingte Bewegungsmangel wird kompensiert durch eine allgemeine aerobe Ausdauerschulung, eine allgemeine Kräftigung des ganzen Körpers und ein allgemeines Beweglichkeits- und Koordinationstraining. Differenzierter muss geplant werden, wenn es sich um Rehabilitation handelt. In Tabelle 26 sind die wichtigsten Folgen des Bewegungsmangels zusammengefasst und die Zielrichtung der Prävention und Rehabilitation aufgezeigt (Friedmann 2017).

Bewegungsmangelerscheinungen im Schulalter	Häufigkeit	Trainingsmaßnahmen
Haltungsschwächen	50–70 %	Allgemeine Kräftigung, Beweglichkeitstraining
Leistungsschwaches Herz-Kreislauf-System	20–35 %	Training der aeroben Ausdauer
Koordinationsschwächen	30–40 %	Koordinationstraining
Übergewicht	20–30 %	Vielseitiges sportliches Training (Erhöhung des Energieverbrauchs)

Tab. 26: Biologisch orientierte Ziele des Gesundheitssports.

Neben den qualitativ formulierten Trainingszielen ist es auch im Gesundheitssport notwendig, quantitative Forderungen zu erfüllen. Die Trainingsreize sollen so stark sein, dass sie die Minimalforderung überschreiten (Reizschwellengesetz) und in einer angemessenen Relation von Aufwand und Ertrag stehen.

4.1 Bewegung und Gesundheit

In der Wissenschaft gibt es bis heute zwar noch keine endgültige übereinstimmende Meinung darüber, mit welcher Intensität, Dauer und Häufigkeit Bewegungsaktivitäten ausgeführt werden müssen, damit ein **gesundheitlicher Effekt** erzielt wird, doch auf der Basis vieler Untersuchungsergebnisse geben die WHO und auch eine Reihe anderer Organisationen folgende Empfehlungen:

- Für eine gesundheitliche Wirkung muss die Intensität der körperlichen Aktivität mindestens das **drei- bis sechsfache des Energieumsatzes in Ruhe** betragen (3-6 MET[1] =„moderate" Intensität).
- Diese Bewegungsintensität sollte insgesamt **mindestens 30 Minuten** andauern. Dabei können kürzere Bewegungsaktivitäten über den Tag verteilt sein und addiert werden.
- Diese köperliche Aktivität sollte nach Möglichkeit **an fast allen Tagen der Woche** erreicht werden.

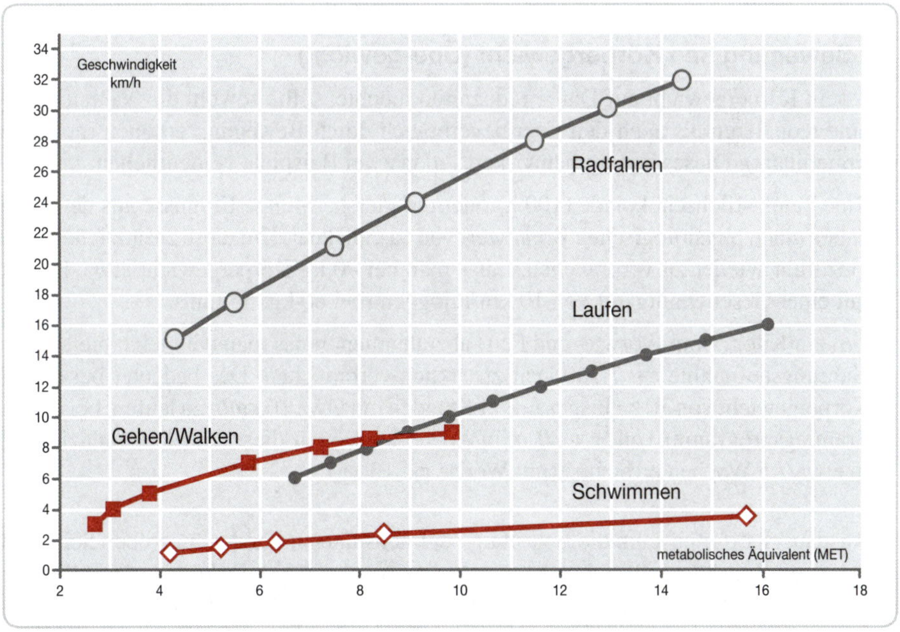

***Abb. 59:** Vergleich verschiedener Fortbewegungsarten in Bezug auf die Anforderungen an den Stoffwechsel (Friedmann 2017, 65).*

[1] MET = Metabolisches Äquivalent: Energiebedarf in Ruhe; beim Mann entspricht 1 MET etwa einem Energiebedarf von 1 kcal pro Stunde und kg Körpergewicht (1kcal/h/kg Körpergewicht), bei der Frau etwa 0,9 kcal/h/kg Körpergewicht.

Abbildung 57 zeigt, dass beim Laufen, Radfahren und Schwimmen die erforderliche Mindestintensität von 3 MET immer erreicht wird, dass aber Gehen mit einer Geschwindigkeit unter 4 km/h keinen gesundheitlichen Nutzen mehr bringt. Vergleicht man die vier Fortbewegungsarten im Bereich von 10 MET, ergeben sich bei einer Belastungszeit von einer Stunde etwa gleichwertige Belastungen, wenn man bei entsprechender Geschwindigkeit entweder 2,5 km schwimmt, 9 km walkt, 10 km läuft oder 25,5 km Rad fährt. Umgerechnet auf eine 70 kg schwere Person entspricht dies einem Energieverbrauch von ca. 700 kcal.

Nach den Vorschlägen der WHO (s.o) ergibt sich bei einer mittleren moderaten Intensität an 6 Tagen in der Woche eine Gesamtaktivität von 4,5 MET über insgesamt 3 Stunden oder als Gesamtbelastungsdosis 13,5 „MET-Stunden". Dies entspricht bei einem 70 kg schweren Mann einem zusätzlichen Energieverbrauch von ca. 945 kcal pro Woche. Andere Empfehlungen gehen von mindestens 1000 kcal/Woche an zusätzlichem Energieverbrauch aus. Das in Tabelle 12 (S. 59) dargestellte Minimalprogramm für ein Ausdauertraining (3 x 30 min/Woche) bewirkt bei einer Laufgeschwindigkeit von etwa 10 km/h einen zusätzlichen Energieverbrauch von ca. 1050 kcal/Woche (bei 70 kg Körpergewicht) und entspricht somit auch unter dem Aspekt des Energieverbrauchs den Mindestanforderungen für eine gesundheitliche Wirkung. Weitere Werte zum Energieverbrauch bei verschiedenen Belastungsintensitäten sind im Anhang dargestellt (siehe Tab. A2, S. 138, und Abb. A5, S. 139).

4.2 Bewegung und Körpergewicht (Übergewicht)

Wer sein Körpergewicht auf Dauer reduzieren möchte, sollte sowohl die Nährstoffaufnahme reduzieren als auch den Energieverbrauch durch Bewegung erhöhen (negative Energiebilanz). Dieses Zusammenwirken sollen zwei Beispiele verdeutlichen:

- Eine Tafel Milchschokolade (100 g) oder die gleiche Menge Erdnüsse aus der Dose haben einen physiologischen Brennwert von ca. 550 kcal. Um diese zusätzliche Energiezufuhr wieder zu verbrauchen, muss man bei 70 kg Körpergewicht etwa 45 min mit einer Geschwindigkeit von 10 km/h joggen (bei 60 kg, 55 min).
- Um ein Kilogramm (vorwiegend Fett) abzunehmen, muss man bei gleich bleibender Nahrungsaufnahme ca. 7.700 kcal zusätzlich verbrauchen. Das bedeutet bei einem Körpergewicht von 70 kg insgesamt 11 Stunden mit etwa 10 km/h zu laufen; bei einem Trainingsprogramm von 3 x 30 min/Woche kann man diese Gewichtsreduzierung in etwa 7,5 Wochen erreichen (pro Woche ca. 130 g).

In Ausdauersportarten kann die Belastung bei Intensitäten unter der anaeroben Schwelle über längere Zeiträume aufrecht erhalten werden. Ausdauersportler können deshalb ihren Energieverbrauch relativ einfach durch eine Verlängerung der Belastungszeit erhöhen und so zusammen mit einer eingeschränkten Energieaufnahme das Körpergewicht gut kontrollieren.

Aber auch regelmäßiges Krafttraining kann den Energieverbrauch spürbar erhöhen. Weniger gut Trainierte und Menschen, die aus gesundheitlichen und/oder motivationalen Gründen keine Ausdauerbelastungen auf sich nehmen, können auch mit moderatem Krafttraining eine spürbare Wirkung erzielen. Bei moderaten Intensitäten (ca. 50% der Maximalkraft) liegt der Energieverbrauch bei ca. 350 kcal/h. Dies bedeutet, dass man damit bei einem Training von drei mal einer Stunde pro Woche in etwa 7,5 Wochen ebenfalls ein Kilogramm abnehmen kann. Allerdings ist der Zeitaufwand doppelt so hoch wie beim Laufen (Friedmann 2017, 67 ff).

Aufgaben

69. Stellen Sie aus zwei verschiedenen Sportspielen typische Fertigkeiten bzw. Spielsituationen zusammen und ordnen Sie die jeweils vorrangigen konditionellen Fähigkeiten zu. Überlegen Sie, unter welchen Bedingungen diese Spiele für den Gesundheitssport geeignet sind.
70. Das Motto der DSB-Aktion „Sport und Gesundheit" lautete: „Trimming 130-Bewegung ist die beste Medizin". Erläutern Sie diese Aktion des DSB mit Hilfe von trainingswissenschaftlichen Erkenntnissen.
71. Stellen Sie sich mit den Sportarten Laufen, Radfahren und Schwimmen ein Wochentrainingsprogramm zusammen, bei dem Sie etwa 1500 kcal zusätzlich verbrauchen.

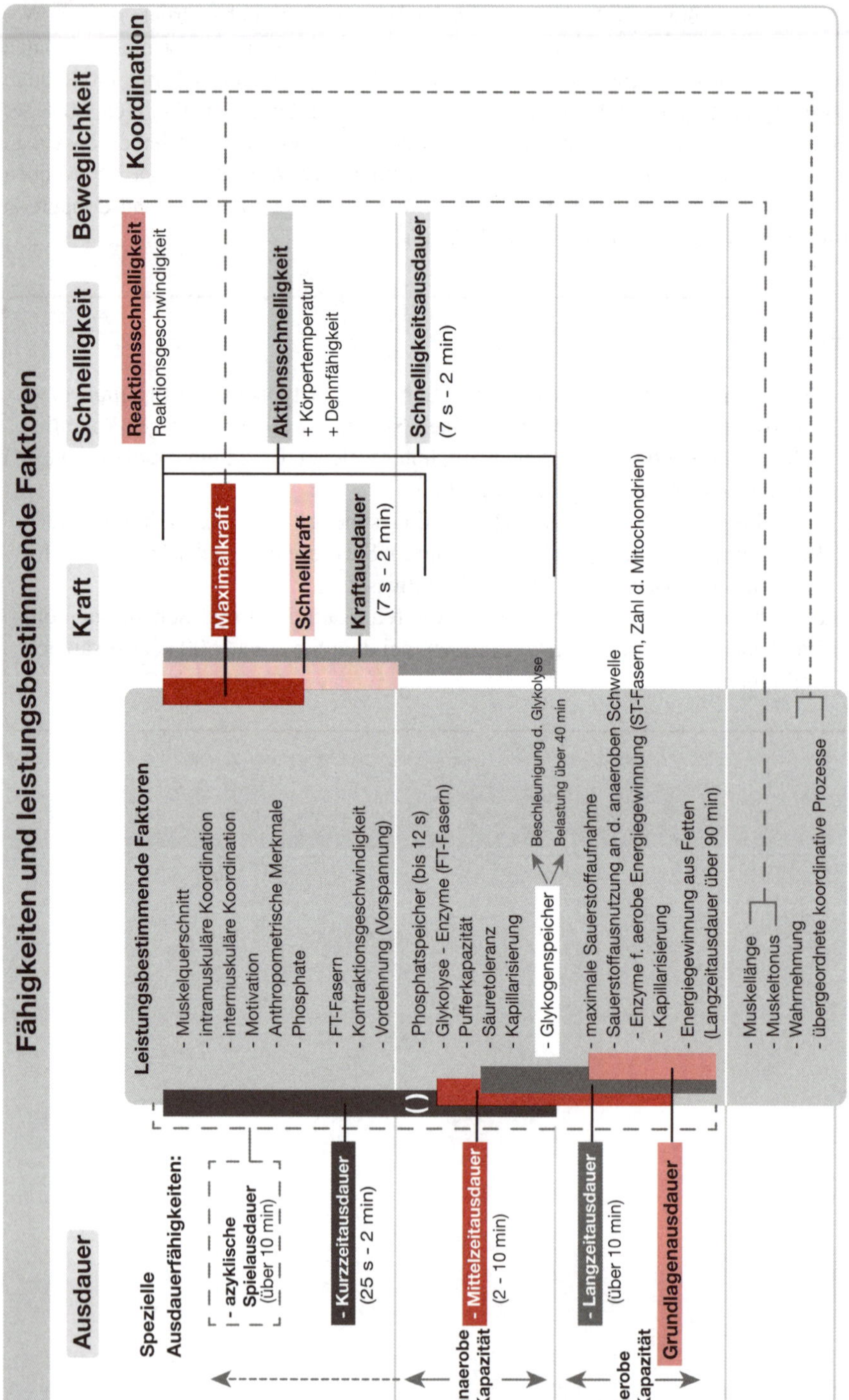

Abb. A1: Differenzierung der physischen Leistungsfaktoren mit Hilfe der leistungsbestimmenden Faktoren.

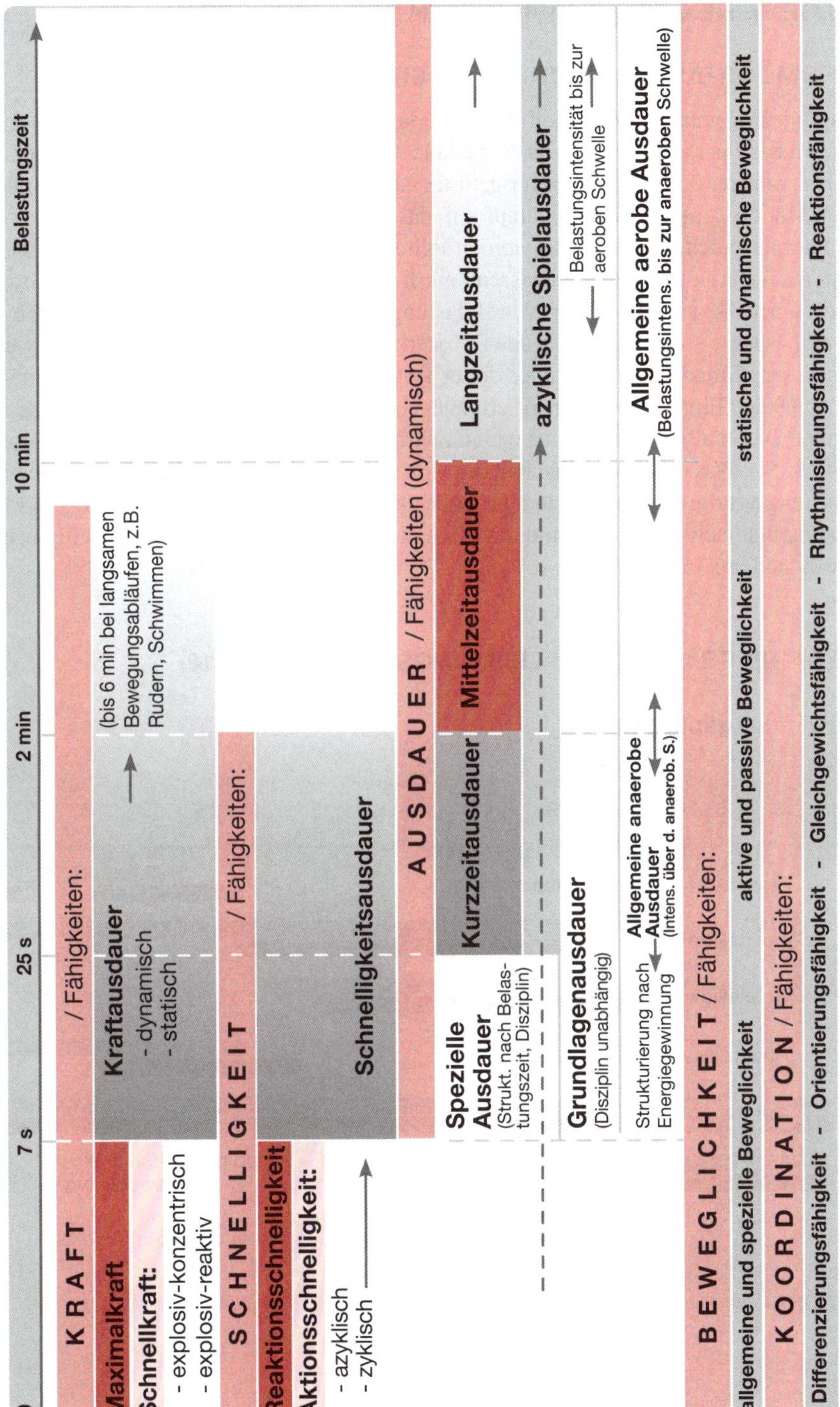

Abb. A2: Zeitliche Differenzierung der konditionellen und koordinativen Fähigkeiten.

ALLGEMEINE GESETZMÄẞIGKEITEN DES TRAININGS

2. HOMÖOSTASE und MODELL der SUPERKOMPENSATION (S. 8)

Ursprünglich wurde das Modell der Superkompensation für Anpassungsprozesse im Bereich des Energiestoffwechsels entwickelt. Mit diesem Modell lässt sich aber auch der Verlauf weiterer durch Belastung ausgelöster Anpassungsprozesse veranschaulichen (siehe S. 9). Manche Autoren weisen darauf hin, dass das Superkompensationsmodell nur auf die Energiespeicher angewendet werden sollte, da neurophysiologische und hormonelle Systeme anderen Regelungsprozessen unterliegen (z.B. Froböse u.a. 2002, 58). Grundsätzlich bewirkt jedoch jede Art von Belastung zunächst eine Ermüdung und nach einer Erholungsphase – eine entsprechende Reizstärke vorausgesetzt – eine positive Anpassung. Aus diesem Grund wird im Rahmen dieser Trainingslehre das Superkompensationsmodell trotz mancher Einschränkungen als grundlegendes Modell für alle Trainingsprozesse verwendet. Dieser allgemeine Ansatz wird inzwischen auch von Weineck vertreten (Weineck 2010, S. 51). Was dabei auf jeden Fall beachtet werden sollte, ist die Tatsache, dass je nach Belastungsart die physiologischen Prozesse der Ermüdung, Wiederherstellung und Anpassung unterschiedlich sind und dass sich die Anpassungsprozesse gegenseitig beeinflussen und ergänzen.

6. TRAINIERBARKEIT und LEISTUNGSFÄHIGKEIT (S. 12)

Entwicklungsphasen

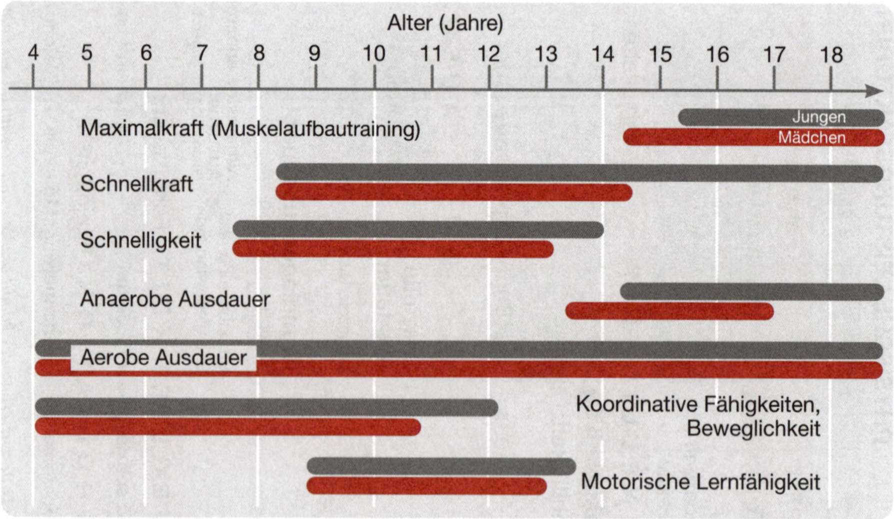

***Abb. A3:** Sensible Phasen während der Entwicklung (verändert nach Hartmann/Senf 1997, 201).*

In Abbildung A3 (S. 136) lassen sich für einige konditionelle Fähigkeiten Zeitfenster (sensible Phasen) für ein besonders effektives Training ablesen. Nach diesen sensiblen Phasen ist eine Verbesserung der konditionellen Fähigkeiten nur mit erhöhtem Trainingsaufwand möglich. Da die biologische Entwicklung aber sehr unterschiedlich verlaufen kann, werden im Kindes- und Jugendalter Leistungsfähigkeit und Trainierbarkeit weniger vom kalendarischen als vielmehr vom biologischen Alter bestimmt. Trainingbelastungen sollten sich deshalb immer am biologischen Alter orientieren Auch Leistungsbewertungen (Notengebung in der Schule) anhand von Tabellen, die nach dem kalendarischen Alter differenziert sind, sollten immer wieder relativiert und durch weitere Leistungsparameter korrigiert werden. In Abbildung A4 ist am Beispiel des Kugelstoßens die unterschiedliche Leistungsfähigkeit bei gleichem kalendarischem Alter dargestellt.

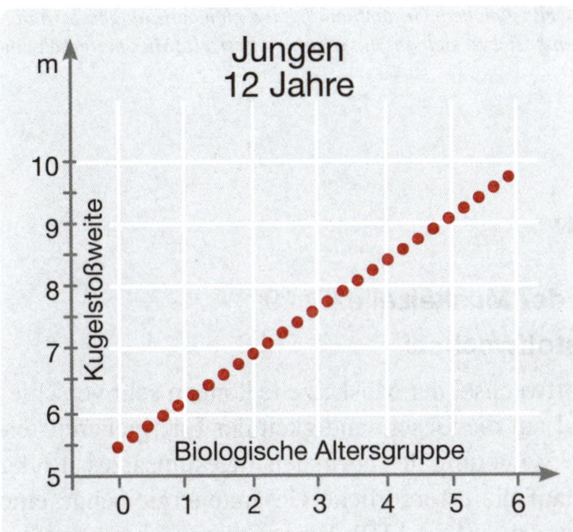

Abb. A4: Leistung im Kugelstoßen, Jungen von 12 Jahren in unterschiedlichem biologischen Alter;
0 = Extreme Spätentwickler,
3 = Normalentwickler,
6 = Extreme Frühentwickler.
(verändert nach Hartmann, Senf 1997, 53).

TRAININGSPRINZIPIEN

1.1 Prinzip des trainingswirksamen Reizes (S. 16)

Belastungsgefüge mit unterschiedlich wirksamen Belastungsreizen

Tabelle A1 (S. 138) zeigt anhand von drei Belastungsgefügen aus dem Lauftraining, wie sich Intensität und Umfang gegenseitig bedingen. Lässt man den Gesamtumfang und die Laufgeschwindigkeit konstant und verringert die Intensität, indem man die gesamte Laufstrecke nicht am Stück sondern in Teilstrecken mit dazwischen geschalteten Pausen absolviert, so wird trotz gleicher Laufgeschwindigkeit die Trainingswirkung immer geringer. Um eine bessere Wirkung zu erzielen, müsste man entweder den Umfang erhöhen (mehr Teilstrecken) oder die Teilstrecken mit größerer Geschwindigkeit (höhere Intensität) laufen. Dadurch würde sich aber die qualitative Wirkung des Trainings verändern. Eine Verkürzung der Pausen würde nur einen geringen Effekt haben, da eine maximale Wirkung nur ohne Pause möglich ist.

Umfang	Dauer (Einzelreiz)	Dichte/Pause	Intensität	Belastungsreiz (Wirkung)
3.000 m	10:00 min	keine Pause	95% (5m / s)	stark
5 x 600 m	2:00 min	4 min	75% (5m / s)	mittel
15 x 200 m	0:40 min	2 min	55% (5m / s)	schwach

Tab. A1: Verschiedene Belastungsgefüge mit jeweils gleichem Gesamtumfang und gleicher Laufgeschwindigkeit auf den Teilstrecken. Die Intensitätsangaben beziehen sich auf die jeweilige Bestzeit (Maximalgeschwindigkeit) auf den jeweiligen Teilstrecken.

AUSDAUER

2. BIOLOGISCHE GRUNDLAGEN

2.2 Energiegewinnungswege in der Muskelzelle (S. 29)

Anforderungen an den Energiestoffwechsel

Die Anforderungen an den Energiestoffwechsel der Muskelzelle können sehr verschieden sein. Während z.B. beim 100-m-Lauf die Geschwindigkeit der Energiebereitstellung im Vordergrund steht (200-fache Steigerung des normalen Tagesumsatzes, 1,6 kg ATP in 10 s), spielt beim Marathonlauf die erforderliche Gesamtenergiemenge eine große Rolle (Tagesumsatz in zwei Stunden, 70 kg ATP). Beim Gehen (4 km/h) ist der Energiebedarf pro Sekunde etwa doppelt so hoch wie der durchschnittliche Energieverbrauch an einem „Bürotag"; beim Joggen (10 km/h) erhöht sich der Energieverbrauch pro Sekunde um den Faktor 6 bis 7.

Strecke/ Bewegungs-aktivität	Zeit	Geschwin-digkeit	Energiebedarf		
		km/h	kJ/m	kJ/s	kJ gesamt
100 m	10,0 s	36,0	2,00	20,00	200
800 m	1:50 min	26,0	0,60	4,36	480
5.000 m	14:17 min	21,0	0,33	1,93	1.650
10.000 m	30:00 min	20,0	0,31	1,75	3.150
42.195 m	2:15 h	18,7	0,30	1,59	12.900
Jogging	1:00 h	10,0	0,28	0,78	2.800
Walking	1:00 h	8,5	0,28	0,65	2.350
Gehen	1:00 h	4,0	0,21	0,24	850
Tagesumsatz (Büroarbeit)	24:00 h			0,12	10.000
Grundumsatz (Liegen)	24:00 h			0,08	7.000

Die Angaben in kJ beziehen sich auf die Energie der benötigten Nährstoffe, die Werte sind aus der Literatur zusammengestellt und gerundet; sie beziehen sich auf ein Körpergewicht von 70 kg (1 kcal = 4,187 kJ).

Tab. A2: Energiebedarf bei verschiedenen Laufdisziplinen und Bewegungsaktivitäten.

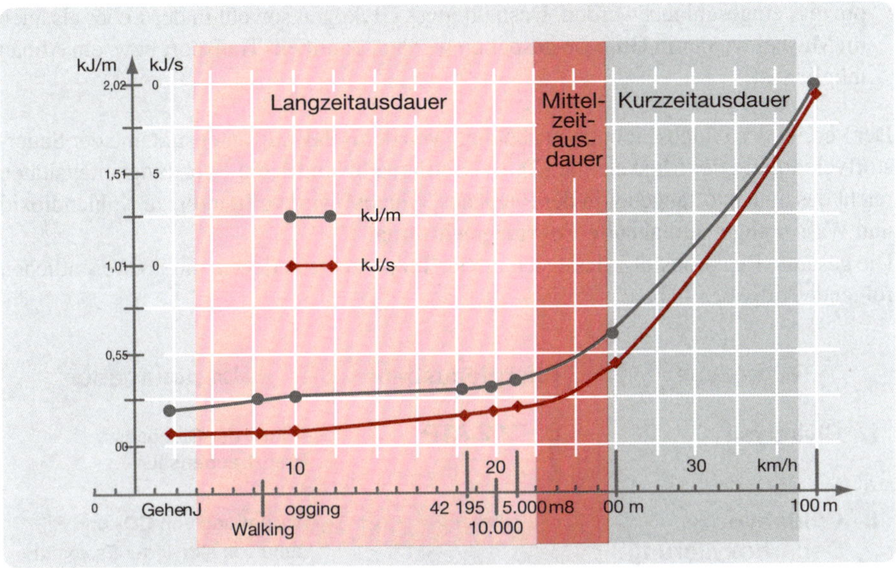

Abb. A5: Energiebedarf in Abhängigkeit von der Laufgeschwindigkeit.

Bei zunehmender Laufgeschwindigkeit steigt der Energiebedarf pro Meter und Sekunde zunächst nur langsam, ab 20 km/h (Laufstrecken kürzer als 10.000 m) aber immer schneller an. Dies hat zur Folge, dass Bestzeiten über eine bestimmte Laufstrecke nur bei möglichst konstanter Geschwindigkeit erreicht werden können. Geschwindigkeitsschwankungen führen zu einem insgesamt höheren Energieverbrauch und damit zu einer schlechteren Laufzeit. Die in Abhängigkeit von der Laufgeschwindigkeit sehr unterschiedlichen Anforderungen an den Energiestoffwechsel haben zur Folge, dass je nach Belastung die erforderliche Energie mit verschiedenen Stoffwechselwegen bereitgestellt werden muss.

Erläuterungen zum Stoffwechselgeschehen (Tab. A3 und Abb. A6)

- **Energiegewinnung durch Abbau von Nährstoffen**
  Nährstoffe sind Kohlenhydrate, Fette und Proteine. Wie Abbildung A6 (S. 141) zeigt, ist der Abbau von Kohlenhydraten der einzige Stoffwechselweg, der in größeren Mengen ATP produzieren kann. Die Abbauwege von Fetten und Proteinen münden früher oder später in diesen Stoffwechselweg ein; wichtigstes gemeinsames Zwischenprodukt ist die aktivierte Essigsäure (Acetyl-Coenzym A).

- **Abbau der Kohlenhydrate / Glykogenspeicher**
  (Die Zahlen in Klammern beziehen sich auf Abbildung A6)
  In Ruhezeiten legt die Muskelzelle Glucosevorratslager in Form von Glykogen an. Nachschub erhält die Muskelzelle aus dem Blut (1). Die Zufuhr von Glucose in das Blut geschieht regulatorisch durch die Leber (Glykogenspeicherung, Auf- und Abbau von Glykogen) oder durch das Verdauungssystem (unreguliert). Glykogen kann weder über die Blutbahn transportiert noch von der Muskelzelle direkt in den Energiegewinnungs-

prozess eingeschleust werden. Deshalb muss Glykogen sowohl in der Leber als auch im Muskel wieder in Glucose gespalten werden, damit ein Transport bzw. ein Abbau möglich ist.

Der Verlauf des Glucoseabbaus ist abhängig von der Belastungsintensität und der Sauerstoffversorgung der Muskelzelle (2). Bei geringen bis mittleren Belastungsintensitäten reicht das Sauerstoffangebot in der Regel aus, Glucose wird vollständig zu Kohlendioxid und Wasser abgebaut: **aerobe Energiegewinnung**.
Die gesamte Reaktionsfolge lässt sich in vier Teilprozesse zerlegen, die im Wesentlichen folgende Aufgaben haben:

Teilprozess		Energieausbeute	Hauptaufgaben
I Glykolyse	anaerob	2 ATP	Abbau der Glucose zu Brenztraubensäure
II Oxidative Decarboxylierung	aerob		Abspaltung von CO_2 und Bildung von aktivierter Essigsäure
III Citratzyklus	aerob	2 ATP	Bereitstellung von Wasserstoff für die Atmungskette und weitere Abspaltung von CO_2
IV Atmungskette	aerob	34 ATP	Resynthese von ATP durch Oxidation des Wasserstoffs aus den Teilprozessen I - III (Wasserbildung)
		38 ATP	

Tab. A3: Teilprozesse des vollständigen Abbaus der Glucose zu CO_2 und H_2O.

In der gesamten Reaktionsfolge ist die Atmungskette der entscheidende Energie liefernde Prozess. Hier wird der in den Teilprozessen I bis III entstandene und an Coenzyme[1] gebundene Wasserstoff (4) mit Hilfe von Sauerstoff in mehreren Schritten oxidiert, es entsteht Wasser. Wie die Summenformel (Abbildung A6, S. 141) zeigt, wird bei diesem vollständigen Abbau von Glucose die gleiche Menge CO_2 gebildet wie O_2 aufgenommen wird. Eine Analyse der Atemgase bei mittleren Belastungen ergibt, dass der Quotient aus ausgeatmetem CO_2 und eingeatmetem O_2 gleich 1 ist (**Respiratorischer Quotient = RQ** = Vol CO_2/Vol O_2). Insgesamt werden beim vollständigen Abbau eines einzigen Glucosemoleküls 38 Moleküle ATP gebildet. Umgerechnet auf den Tagesbedarf sind dies bei 70 kg Körpergewicht ca. 580 g Glucose. Da der gesamte Kohlenhydratspeicher des Körpers nur etwa die Hälfte des Tagesbedarfs abdecken kann – insgesamt ca. 40 g Glucose im Blut, in den Zellen und der Zwischenzellflüssigkeit, ca. 250-300 g Glucose in Form von Glykogen in der Leber und in den Muskelzellen -sind wir auf tägliche Kohlenhydrataufnahme angewiesen. Werden keine Kohlenhydrate aufgenommen, müssen vermehrt Fette zur Energiegewinnung herangezogen werden.

Der vollständige Abbau der Kohlenhydrate in den Mitochondrien verläuft relativ langsam. Übersteigt die Belastungsintensität die Kapazität dieser aeroben Energiegewinnung, kann

[1] Kleine organische Moleküle, die durch Bindung von Teilchen, z.B. Wasserstoff (Protonen), eine Enzymreaktion ermöglichen.

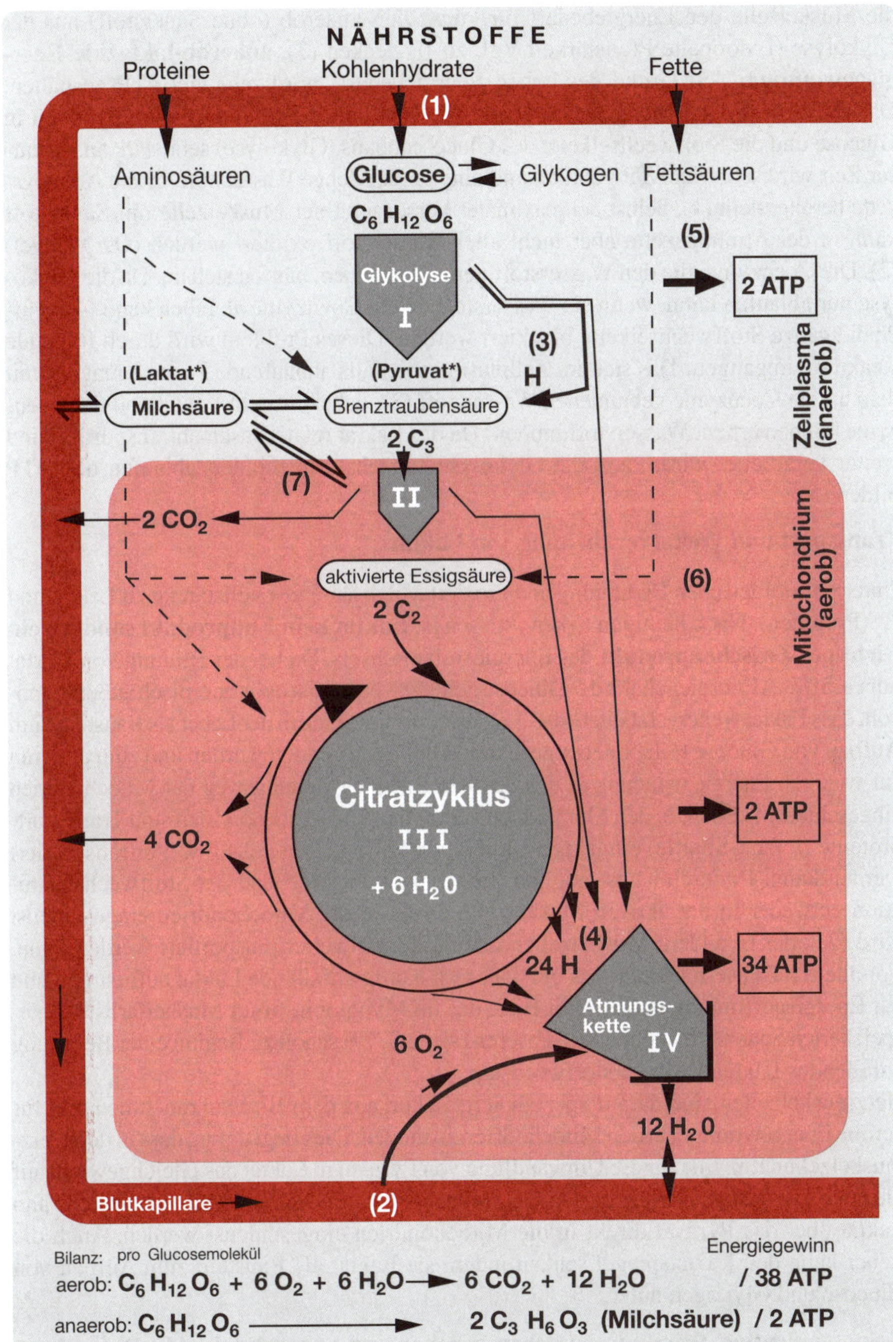

Abb. A6: *Energiegewinnungsprozesse (stark vereinfacht).*

**Laktat = Salz der Milchsäure, *Pyruvat = Salz der Brenztraubensäure.*

die Muskelzelle den Energiebedarf für kurze Zeit anaerob (ohne Sauerstoff) aus der Glykolyse (I, doppelte Pfeilstärke i.Vgl. zu II) decken (3), **anaerob-laktazide Energiegewinnung:** Auf Grund des hohen Energiebedarfs wird sehr viel ATP gespalten. Das dabei in großen Mengen anfallende ADP kurbelt die Spaltung von Glykogen in Glucose und die Stoffwechselkette des Glucoseabbaus (Glykolyse) sehr stark an. In kurzer Zeit wird sehr viel ATP gebildet und eine große Menge Wasserstoff für die Atmungskette bereitgestellt (4). Selbst bei maximaler Versorgung der Muskelzelle mit Sauerstoff kann in der Atmungskette aber nicht aller Wasserstoff oxidiert werden (O2-Mangel) (2). Die Coenzyme, die den Wasserstoff gebunden haben, häufen sich an. Da die Glykolyse nur ablaufen kann, wenn sie Wasserstoff an die Coenzyme abgeben kann (4), würde die ganze Stoffwechselkette blockiert werden. Dieses Problem wird durch folgende Reaktion umgangen: Das sich im Zellplasma ebenfalls anhäufende Pyruvat reagiert mit dem an die Coenzyme gebundenen Wasserstoff (3), dabei entsteht Laktat und die Coenzyme können erneut Wasserstoff binden. Da das Laktat relativ rasch abtransportiert und weiter verarbeitet wird, kann die Glykolyse zunächst ungehindert ablaufen und ATP bilden (5).

Transsport und Weiterverabeitung von Laktat

Unter physiologischen Bedingungen dissoziert Milchsäure fast vollständig zu Laktat und H^+ (Protonen). Nach heutigen Erkenntnissen ist **Laktat kein Endprodukt sondern ein wichtiges Zwischenprodukt** des Energiestoffwechsels. Da bei der Bildung von Laktat nur ca. 5% des Energiegehalts der Glucose genutzt werden, ist es ökonomisch äußerst sinnvoll, dass Laktat weiterverabeitet wird. Laktat kann zum einen in der Leber als Baustein zum Aufbau von Glucose (Gluconeogenese) und Glykogen genutzt werden und zum anderen zur weiteren Energiegwinnung in den aeroben Energiegwinnungsweg der Mitochondrien eingeschleust werden. In den Membranen von Zellen und Mitochondrien sind Transsportproteine (Laktat-Shuttle) eingelagert, mit deren Hilfe Laktat gezielt weitertransportiert werden kann. Dadurch ist es möglich, dass Laktat entsprechend der Stoffwechselsituation entweder in der aktiven Muskelzelle direkt in die Mitochondrien eingeschleust wird (7) oder in andere Muskelzellen oder das Blut weitertransportiert werden kann. Vor allem ST-Fasern können das in FT-Fasern häufig anfallende Laktat aufnehmen und zur Energiegewinnung nutzen. Mit Hilfe des im Myoglobin (roter Muskelfarbstoff) gespeicherten Sauerstoffs können ST-Faseren (siehe S. 74) schon zu Beginn einer Belastung anfallendes Laktat aerob verstoffwechseln.
Herzmuskelzellen sind darauf spezialisiert, Laktat aus dem Blut aufzunehmen und für aerobe Energewinnung in den Mitochodrien zu nutzen. Dies liegt daran, dass in den Herzmuskelzellen Enzyme für die Umwandlung von Pyruvat in Laktat das Gleichgewicht auf die Seite von Pyruvat verlagern (Doppelpfeil, chemisches Gleichgewicht). Dadurch kann Laktat über das Pyruvat direkt in die Mitochondrien eingeschleust werden. Auch die Leber kann den Laktatspiegel senken indem sie Laktat als Baustein zum Aufbau von Glucose und Glykogen nutzt.

Keine eindeutige Trennung zwischen aerober und anaerob-laktzider Energiegewinnung, Laktatschwellen

Wird im Rahmen der Energiegewinnung aus Kohlenhydraten Laktat in die Mitochondrien

[2] Protonen = durch Abgabe eines Elektrons positiv geladene Wasserstoffatome; diese verursachen die Säurewirkung.

eingeschleußt, dann sind anaerobe und aerobe Energiegewinnung in Serie geschaltet. Das Endprodukt der anaeroben Energiegewinnung ist das Ausgangsprodukt der aeroben Energiegewinnung. Manche Autoren gehen davon aus, dass schon bei geringen Belastungsintensitäten (ab 55% VO^2max, aerobe Schwelle) eine deutliche Laktatbildung einsetzt. Dieses Laktat wird aber vollständig aerob abgebaut, sodass in der Gesamtbilanz die Energie rein aerob gewonnen wird. Der Laktatspiegel im Blut ist deshalb keine direkte Meßgröße für den aerob-laktaziden Stoffwechsel. Er ist vielmehr das Ergebnis von Laktatproduktion in der Glykolyse und Laktatelimination in Muskelzellen und Leber. Der Laktatspiegel ist aber auf jeden Fall eine Meßgröße für das Gesamtsystem. Aussagen zur Stoffwechselsituation bei bestimmten Belastungssituationen (Schwellen) können sich also nur auf die Situation des ganzen Körpers beziehen.

- **Abbau der Fette / Fettsäuren**

  Fette können nur mit Hilfe von Sauerstoff abgebaut werden. Die Fettsäuren (wesentlicher Bestandteil der Fettmoleküle) werden in den Mitochondrien unter Energiegewinn schrittweise zerlegt (ß-Oxidation) und die Spaltprodukte als aktivierte Essigsäure in den Citratzyklus eingeschleust (Abb. A6, (6)). Als Endprodukte entstehen CO_2 und H_2O Im Vergleich zur aeroben Energiegewinnung aus Kohlenhydraten benötigt die Muskelzelle bei der Energiegewinnung aus Fettsäuren mehr Sauerstoff. Ursache ist der im Vergleich zu den Kohlenhydraten geringere Sauerstoffanteil in den Fettmolekülen. Werden bei der Energiegewinnung nur Fette abgebaut, liegt der RQ-Wert bei 0,7. Liegt der RQ-Wert zwischen 0,7 und 1, kann man aus diesem Wert den Anteil der Fette an der Gesamtenergiegewinnung abschätzen.

- **Abbau von Proteinen (Eiweiß)**

  Proteine werden bei der Verdauung in Aminosäuren zerlegt. Die Aminosäuren können vom Blut aufgenommen und zu den Zellen transportiert werden. Hier werden sie fast ausschließlich zur Synthese von zelleigenen Proteinen verwendet. Durch eine weitere Zerlegung können Aminosäuren aber auch in den Energiegewinnungsweg der Kohlenhydrate eingeschleust werden. Die energetische Bedeutung der Aminosäuren ist sehr gering. Unter normalen Bedingungen beträgt der Anteil an der Energiebereitstellung nicht mehr als 1-2%. Nur unter physischen und psychischen Dauerbelastungen (Krankheit, Hunger u.a.) werden Aminosäuren als Energiequelle genutzt.

4. AUSDAUERTRAINING

Intervallmethoden

Hochintensives Intervalltraining (HIIT)

Seit einigen Jahren wird das hochintensive Intervalltraining als effektive und zeitsparende Trainingsmethode zur Verbesserung der aeroben und anaeroben Ausdauer angepriesen. Im Gegensatz zur intensiven Intervallmethode ist die Intensität fast maximal und die Pausen sind relativ kurz (siehe Tab. A4). Dadurch kommt es zu einer hohen

Belastungskomponenten	HIIT (Hochintensives Intervalltraining)
Intensität	weit über der ANS 90 – 95% HFmax
Dauer	15 s – 8 min
Pause	Verhältnis Belastung/Pause 1:1 bis 2 :1
Umfang	47 – 4 Wiederholungen
wesentliche Wirkung	Verbesserung: - Herz-Kreislauf-Funktion - Energiegewinnung aus Kohlenhydraten: aerob und anaerob

Tab. A4: Unterschiedliche Belastungskomponenten beim HIIT (nach Wahl et al. 2010)

Laktatbildung und schnellen Erschöpfung. Man konnte nachweisen, dass durch die hochintensiven anaeroben Belastungen auch Anpassungen im aeroben Bereich ausgelöst werden. Damit wird vor allem auch im Breiten- und Fitnesssport geworben, weil unter großer Zeitersparnis vergleichbare oder sogar bessere Anpassungen erreicht werden können als mit herkömmlichem Ausdauertraining (Dauermethoden, extensive Intervallmethode). Die in Tabelle A4 dargestellten Werte für die Belastungskomponenten zeigen, dass es eine große Vielfalt an unterschiedlichen Belastungsprogrammen gibt.

Auch im Schulsport ergeben sich Möglichkeiten, die Ausdauer mit intensiven Intervallbelastungen effektiv und zeitsparend zu verbessern. Wie in Untersuchungen gezeigt werden konnte, müssen die Belastungsintensitäten hierfür längst nicht so hoch sein, wie bei den HIIT-Programmen gefordert. Darüber hinaus sind kurze, intensive Belastungen für die Schülerinnen und Schüler auch motivierender als langandauernde weniger intensive Belastungen. Neuere Untersuchungen haben gezeigt, dass der kindliche Organismus Laktat im Blut teilweise sogar besser verarbeiten kann als Erwachsene. Man sollte aber beachten, dass bei solchen Trainingseinheiten eine große Menge von Stresshormonen gebildet wird und Kinder und Jugendliche darauf empfindlicher reagieren als Erwachsene.

Die hohen Belastungen beim HIIT erfordern eine längere Erholungszeit, man sollte ein solches Training maximal 1 bis 2 mal pro Woche durchführen und auf eine gute Grundlagenausdauer achten.

Verletzungsrisiken, die Gefahr des Übertrainings und das fehlende Wissen über die langfristige Wirkung sollten beim Einsatz von HIIT aber eher Vorsicht walten lassen.

6. TRAININGSWIRKUNGEN DURCH AUSDAUERTRAINING (S. 62)

Coopertest zur Überprüfung der allgemeinen aeroben Ausdauer

Beim Coopertest wird auf einer Laufbahn die in 12 Minuten maximal erreichbare Laufstrecke gemessen. Cooper konnte in seinen Untersuchungen zeigen, dass die erbrachte Leistung mit der individuellen VO_2 max korreliert. In neueren Untersuchungen konnte nachgewiesen werden, dass eine sehr hohe Korrelation zwischen der anaeroben Schwelle und den Laufleistungen sowohl im 12-min-Lauf als auch im 6-min-Lauf besteht. Mit 12 Minuten Laufzeit entspricht der Coopertest einer Belastung im unteren Langzeitausdauerbereich. Auf Grund der kurzen Belastungszeit kann man eine mäßige Übersäuerung in Kauf nehmen und mit einer Belastungsintensität, die leicht über der anaeroben Schwelle liegt, laufen. So haben z.B. 5000-m-Läufer (Laufzeit unter 13 min) im Ziel einen Laktatwert von über 10 mmol/l (siehe Abb. 20, S. 31), obwohl nur etwa 8% der Gesamtenergie anaerob-laktazid bereitgestellt werden. Untersuchungen haben gezeigt, dass Schüler den Coopertest mit einer Laufgeschwindigkeit knapp über der anaeroben Schwelle laufen (Abb. A7). Aus Abbildung 30 (S. 51) wird ersichtlich, dass die Gesamtenergiemenge dennoch zu ca. 90% aerob bereitgestellt werden muss. Leistungsbestimmend sind somit vor allem die Faktoren der allgemeinen aeroben Ausdauer (aerobe Kapazität).

Der Coopertest erlaubt somit eine relativ zuverlässige Abschätzung der aeroben Ausdauerleistungsfähigkeit Da der Test sehr einfach durchzuführen ist, kommt er in vielen Bereichen zur Anwendung.

Die Bewertungstabelle der Abiturprüfung in Baden-Württemberg (Tab. A5) und die Werte in Abbildung A7 zeigen, dass Freizeitsportler bei entsprechender Vorbereitung mit einer Belastungsintensität, die knapp über der anaeroben Schwelle liegt, 15 Punkte erreichen können. Würde Schüler 8 allerdings entgegen seinem Leistungsvermögen 11 Punkte laufen wollen, würde er bei der erforderlichen Laufgeschwindigkeit von ca. 14,9 km/h schon nach kurzer Zeit stark übersäuern.

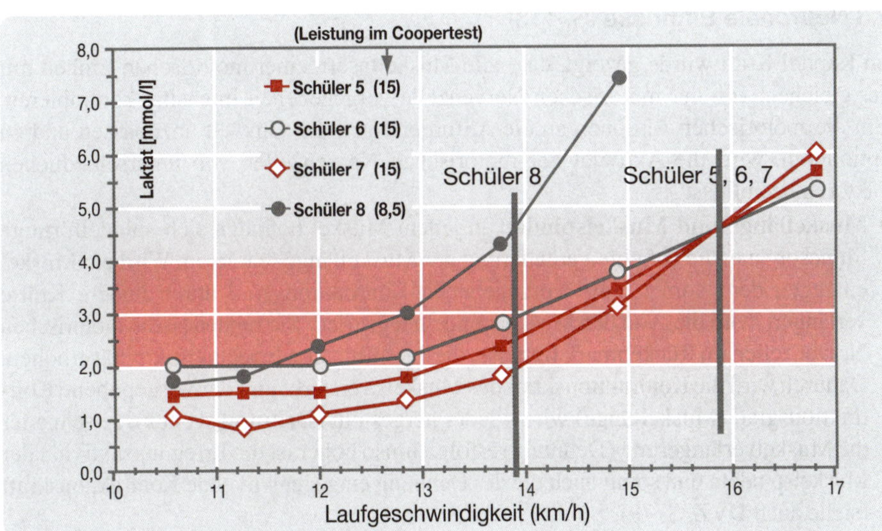

***Abb. A7:** Laktatwerte aus einem Feldtest und Laufgeschwindigkeiten beim Coopertest (▌), Schüler 5 bis 7 Fitnesssportler, Weihpratizky unveröffentlicht. (15) = Leistungsbewertung im Test siehe Tabelle A5.*

Notenpunkte	15	14	**13**	12	11	**10**	9	8	**7**	6	5	**4**	3	2	**1**	0
Schüler Strecke in m	3175	3125	3075	3025	2975	2925	2825	2725	2625	2525	2425	2325	2175	2025	1875	weniger als 1875
Schülerinnen 500 m weniger	2675	2625	2575	2525	2475	2425	2325	2225	2125	2025	1925	1825	1675	1525	1375	weniger als 1375
Leistungssteigerung in m	50	50	50	50	50	100	100	100	100	100	100	150	150	150		

***Tab. A5:** Bewertungstabelle Cooper-Test (12-min-Lauf) in der Abiturprüfung von Baden-Württemberg (2010, nur ganze Punktzahlen).*

Wer aus Gründen der Gesundheit und Fitness langfristig und regelmäßig seine allgemeine aerobe Ausdauer mit den Dauermethoden trainiert, hat eine gute Grundlage für den Coopertest. Wie bei den Trainingsmethoden gezeigt wurde, können die Anpassungen im Muskelstoffwechsel allerdings noch gezielter und effektiver mit der extensiven Intervallmethode ausgelöst werden. Zur direkten Vorbereitung auf den Coopertest wäre deshalb z.B. zusätzlich einmal pro Woche ein extensives Intervalltraining über 400 m sinnvoll. Die Laufgeschwindigkeit sollte hierbei ca. 10-20% über der durchschnittlichen Laufgeschwindigkeit, die man im Coopertest erreicht hat, liegen. Die Wiederholungszahl und die Pausenlänge richten sich nach dem allgemeinen Trainingszustand. Die Zahl der Wiederholungen sollte aber mindestens 6-8 und die Pausenlänge mehr als 50% der Belastungszeit betragen. Bei Ungeübten empfiehlt sich eine Orientierung an der Herzfrequenz (siehe S. 59); zur schnelleren Erholung empfiehlt es sich, in der Pause zu traben. Um insgesamt einen trainingswirksamen Reiz zu erreichen, müssen das Belastungsgefüge und der Gesamtumfang so gestaltet sein, dass der letzte Lauf „ganz schön anstrengend" ist. Man sollte aber das Gefühl haben, noch ein bis zwei Läufe mehr machen zu können

BEWEGLICHKEIT

2.3 Neuronale Einflüsse (S. 113)

Im Kapitel Kraft wurde gezeigt, dass alle Muskelfasern einer motorischen Einheit mit der gleichen, von der motorischen Nervenzelle vorgegebenen Intensität kontrahieren. Um die motorischen Aktionen an die Anforderungen der Umwelt anzupassen und zu optimieren, wird die Aktivität der motorischen Nervenzellen von unterschiedlichen Faktoren beeinflusst:

- **Muskellänge und Muskelspindel:** In jedem Muskel befinden sich spindelförmige Sinnesorgane, die auf eine Veränderung der Muskellänge reagieren. Wird ein Muskel entgegen dem vom Gehirn vorgegebenen Kontraktionsgrad durch äußere Kräfte verlängert, wird dies von den Muskelspindeln registriert. Sie senden an die motorischen Nervenzellen im Rückenmark Impulse, die daraufhin ihre Erregungsaktivität erhöhen. Dadurch wird die Kontraktionskraft des Muskels verstärkt und der vorgegebene Kontraktionsgrad (Muskellänge) wird wieder hergestellt **(Dehnungsreflex).** Je schneller die Muskelverlängerung (Dehnung) erfolgt, umso höher ist die Erregungsaktivität der Muskelspindeln und somit auch die der Dehnung entgegenwirkende Kontraktionskraft (siehe auch DVZ, S. 79).
- **Sehnenorgane / Spannungsreflex:** In den Sehnen befinden sich spannungsempfindliche Organe (Golgi-Sehnenorgane), mit deren Hilfe die Muskelspannung konstant gehalten werden kann. Übersteigt die Spannung den Sollwert oder ist die Belastung der Sehne zu stark, wirken die Sehnenorgane hemmend auf die motorischen Nervenzellen. Dadurch wird die Kontraktionskraft des Muskels verringert (Eigenhemmung).
- **Schmerzrezeptoren:** Werden durch **Muskeldehnung** Schmerzrezeptoren gereizt, werden die motorischen Nervenzellen aktiviert. Durch Kontraktion des Muskels wird versucht, die Dehnung und damit den Schmerz zu verringern. Werden durch **Kontraktion eines Muskels** Schmerzrezeptoren gereizt, können die motorischen Nervenzellen des Agonisten durch Impulse der Schmerzrezeptoren gehemmt und die Muskelkontraktion gestoppt werden.

Die reflexartige Beeinflussung der Muskelkontraktion durch Muskelspindeln, Sehnenorgane und Schmerzrezeptoren kann in extremen Belastungssituationen, z.B. Sturz, die Gefahr einer Verletzung verringern.

5.2 Muskuläre Dysbalancen (S. 121)

Die Behandlung von Dysbalancen muss nach heutigen Kenntnissen differenziert betrachtet werden:

- Entsteht durch einseitiges Training an einem Gelenk ein Kräfteungleichgewicht, wird die Gelenkstellung in Ruhe dadurch verändert, dass die Zahl der Titinfilamente im hypertrophierten Muskel größer ist. Es liegt dabei zunächst keine Muskelverkürzung vor. Eine Behandlung der Dysbalance ist in einem solchen Fall nur durch eine Kräftigung des schwächeren Muskels möglich.
- Kommt es durch einseitiges Training längerfristig zu einer Verlagerung des Arbeitssektors, kann eine Muskelverkürzung durch Abnahme der in Serie geschalteten Sarkomere entstehen. Nach heutigen Erkenntnissen kann eine Verlängerung – Einbau von Sarkomeren - nur durch Rückverlagerung des Arbeitssektors in den Normbereich erreicht werden.
- Muskeln können auch auf Grund von Schmerzen oder neuromuskulärer Fehlsteuerung abgeschwächt oder verkürzt sein. In solchen Fällen ist ein Krafttraining alleine oder die Rückverlagerung des Arbeitssektors nicht ausreichend, es müssen vielmehr die Ursachen der Schmerzentstehung und/oder der Fehlsteuerung beseitigt werden.

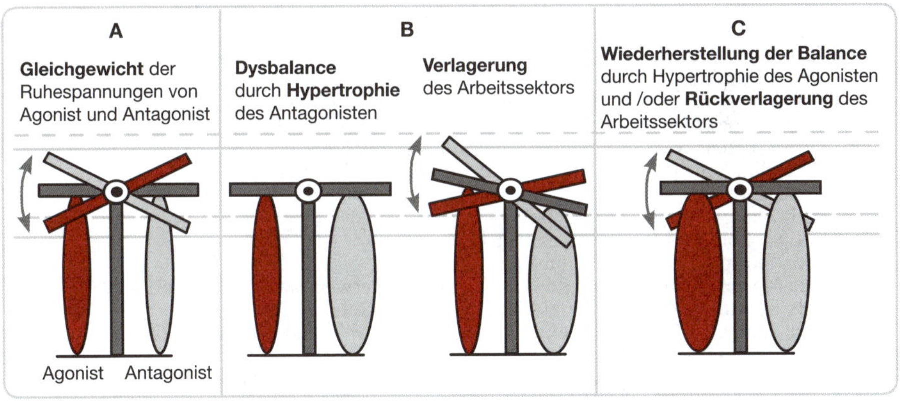

Abb. A8: Muskuläres Ungleichgewicht (Dysbalance) und seine Behandlung.

Die beste Möglichkeit, muskulären Dysbalancen vorzubeugen, ist ein Krafttraining, bei dem folgende Punkte beachtet werden:

1. Agonisten und Antagonisten müssen in gleichem Umfang trainiert werden.
2. Der Arbeitssektor beim Krafttraining sollte möglichst die ganze Bewegungsreichweite umfassen oder zumindest im normalen Arbeitssektor des Gelenks liegen. Ein solches Training könnte man in Kurzform auch als „**D**ynamisches **A**rbeits-**S**ektor-**T**raining“ bezeichnen (**DAST**).

Bauer: Humanbiologie. cvk 1987.
Bauersfeld, Schröter: Grundlagen der Leichtathletik. Sportverlag Berlin 1986.
Blödorn: Lehrbeilage, Leichtathletik-Magazin. DLV Nr. 28/82.
Bös: WIE FIT SIND SIE?. Copress Sport 2004.
Bührle: 3. Sportmedizinisches Seminar "Kraft". 1979.
Christmann, Fago (DVV Hg.): Volleyballhandbuch. Reinbek 1987.
Ehlenz, Grosser, Zimmermann: Krafttraining. blv Sportwissen 2003.
Findeisen, Linke, Pickenhain: Grundlagen der Sportmedizin für Studenten, Sportlehrer und Trainer. Leipzig 1980.
Freiwald: Optimales Dehnen. Spitta Verlag 2013
Frey: Sport-Theorie in der gymnasialen Oberstufe Bd. 1. Hofmann 1982.
Friedmann: Fit sein durch Ausdauer und Kraft. promos 2017.
Friedmann: Dehnen, muskuläre Dysbalancen und "unfunktionelle" Übungen im Schulsport. sportunterricht (Lehrhilfen), Hofmann 2002 (9).
Froböse, Hartmann, Minow, Senf, Strunk, Waffenschmidt, Wilke: Bewegung und Training. URBAN&FISCHER 2002.
Grosser, Brüggemann, Zintl: Leistungssteuerung. blv 1986.
Grosser, Ehlenz, Griebl, Zimmermann: richtig muskeltraining. blv 1999.
Grosser, Starischka, Zimmermann: Das neue Konditionstraining. blv 2004.
Grosser/Renner: Schnelligkeitstraining. BLV Sportwissen, 2007.
Haag (Dassel Hg.): Fitnesstests. Hofmann 1981.
Harre: Trainingslehre. Sportverlag Berlin 1977.
Hartmann, Senf: Sport verstehen – Sport erleben. Hrsg. Sächsisches Staatsinstitut für Bildung und Entwicklung 1997.
Heck, Beneke: 30 Jahre Laktatschwellen. Deutsche Zeitschr. f. Sportmed. 2008 (12)
Hirtz u.a.: Koordinative Fähigkeiten im Schulsport. Berlin: Volk und Wissen 1985.
Hollmann, Hettinger: Sportmedizin, Arbeits- und Trainingsgrundlagen. Schattauer 1980.
Hort: Beiträge zur Sportmedizin Bd 16. perimed 1983.
Jonath: Lexikon Trainingslehre. Reinbek 1988.
Jonath: Circuittraining. Reinbek 1985.
Jonath, Krempel: Konditionstraining. Reinbek 1984.
Kindermann et al.: Anaerobe Energiebereitstellung im Hochleistungssport Bd. 13. Hofmann 1977.
Keul: Muskelstoffwechsel, wiss. Schriftenreihe des DSB Bd. 9. J. A. Barth 1969.
Klee: Circuit-Training. Hofmann Schorndorf 2003.
Klee, Wiemann: Beweglichkeit/Dehnfähigkeit. Hofmann Schorndorf 2005.
Kloos: Trainingsbiologie in der Schule Bd. 11 und Bd. 12. Bagel 1986.
Kuhn, Nüsser, Platen, Vafa: Richtig Ausdauertraining. blv 2004
Lemme, Weddig: Schriftenreihe zur Praxis der Leibeserziehung und des Sports Bd. 176, 1983 u. Bd. 186, 1986.
Letzelter: Trainingsgrundlagen. Reinbek 1978.
Letzelter, Letzelter: Krafttraining. Reinbek 1986.
Marees, de: Sportphysiologie. Tropon 1981.
Marees, de, Mester: Sportphysiologie Bd. I bis III. Diesterweg/Sauerländer 1981 - 1984.
Markworth: Sportmedizin, Physiologische Grundlagen. Reinbek 2007.
Meinel, Schnabel u.a.: Bewegungslehre – Sportmotorik. Volk und Wissen, Berlin 1987
Mühlfriedel: Trainingslehre. Diesterweg/Sauerländer 1987.
Neumaier, A. u. Mechling, H.: Allgemeines oder sportartspezifisches Koordinationstraining. Leistungssport 25 (5), 14-18, 1995.
Neumann, Hottenrott: Das große Buch vom Laufen. Meyer&Meyer 2016.
Röcker, Kai: Eine Neubewertung der zeitlichen Abläufe im Energiestoffwechsel. Hofmann Schorndorf Bd. 32, 2002.
Schmolinsky: Leichtathletik. Sportverlag Berlin 1971.
Thoß: Sport. Cornelsen 2004.
Wahl/Bloch/Mester: Moderne Betrachtungsweisen des Laktats. Schweiz. Zeitschr. f. Sportmed. u. Sportraum. 2009 (3)
Wahl et al.: HIIT für d. Verbess. d. Ausdauerleistungsfähigkeit im Leistungssport. Schweiz. Zeitschr. f. Sportmed. u. Sporttraum. 2010 (4)
Weineck: Optimales Training. perimed 1987.
Weineck: Optimales Training. Spitta Verlag 2010.
Weineck: Sportbiologie. Spitta-Verlag 2010.
Zintl, Eisenhut: Ausdauertraining. blv 2013.

Muskelfigur

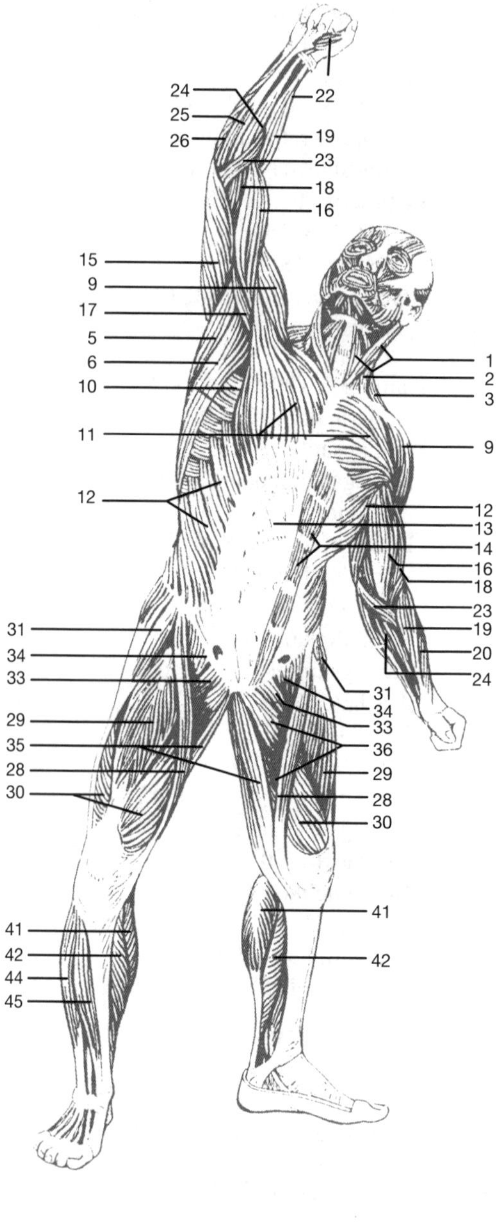

1 Kopfnicker
2 Gerade Halsmuskeln
3 Trapezförmiger Muskel

5 Großer runder Muskel
6 Breiter Rückenmuskel

9 Deltaförmiger Muskel
10 Vorderer Sägemuskel
11 Großer Brustmuskel
12 Äußerer schräger Bauchmuskel
13 Scheide des geraden Bauchmuskels
14 Gerader Bauchmuskel
15 Dreiköpfiger Oberarmmuskel („Triceps")
16 Zweiköpfiger Oberarmmuskel („Biceps")
18 Oberarmmuskel
19 Brachioradialmuskel
20 Lange Speichenstrecker

22 Daumenballenmuskulatur
23 Runder Pronator
24 Radialer Beuger des Handgelenks
25 Langer Palmarmmuskel
26 Ulnarer Beuger des Handgelenks

28 Schneidermuskel
29 Gerader Oberschenkelmuskel
30 Breiter Oberschenkelmuskel
31 Faszienspanner
33 Kammmuskel
34 Lenden-Darmbeinmuskel
35 Großer Adduktor
36 Langer Adduktor
41 Zweiköpfiger Wadenmuskel
42 Schollenmuskel
44 Lange Zehenstrecker
45 Vorderer Schienbeinmuskel

Muskelfigur

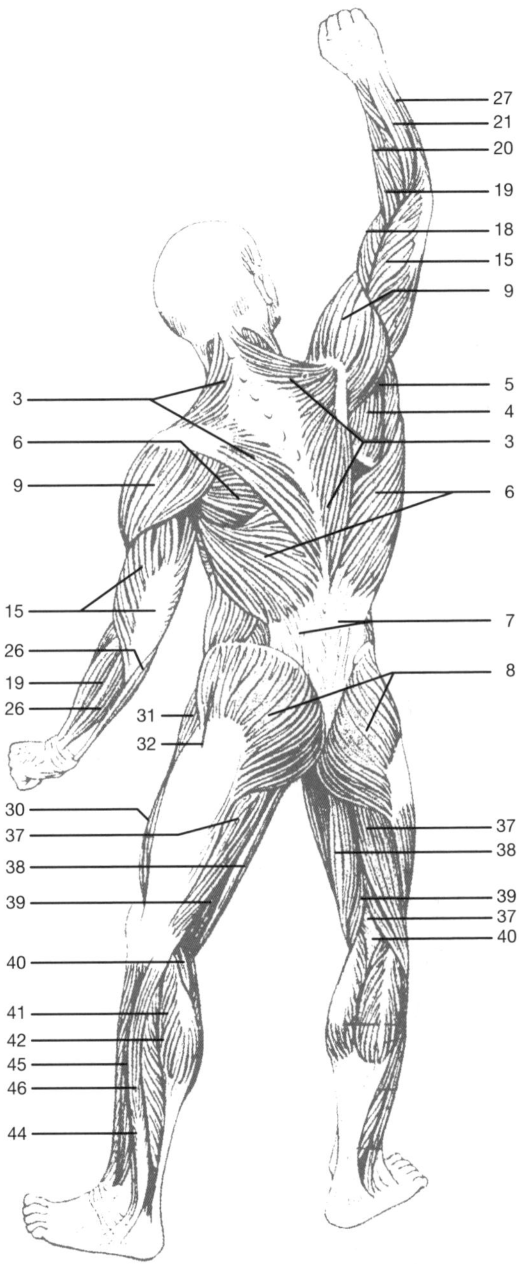

3 Trapezförmiger Muskel
4 Untergrätenmuskel
5 Großer runder Muskel
6 Breiter Rückenmuskel
7 Ursprungssehne des breiten Rückenmuskels und Rückenfascie
8 Großer Gesäßmuskel
9 Deltaförmiger Muskel

15 Dreiköpfiger Oberarmmuskel („Triceps")
18 Oberarmmuskel
19 Brachioradialmuskel
20 Lange Speichenstrecker
21 Fingerstrecker

26 Ulnarer Beuger des Handgelenks
27 Ulnarer Strecker des Handgelenks
30 Breiter Oberschenkelmuskel
31 Faszienspanner
32 Kleine Gesäßmuskeln

37 Zweiköpfiger Oberschenkelmuskel
38 Halbsehniger Muskel
39 Halbmembranöser Muskel
40 Plantarmmuskel
41 Zweiköpfiger Wadenmuskel
42 Schollenmuskel
43 Achillessehne
44 Lange Zehenstrecker
45 Vorderer Schienbeinmuskel
46 Fibularmuskel

Skelett des Menschen

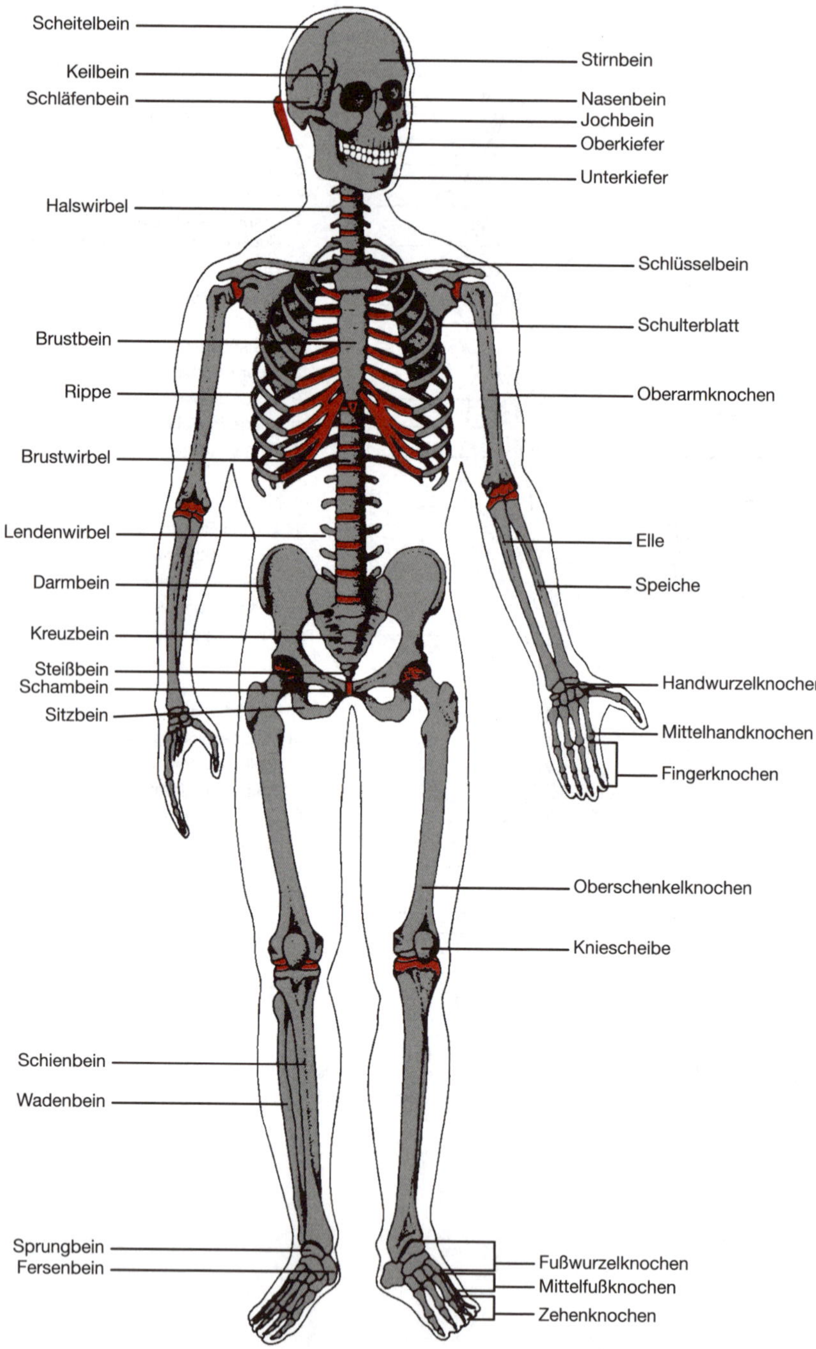

(Quelle: Bauer, Humanbiologie 1987, CVK)